Thailand
LUXURY Resort
Collection 64
태국 럭셔리 리조트 컬렉션

이 책을 내면서

세상의 모든 책에는 동기가 있다. 오랜 취재 기간과 노력을 감내해야 하는 이런 종류의 책은 동기가 책을 만든다. 공동작가인 김정숙님과 내가 이 프로젝트에 빠진 동기를 정리하면 이렇다.

- 10년 동안 태국 리조트를 취재해 온 경험을 토대로 리조트에 대한 괜찮은 책 하나 만들어보자.
- 여행자 시각에서 좋은 리조트를 골라내고 소개하여 여행사와 잡지사에서 특정한 리조트를 의도적으로 띄우고 여행자들이 그것을 따르는 여행 트렌드의 대안을 제시하자.
- 태국을 찾는 여행자들에게 도움 되는 일을 해보자.

좋은 동기는 그것을 실현시키는 데 필요한 에너지를 만든다. 지난 1년, 이 책과 함께 하면서 작지 않은 크기의 희노애락을 겪었다. 그래서인지 이 글을 쓰는 지금 이 순간, 감격과 희열의 뜨거움이 심장을 덥힌다. 끝까지 포기하지 않고 열정을 유지하면서 결국 열매를 만들어낼 수 있었던 것은 우리가 처음 보았던 빛, 즉 이 책을 만들어야겠다고 결심했던 동기가 건강했기 때문이 아닐까 싶다. 공동작가인 김정숙님에게 위로와 박수를 보낸다. 우리는 결국 해냈다.

태국의 리조트는 지난 10년 간 우리가 취재해 온 주제였지만 이 책을 위해서, 또 우리 스스로를 위해서 특별한 여행을 떠났다. 차를 빌려 태국 전역을 돌아다니는 여행이었다. 푸껫에서 차를 빌려 리뻬 섬까지 내려갔다가 올라오면서 코사무이를 들렸고 후아힌과 방콕, 그리고 파타야와 코창을 들린 후 북쪽으로 내달렸다. 리조트에서 주는 웰컴 드링크의 달콤한 향과 땀내 절은 옷에서 나는 쉰내가 함께 했던 오디세이는

끄라비 호핑투어 촬영 중

치앙마이 폰컴 리조트의 운영자와 함께

방콕의 수코타이 호텔 매니저와 함께

아쿠아 취재팀이 다닌 코스

이산 지방과 치앙라이, 빠이를 거쳐 치앙마이에서 끝이 났다.

그것은 지금까지 우리가 했던 큰 모험 중 하나였다. 4,000km를 넘게 달렸고 매일 리조트를 바꾸어 갔다. 태국인 드라이버나 가이드 없이 한 사람은 운전대를 잡고 한 사람은 지도를 보면서 다녔다. 그런 우리를 보며 리조트에 근무하는 태국인들도 많이 놀라더라. 여행기자이기 이전에 여행을 사랑하는 사람으로서 우리가 좋아하는 태국에서 이런 모험을 할 수 있었다는 데 대해, 그것을 안전하게 잘 마쳤다는 데 대해 큰 자부심을 느낀다.

모든 책은 가치를 가진다. 우리 인간이 그렇듯 아무리 볼품없는 책도 고유한 가치가 있다. 우선 이 책은 한국에서 나온 첫 번째 리조트 가이드북으로서 가치를 지닌다. 물론 아쿠아에서 먼저 만든 〈리조트 콜렉션 몰디브〉와 다른 출판사에서 나온 비슷한 책자가 있긴 하지만 본격적인 리조트 가이드북이라고 하기에는 무리가 있다. 태국 전국에 있는 64개의 리조트 정보를 주 콘텐츠로 하는 이 책이야말로 리조트 전문 가이드북의 원조라 할 수 있을 것이다.

카오야이, 키리마야 리조트 인스펙션

오늘도 달려~ 운전 중

이 책은 한국 여행문화의 중요한 변화를 상징한다. 지역을 먼저 선택하고 거기에서 잘 곳을 정하는 고전적인 방법에서 벗어나 어떤 특별한 리조트에 끌려 그것을 먼저 선택하고 지역이 따라오는 식의 여행이 보편화 되었다는 의미가 있다. 신혼여행이나 휴양여행이 특히 그렇다. 리조트를 선택하는 것은 그것을 둘러싸고 있는 환경과 문화를 선택하는 의미도 있다. 그러한 변화는 여행자들에게 리조트에 대한 보다 신중한 선택을 요구한다. 이제 우리는 좋은 리조트를 선별하고 자신에게 잘 맞는 리조트를 선별할 수 있는 눈이 필요하게 되었다.

이 책은 여행자에게 태국에 있는 64곳의 아름다운 리조트들을 소개하는 동시에 리조트를 보는 눈을 갖게 하는 의미가 있다. 각 리조트에 대한 리뷰를 읽으면서 자연스럽게 리조트의 본질과 가장 중요한 가치를 알게 되길 바란다. 외면의 럭셔리함에만 현혹되지 않고 그 내면으로 들어갈 수 있는 힘을 갖게 되길 바란다. 그렇게 할 수 있다면 그것이야말로 이 책의 가장 중요한 가치라 자신 있게 말할 수 있다.

변화하자. 왜곡의 굴레를 벗어나 여행자가 스스로 트렌드를 이끌어가는 주체가 될 수 있도록 힘을 기르자. 우리 각자가 그 건강한 변화의 씨앗이 되자.

2009년 7월

태국의 국경선, 골든트라이앵글에서

산 넘고 바다 건너 만난 리뻬 섬, 힘들구나!

Special Thanks to...

러이로 가는 길에서

새로운 시도였던 이 책이 세상의 빛을 보기까지 많은 분들의 도움이 있었다.

우선 이 책의 숨어있는 세 번째 저자라고 할 수 있는 태국관광청에 감사드린다. 특히 취재지원과 협조를 아끼지 않으신 와라이락 니이파약 소장님과 진행과 관련해 큰 도움을 주시고 취재일정의 일부도 함께 해주신 한눈송이님에게 감동의 하트를 보내고 싶다.

어려움 속에서도 언제나 아쿠아를 믿고 격려를 해주시는 랜덤하우스의 유철상 팀장님께도 감사드린다. 태국음식 책자와 관련해 함께 취재를 하면서 리조트 취재에도 도움을 아끼지 않으신 성희수님과 힘든 모델일을 훌륭하게 해주신 이보람님에게도 감사의 마음을 전한다.

이 책을 멋지게 꾸며주신 디자이너인 파피루스의 박미영 실장님과 조미경, 조명선님에게도 깊이 감사드린다. 몰디브 편을 함께 해주시고 이 책에도 많은 아이디어를 주신 시드페이퍼의 김현 사장님에게도 감사드린다.

저자 두 명의 남편과 부인인 조정광님과 김숙경님은 자칫 가정에 소홀해질 수 있는 책 작업을 이해해주고 뒤에서 늘 응원해주시는 숨은 공신이다. 그들에게 사랑과 존경의 마음을 보낸다. 그 외 일일이 다 열거 할 수는 없지만 이번 프로젝트를 위해 협조해주신 태국 현지관광청 직원들과 리조트 관계자 분들에게도 감사의 마음을 전한다. 마지막으로 이 책의 숙소 선정에 도움 주시고 나침반 역할을 해주신 아쿠아 회원 분들에게도 감사드린다.

일러두기

남부, 중부, 북부의 구분
태국을 크게 세 지역으로 나누어 리조트를 정리했다.
각 지역 아래 리조트 정렬은 아쿠아가 추천하는 순서의 개념이다.

외국어 발음 표기
첫째 기본 외래어 표기법을 따르고 둘째 현지 발음을 소리 나는 대로 한국어로 표기하고 영문 표기를 덧붙였다.

화폐 표기
현지 화폐인 바트(Baht)를 줄여서 B로 표시했다.

사진의 저작권
이 책에 있는 대부분의 사진은 공동 저자인 왕영호씨와 김정숙씨가 직접 촬영한 것으로 이들에게 저작권이 있다. 이 사진을 다른 용도로 사용하고 싶다면 아쿠아(문의 02-337-2230)로 연락하면 된다. 리조트에서 제공받은 사진에는 저작권 표기 ⓒ를 했다.

정보에 대한 책임
이 책에 실린 정보는 2009년 6월까지 수집한 정보를 바탕으로 하고 있다. 현지의 물가와 여행 관련 정보는 여행 출발 전에 확인하는 것이 좋다. 아쿠아와 랜덤은 바뀐 정보에 대해 어떠한 책임도 지지 않는다.

홈페이지와 책자의 연계
저자가 운영하는 아쿠아 홈페이지(www.aq.co.kr)는 현지 정보가 바뀌어도 즉각적인 업데이트가 힘든 책자의 한계를 극복하고 있다. 회원들의 생생한 정보도 많은 도움이 되고 있다. 이 책자에서 틀린 정보를 발견하면 아쿠아 홈페이지와 이메일을 통해 리포트하면 된다.

랜덤하우스코리아 02-3466-8866
아쿠아 홈페이지 www.aq.co.kr **이메일** aq@aq.co.kr

Contents

이 책을 내면서 02
일러두기 06
태국 전도 07

PHOTO GALLERY 10

INTRODUCTION
태국의 매력을 논하다 24
일반정보 30
태국음식 32
마사지와 스파 36
쇼핑 37

RESORT INSIDE
태국 리조트의 특징 40
어떤 리조트가 내게 맞을까? 41
리조트 예약 43
리조트 즐기기 44
리조트에서의 식사 46
리조트 기타 정보 48
리조트 용어 사전 50

RESORT COLLECTION

태국 남부
식스센스 하이드어웨이 야오노이 Six Senses Hideaway Yao Noi 54
포시즌즈 코사무이 Four Seasons Koh Samui Resort 64
피말라이 리조트 Pimalai Resort & Spa 74
더 라이브러리 The Library 82
라야바디 Rayavadee 90
인디고 펄 Indigo Pearl Resort 98
살라 푸껫 Sala Phuket Resort & Spa 104
사로진 Sarojin 110
산티야 Santhiya Resort & Spa 116
알린타 푸껫 Aleenta Phuket 122
시발라이 리조트 Sivalai Beach Resort Koh Mook 126
트리사라 Trisara 130
라차 The Racha 134
센타라 그랜드 비치 리조트
Centara Grand Beach Resort & Villas Krabi 138
르 메르디앙 카오락 Le Méridien Khaolak Beach & Spa Resort 142
통사이베이 The Tongsai Bay Cottages & Hotel 146
자마키리 Jamahkiri Spa & Resort 148
스리 판와 Sri Panwa Phuket 150
탑캑 부티크 리조트 The Tubkaak Krabi Boutique Resort 152
빌라 라와나 Villa Lawana 154
X2 X2 Resort 156
피피 아일랜드 빌리지 Phi Phi Islands Village 158
판타지 리조트 Fantasy Resort Koh Ngai (Koh Hai) 160
마운틴 리조트 Mountain Resort Koh Lipe 162

태국 중부

키리마야 골프 리조트 Kirimaya Golf Resort	166
렛츠 시 Let's Sea	176
메트로폴리탄 호텔 Metropolitan Bangkok	184
유지니아 The Eugenia	192
오리엔탈 호텔 The Oriental Bangkok	200
아난타라 후아힌 Anantara Hua Hin	208
쉐라톤 파타야 Sheraton Pattaya Resort	214
파라디 Paradee	218
수코타이 호텔 Sukhothai Hotel	222
소피텔 후아힌 Sofitel Centara Grand Resort & Villas Hua Hin	226
반바얀 Baan Bayan Beach Hotel	230
멍키 아일랜드 리조트 Monkey Island Resort	232
펠릭스 리버 콰이 Felix River Kwai Resort	234
아마리 에메랄드 코브 Amari Emerald Cove Resort	236
촉차이 팜 캠프 Chokchai Farm Camp	238
르 비만 Le Vimarn Cottages & Spa	240
카오남나 부티크 리조트 Kao Nam Na Boutique Resort	242
페닌슐라 The Peninsula Bangkok	244
아마리 오키드 리조트 Amari Orchid Resort & Tower	246

태국 북부

라차만카 Rachamankha	250
만다린 오리엔탈 다라데비 Mandarin Oriental Dhara Dhevi	260
포시즌즈 치앙마이 Four Seasons Resort Chiang Mai	270
아난타라 골든트라이앵글 Anantara Resort Golden Triangle	276
포시즌즈 텐트캠프 Four Seasons Tented Camp Golden Triangle	282
푸짜이싸이 Phu Chaisai Mountain Resort	288
러이 릴라와디 리조트 Loei Leelawadee Resort	292
수칸타라 Sukantara Cascade Resort	296
콩찌암 리조트 Tosang Khongjiam Resort	300
체디 치앙마이 The Chedi Chiang Mai	304
더 쿼터 The Quater	306
푸 빠이 아트 리조트 Phu Pai Art Resort	308
폰컴 빌리지 Fondcome Village Resort	310
샹그릴라 치앙마이 Shangri-La Hotel Chiang Mai	312
소피텔 리버사이드 치앙마이 Sofitel Riverside Chiang Mai	314

방콕, 밀레니엄 힐튼 호텔 360 바의 야경

포 토 갤 러 리
Photo Gallery

푸껫 나이한 비치

매싸이의 전통 시장

수린의 코끼리 축제

걸스카우트 소녀

마늘밭에서 만난 농부

컨캔의 야시장에서

코팡안의 릴라 비치

코따오, 낭유안 섬의 삼각해변

리뻬 섬의 파타야 비치

태국의 전통 무용

치앙라이의 도이퉁

피마이 주변의 유적

태국식 테이크아웃, 봉지 음료수

쌀국수가게의 모습

물고기 모양 금속 용기에 담긴 음식

코사멧의 불 쇼

인 트 로 덕 션
Introduction

태국의 매력을 논하다

그 곳을 가보지 않은 사람들에게, 혹은 저가 패키지 투어로 그 곳을 경험한 사람들에게 태국은 몇 가지 부정적인 선입견으로 먼저 다가오기도 한다. 예를 들면 이런 것들이다.

- **싸구려 여행지** 좋아서 가는 곳이 아니라 39만 9천원이라 가는 곳, 여권 만들면 의무적으로 한 번 가보는 곳.
- **지저분하고 퇴폐적** 쓰레기 냄새 나는 강과 거리를 가진, 거기에 봉 춤을 추는 여인들이 넘쳐나는 퇴폐적인 곳.
- **냄새 나는 음식** 맛을 보기 전에 먼저 냄새 때문에 코를 막게 되는 음식, 행주 빤 냄새가 나는 팍치를 조심할 것.

점차 바뀌어가고는 있지만 이런 선입견들은 뿌리가 꽤 깊기도 해서 태국을 사랑하고 즐겨 찾는 여행자들은 주변 사람들에게 "왜 그런 곳을 그렇게 좋아하는 거야?"라는 핀잔 어린 질문을 받는 것이다.

이 책은 태국의 리조트에 대한 책이지만 나는 태국이 여행지로써 갖는 매력을 먼저 이야기하는 것으로 시작하려고 한다. 태국의 리조트 역시 태국의 일부로서 존재하기 때문이다. 태국과 태국의 리조트를 동일시 할 필요는 없지만 또 따로 분리해서 이야기할 수도 없다. 태국의 매력을 아는 것은 그곳에 있는 리조트의 배경을 이해하는 것이다. 그 매력을 하나씩 살펴보자.

프랑스는 똘레랑스(Tlerance) 정신, 즉 '다른 생각을 하고 다른 행동을 하는 방식의 자유 및 다른 사람의 정치적, 종교적 의견의 자유에 대한 존중'이 강한 사회로 알려져 있다. 만약 아시아에서 비슷한 국가를 찾는다면 어떨까? 사람마다 다르겠지만 나는 태국 외에는 딱히 떠오르는 국가가 없다. 태국의 똘레랑스 정신은 자국민 뿐 아니라 태국을 방문하는 외국인들까지 포용하는 것으로 이런 면이 태국의 다양한 문화를 만들고 세계 최고 수준의 관광산업까지 이끌어온 원동력일 것이다.

태국인들은 친절하고 긍정적이며 행복한 삶을 추구한다. 부의 여부와 상관 없이 삶을 즐기려고 노력하며 자신의 현재 상황을 비관하지 않는다. 그들은 자신과 다른 생각, 문화에 관대할 뿐 아니라 기본적으로 거부감보다는 관심을 갖고 접근한다. 조금이라도 좋은 점이 있거나 재미가 있다면 그것을 자신들의 삶과 문화 안으로 가져오려고 한다. 이런 태국인들의 자세는 외국 여행자들의 마음을 편하게 만든다. 다르다는 이유로 거부당하지 않고 친구가 될 수 있기 때문이다. 자연이 아름답기도 하지만 그와 비슷한 자연환경을 가진 곳도 꼭 관광산업이 크게 발전하는 것은 아니기에 태국의 첫 번째 매력은 역시 사람과 그들이 만들어내는 문화가 아닐까 한다.

끄라비의 해변

치앙라이의 차밭

태국이 코끼리 머리 모양으로 생겼다는 것을 아는 사람들은 많지만 국토의 크기가 한국의 다섯 배나 된다는 것은 잘 알려져 있지 않다. 태국은 북쪽 끝과 남쪽 끝까지 직선거리가 1,700km에 이를 정도로 길고 크다. 남부의 코끼리 코에 해당하는 부분은 동서 폭이 좁고 길게 이어져서 대부분 해안 지역이며 섬과 해변이 많아 휴양지나 다이빙으로 유명하다. 푸껫이나 코사무이를 다녀온 사람들은 태국하면 야자수 하늘거리는 남국의 해변이 떠오를 것이다. 하지만 그것은 태국이 가진 다양한 자연의 일부에 불과하다.

방콕 위쪽으로 펼쳐지는 태국의 평야 지대는 차를 타고 하루 종일 달려도 끝에 이르지 못할 정도로 드넓다. 주로 북쪽에 몰려있는 태국의 산악지대는 다른 지역과 전혀 다른, 특색 있는 환경을 만들어낸다. 위도와 고도가 높은 일부 지역은 겨울에 기온이 10도 가까이 내려가 털옷에 장갑을 끼고 모닥불을 때면서 추위를 견디기도 한다. 거기에 방콕이나 치앙마이 같은 도시까지 여행 목적지로서의 기능을 하고 있어 태국은 그야말로 접근하는 방법에 따라 전혀 다른 여행이 가능하다.

026 THAILAND RESORT COLLECTION

태국 음식이 없었다면, 태국은 지금처럼 중독성을 가질 수 있었을까? 한국인에게 태국 음식은 동남아 음식 중 하나일 뿐일 수도 있겠지만 그것은 태국 음식에 대한 정당한 평가는 아니다. 태국을 방문하고 음식을 체험한 여행자들이 워낙 많다는 덕도 보았지만 태국음식은 전 세계에 없는 곳 없이 구석구석 퍼져있으며 프랑스, 이탈리아, 터키, 중국 등과 함께 세계 최고의 음식으로 꼽힌다. 태국음식의 가장 큰 가치는 풍요로운 국토와 바다에서 나는 신선한 식자재를 충분히 활용하고 재빨리 조리하는 방법으로 원 재료의 맛을 살리면서 다양한 형태로 요리하는 데 있다. 태국 음식의 다양성은 태국인과 태국 문화가 가진 포용성과 밀접한 관련이 있다. 태국인들은 다른 음식들을 단순히 받아들이기만 하는 것이 아니라 태국의 스타일을 가미하며 자기 것으로 만드는 것이다. 늘 대체할 수 있는 음식이 있기에 태국에서의 음식 걱정은 무의미하며 식도락 여행을 즐기는 이에게 태국 음식은 태국 여행의 하이라이트다.

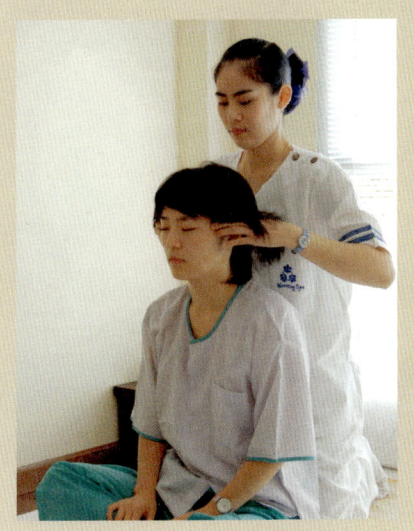

태국의 전통 마사지는 태국 여행의 중요한 매력 중 하나였지만 스파와 마사지가 전 세계적인 트렌드가 된 지금만큼 돋보이는 때는 없었다. 이제 많은 여행자들이 하루에 몇 시간의 마사지 행복을 위해 태국 행 비행기에 오르기도 한다. 태국 전통 마사지는 스트레칭과 꺾기 등의 동작이 강조되는데 피로 회복과 다이어트 등에 탁월한 효과가 있어 태국음식과 함께 다른 국가에 태국의 문화를 알리는 첨병 역할을 하고 있다.

리조트 등 태국의 다양한 숙소가 갖는 매력 또한 빼놓을 수 없다. 관광대국답게 태국에는 그 수를 헤아릴 수 없는(인구처럼 헤아리는 순간 하나가 늘어나기 때문에) 수의 숙소가 있다. 저렴하게 묵을 수 있는 게스트하우스부터 세계 최고급 호텔과 리조트까지 그 폭도 믿을 수 없을 만큼 다양하다. 태국의 리조트는 1980년대부터 본격적인 붐을 이루면서 지속적으로 발전하여 최근에 들어서는 일부 고급 리조트들은 단순히 잠을 자고 쉬는 공간의 기능 외에 새로운 라이프스타일을 제안하고 개인으로 하여금 삶의 질을 높일 수 있는 기회를 제공하는 수준까지 접근하고 있다. 숙소를 하나의 여행목적지로 고려하는 휴양형 여행 스타일이 정착하면서 지속적으로 진화하는 태국의 리조트와 숙소는 관광산업을 돕는 차원이 아닌 태국 여행의 중요한 콘텐츠로 자리매김하고 있다.

태국의 이 모든 매력은 처음부터 지금처럼 서로 조화를 이루며 어울리는 것은 아니었다. 태국이 가진 매력과 가치, 경쟁력을 연구하고 장점을 발전시키려고 노력하는 정부와 관광청, 그리고 국민의 혼연일체 노력이 없었다면 불가능한 일이었을 것이다. 현실에 안주하지 않고 늘 새로운 것, 변화하는 모습을 보여주기 때문에 태국은 다시 방문해도 여전히 새롭고 즐거운 여행지가 될 수 있었던 것이다. 거리의 상점에서 파는 물건만 봐도 그렇다. 아이템들이 식상해질 무렵, 새로운 물건들이 어김없이 등장하고 여행자의 눈길을 잡아끈다. 그것은 새로운 요구에 민첩하게 대응하거나 요구가 없어도 스스로 방향을 제시해가는 관광대국 태국의 힘으로 평가할 수 있다.

너무 좋은 점만 강조한 것 같지만 이 책의 목적 자체가 나쁜 것보다는 좋은 것들을 발견하고 그것을 여행에 접목하여 충분히 즐기자는 의미이니 양해 바란다. 어떤 여행지든 완벽하게 단점만 있는 곳은 없다. 여행지가 가진 장점을 발견하고 그 가치를 잘 활용하는 것이 여행자의 의무이자 행복이다. 태국은 늘 그래왔던 것처럼 우리 곁에 있었으며 앞으로도 그럴 것이다. 우리가 계속해서 태국의 매력과 가치를 쫓아야 하는 이유가 거기 있다.

일반정보

- **국명** 쁘라텟 타이 Kingdom of Thailand
- **위치** 동남아시아. 바다는 서쪽으로 안다만 해, 동쪽으로는 남중국해를 접하고 있으며 육지는 남쪽으로 말레이시아, 동쪽으로 라오스와 캄보디아, 서쪽으로 미얀마를 접하고 있음.
- **면적** 51만 3,115㎢ (한반도의 2.3배, 남한의 5배, 프랑스와 비슷한 크기)
- **최대길이** 남북 간 1,700km, 동서간은 800km 정도
- **국가 형태** 입헌군주제
- **인구** 6,500만(2005년 기준)
- **민족** 타이족 70%, 화교 15%, 이슬람 10%, 기타 5%
- **1인당 국민소득** US$8,000(2005년 기준)
- **주요산업** 관광, 섬유, 농산물 가공, 담배, 보석 가공, 컴퓨터, 광업, 농산물 등

기후 태국은 열대 우림기후로 일 년 내내 덥다. 하지만 북부 산간지방은 다른 지역에 비해 선선한 편이며 연중 가장 시원한 1, 2월 달에는 10도 정도까지 떨어질 때도 있다. 태국의 계절은 강우량에 근거해 건기와 우기로 나눌 수 있는데, 그 경계는 지역별로 차이가 있다. 대부분 11월부터 4월이 건기, 5월부터 10월이 우기로 구분된다. 3월부터 5월은 가장 더운 시기, 1월과 2월은 가장 서늘한 시기로 구분된다. 최근 기상 이변과 관련하여 건기와 우기의 개념이 점점 모호해지는 경향도 있다. 코사무이 등 남부 동해안은 11월부터 1월이 우기로 구분되는 특이한 기후를 보인다. 우기에는 열대성 강우인 스콜이 자주 내린다. 한국의 장마철 같이 꾸준히 비가 내리는 경우는 드물지만 비가 자주 오고 파도가 높아지므로 아무래도 여행에는 불편한 점이 있다. 대신 우기에는 여행객이 줄어들면서 호텔비 등의 비용이 저렴해진다.

종교 불교 95%, 이슬람교 3.8%, 기독교 0.5%, 힌두교 0.1% 태국은 전 국민의 95% 이상이 불교도인 전통적인 불교국가이다. 태국의 불교는 개인의 해탈을 교리로 하는 소승불교이며 13세기 말 이래 태국의 국교로 되어있다. 태국인들은 보통 일생에 한번은 승려생활을 하게 되고 승려들은 태국사회에 있어 대외적으로는 가장 중요하고 존경받는 신분이다. 종교의 자유는 법으로 명시되어 있고 최근에 정착하는 서구인들이 늘어남에 따라 쉽게 교회나 성당건물을 찾아볼 수 있게 되었다. 태국인들은 자기가 살고 있는 땅과 집에 귀신이 있다고 믿으며 귀신에게 경배해야 집안의 악운을 떨치고 행운이 온다고 생각한다. 그래서 집이든, 상점이든, 빌딩이든 예외 없이 한쪽에 사당 같은 공간을 마련해 놓고 매일 같이 물과 음식을 갈고 향을 피우며 기도를 한다.

시차 태국은 지역별 시차가 없으며 영국의 기준시(GMT)와 7시간 차이가 난다. 태국과 한국은 2시간의 차이가 있다. 태국시간에 2시간을 더하면 한국시간이 된다. 예를 들면 태국이 오전 9시일 때 한국은 오전 11시이다.

치안 태국의 치안상태는 상당히 안전하다. 태국이 여행지로서 갖는 큰 장점 중 하나이다. 그러나 태국 역시 개발도상국이 안고 있는 문제점으로부터 완전히 자유로울 수는 없다. 물리적인 방법을 통해 돈이나 귀중품을 뺏는 강도

는 거의 없지만 전문 사기꾼의 활동과 야간업소들의 바가지 상흔 등은 성업 중이니 조심해야 한다.
관광지에서 벌어지는 현지인들과의 분쟁은 관광경찰(문의 1155)의 도움을 받는 것이 좋다.

언어 공용어는 타이어이다. 호텔과 식당 같은 관광 업소에서는 영어가 많이 사용되고 독일어와 프랑스어를 할 줄 아는 현지인도 꽤 된다. 그렇지만 관광업에 종사하는 사람들이 모두 능숙한 영어를 구사하지는 않는다. 자신의 직업에 관련된 간단한 영어만 하는 사람들이 많다. 일반 주민들은 영어를 거의 못하고 일반적인 영어단어도 일본인들처럼 자신들만의 발음으로 차용하기 때문에 아주 간단한 영어단어도 소통이 힘든 편이다.

전압 220V이다. 한국에서 태국으로 가져가는 전자제품들은 그것이 만약 220/110V 겸용이 아니라면 미리 220V용으로 바꾸어놓아야 낭패가 없다(최근 전자제품들은 겸용이 많은데 겸용 중에도 110볼트와 220볼트를 구별해주어야 하는 것이 있다). 플러그는 한국 것과 동일한 것을 주로 사용한다.

복장 열대기후 지역이라 반소매와 반바지 차림의 간편한 복장이 많다. 여행자 역시 반소매와 반바지에 샌들 차림이 주류를 이룬다. 그러나 방콕은 다른 휴양지와 달리 긴소매와 긴바지를 필요로 하는 곳이 있다. 고급스러운 분위기의 호텔, 식당이나 클럽에서는 반바지와 운동화 등을 거부하기도 한다. 고급식당이나 호텔을 갈 일이 있는 사람들은 셔츠와 긴 바지, 그리고 구두를 준비하는 것이 좋다.

식수 수돗물은 식수로 사용할 수 없다. 플라스틱이나 유리병에 담긴 물을 사먹는 것이 안전하다. 생수 중에는 기포가 있는 미네랄워터(소다 워터라고도 함)가 있는데 맛이 한국의 사이다와 물의 중간 정도이다. 그냥 물인지 미네랄워터인지 확인해보는 사는 것이 좋다.

입국비자 한국인들은 태국 입국 시 무비자로 90일까지 체류가 가능하다. 90일 이상 체류 시에는 90일이 지나기 전에 가까운 말레이시아나 싱가포르 등으로 여행을 다녀오면 체류기간이 늘어난다.

전화 다른 동남아 국가들에 비해 태국에서 한국으로의 전화 사정은 좋은 편이다. 웬만한 호텔에는 한국으로 직통 전화가 가능하며 컬렉트콜도 쉽다. 여행자들이 많이 모이는 거리에는 사설 전화 서비스를 하는 곳도 많다. 인터넷 폰이 활용되면서 국제 전화 가격도 많이 저렴해졌다. 전화사용에 있어 가장 편리한 방법은 현지 핸드폰을 갖고 다니는 것이다. 현지에서 구매해서 태국을 갈 때마다 사용할 수도 있고 아니면 어비스(www.abys.co.kr) 같은 업체에서 빌릴 수도 있다. 현지 핸드폰이 있으면 로컬 전화가 쉽고 저렴하며 국제전화를 걸고 받을 수 있는 등 편리하다. 예를 들어 길을 모를 때는 택시를 타서 상대방에 전화를 한 후 택시기사를 바꾸어주는 식으로도 활용이 가능하다.

화폐와 환전 태국의 돈은 '바트 Baht'다. 이후 이 책에서는 금액 뒤에 B로 표시한다. 1, 2, 5, 10B의 동전이 있으며 10, 20, 50, 100, 500, 1000B의 지폐가 있다. 2009년 6월 현재 1B는 한국 돈으로 약 38원이다. 환전은 한국에서 한국 돈을 바트로 직접 바꾸어 가는 것과 달러를 갖고 가서 현지에서 환전하는 방법이 있다. 금액은 큰 차이가 없어 쓸 돈은 바트로, 비상금은 달러로 갖고 가는 것도 방법이다. 1,000B 등 큰돈을 받기가 쉬운데 기회 될 때마다 잔돈을 바꾸어야 낭패가 없다(잔돈이 없어 큰돈을 주게 되는 경우도 종종 있다). 신용카드는 해외여행의 든든한 친구다. 따로 추가 수수료를 받는 곳이 아니라면 신용 카드 사용이 환전보다 더 유리할 수도 있다. 해외에 나가기 전에 자신의 신용카드가 해외에서 사용가능한 것인지 체크해야 한다. 현금카드 기능을 가진 신용카드는 ATM을 이용해서 여행 중에 태국 돈을 인출할 수 있다. ATM은 한국 이상 널리 보급되어 있는 편이다.

태국 음식

태국 음식의 특징

흔히 세계 5대 음식 중 하나로 평가되는 태국 음식의 특징에 대해 알아보자.

태국 음식과 한국 음식의 비슷한 점과 다른 점

한국 음식과 비슷한 점	한국 음식과 다른 점
● 밥이 중심이 된다. ● 맵고 자극적이다. ● 마늘과 고추를 많이 사용한다. ● 요리를 반찬의 개념으로 먹는다. ● 탕이 많다.	● 밥과 별도로 반찬이 아닌 요리를 따로 시켜 먹는다. ● 식자재(특히 야채)를 약하게 조리하고 생식도 좋아한다. ● 음식을 만드는 과정이 간단하고 시간도 짧다. ● 코코넛밀크, 향신료 등 생소한 식재료들이 많다. ● 매운 맛 외에 시고 단 맛의 음식도 많다.

태국 음식을 특별하게 만드는 네 가지 재료

프릭 Chilli

16세기 포르투갈의 태국 상륙이 남긴 가장 중요한 의미는 프릭, 즉 쥐똥고추였다. 지금 태국음식에서 쥐똥고추가 얼마나 폭넓게 사용되는 것을 안다면 16세기 이전 태국 음식에 고추가 들어가지 않았다는 사실이 믿어지지 않을 것이다. 쥐똥고추는 보통 어른의 새끼손가락보다 작은 크기지만 큰 고추에 비해 자극적인 맛은 훨씬 강해서 주의가 요구된다. 노란색, 빨간색, 녹색 등 다양한 색깔이 있다. 음식의 재료로 사용되며 피시소스에 잘라 넣어 밥에 뿌려먹기도 하는 등 다양한 활용법이 있다.

피시소스 Fish Sauce

'순화된 생선 액젓'이라고 설명할 수 있는 피시소스도 태국음식에 빠질 수 없는 재료다. 태국 요리치고 피시소스가 들어가지 않은 것을 찾기 힘들다. 피시소스에 쥐똥고추를 잘게 잘라 넣은 픽남쁠라는 한국의 김치처럼 자극적인 반찬 역할을 한다. 픽남쁠라는 볶음밥 등에 뿌려먹으면 느끼함을 해소할 수 있다.

팍치 Corriander

태국음식에서 나는 냄새의 절반 이상은 이 식물에서 난다고 생각해도 무방하다. 태국에선 잎과 줄기, 뿌리까지 모두 사용한다. 태국인들은 이 향을 좋아하여 거의 모든 음식에 넣어서 먹으며 특히 국수나 똠얌꿍 같은 찌개류 위에 뿌려 먹는다. 태국에선 팍치, 우리나라에선 고수라 부른다. 제주도에서 재배하는 고수는 태국의 팍치와 향의 강도에 있어 많은 차이가 난다. 생소한 향이지만 무작정 겁을 내고 멀리하기보다는 익숙해질 수 있도록 자주 시도하는 게 좋다.

마나오 Lime

레몬처럼 신맛을 내면서 더 신선한 느낌을 주는 마나오는 신맛이 강한 태국음식에 중요한 재료다. 녹색의 열매 뿐 아니라 잎도 신맛과 기름기가 있어서 음식의 맛을 위해 사용한다. 똠얌꿍이 대표적. 라임은 해산물을 먹고 손 씻는 물 등 많은 곳에 다양하게 활용된다.

마나오

종류별 음식 분류

전식 Appetizers

태국 음식에 있어 전식의 개념은 확실해서 서양의 음식문화와 비슷한 면도 있다. 보통 부담 없이 먹을 수 있는 양에 입맛을 돋우는 신맛 나는 것들이 전식으로 인기. 신맛 나는 샐러드라 할 수 있는 '얌' 종류는 대표 전식이라 할만하다. 얌탈레, 얌운센, 얌느어 등은 한국인에게도 최고의 인기. 다른 종류지만 쏨땀도 얌과 비슷한 개념으로 이해할 수 있다. 생선과 새우를 다져서 도넛처럼 만들어 튀겨먹는 뿌짜와 툿만꿍, 태국식 스프링롤인 뽀삐아, 고기 꼬치를 소스와 함께 먹는 사테 등 다양한 전식이 있다.

쏨땀

탕 Soup

태국도 저녁식사에는 식탁 중앙에 탕이 하나 정도는 있는 것이 정상이다. 똠얌꿍은 태국의 공식 외교 사절이라고 해도 될 만큼 세계적으로 유명한 음식이다. 한국의 김치찌개와 비슷하기도 해서 친근한 느낌인데 코코넛 우유가 들어가면 좀 다른 맛이 된다. 코코넛 밀크가 많이 들어간 커리 요리인 깽키오완(영어로는 Green Curry)은 태국인들에게는 똠얌꿍과 막상막하의 인기를 누리는 국민

똠얌꿍

적인 요리다. 그 외 피시소스와 신 맛이 강한 깽쯧, 깽쏨 쁠라 등 다양한 종류가 있다.

밥 Rice

흰밥과 요리를 함께 먹는 것이 기본 태국 식사다. 하지만 더 간단하게 볶음밥이나 요리를 밥 위에 얹어 먹는 단품도 아침이나 점심식사로 인기. 카오팟은 볶음밥

카오팟

을 말하며 그 뒤에 나오는 단어가 재료를 표시한다. 예를 들어 카오팟 꿍은 새우 볶음밥이다. 덮밥 중에서 가장 인기 있는 것은 까파오(Basil)라는 허브 잎을 돼지고기와 함께 볶아 밥 위에 얹어먹는 팟까파오 무 랏카오 이다('무'는 돼지고기, '랏'은 토핑을 말하며 '카오'는 밥이다). 중화권에서 인기 있는 치킨라이스는 태국에서 카오만까이로 불리며 마니아층을 확보하고 있다. 보통 먹는 안남미 외에 태국 북쪽에서는 찰밥인 카오 니아우를 많이 먹는다.

누들 Noodle

태국에 국수 종류가 많다는 것은 기본적으로 중국의 영향으로 생각할 수 있다. 냄새 등 여러 가지 이유로 태국음식을 꺼려하는 한국인도 거부감 없이 먹을 수 있고 거리에서 쉽게 접할 수 있어 인기. 국수는 면의 종류나 요리 방법에 따라 꽤 많은 종류가 있다. 우선 면의 종류는 재료에 따라 쌀로 만든 꿰띠아우와 밀가루와 달걀로 만든 바미로 나눌 수 있다. 꿰띠아우는 면의 굵기에 따라 쎈미, 쎈렉, 쎈야이로 나뉘는데 쎈미가 가장 얇은 면이다. 꿰띠아우와 바미 모두 국물과 함께 먹거나 국물 없이 소스에 비벼먹는다. 그 외에도 쌀국수를 채소와 섞어서 볶은 다음 땅콩을 뿌려주는 팟타이와 한국의 울면처럼 걸쭉한 국물이 있는 랏나 또한 빠질 수 없다.

팟타이

볶음 요리 Stir Fried

'팟'은 '볶다'라는 의미의 태국어로 음식명에도 많이 사용된다. 각종 채소를 함께 볶은 팟팍루암은 자극적인 맛을 보완하는 의미의 부드러운 음식으로 사랑받는다. 팟팍붕파이뎅은 모닝글로리를 사용한 야채볶음으로 씹는 맛이 일품이다. 카레 파우더를 게와 함께 볶은 뿌팟퐁커리는 해산물을 좋아하는 사람들에게 최고의 인기. 밥 종류에서도 나왔지만 자극적인 맛을 내는 까파오(Basil)는 볶음요리에 많이 사용되는 재료다.

팟까파오

튀긴 요리 Fried

기름에 튀긴 요리는 일반적이지는 않아도 찾아보면 꽤 있다. 가장 대표적인 것은 생선을 튀긴 쁠라톳. 인기 있는 생선 요리인 쁠라라프릭도 생선을 튀긴 후 소스를 뿌린 것이다. 닭고기는 바비큐로 많이 먹지만 튀겨 먹는 '까이톳'도 인기. 태국의 튀김 요리는 기름기가 많지 않게 느껴지는 것이 특징이다.

쁠라톳

바비큐 BBQ

태국인들도 한국인만큼 숯불구이를 좋아한다. 태국의 숯불구이는 한국처럼 각 식탁에서 직접 구워먹는 것이 아니라 식당 측에서 한꺼번에 구워주는 스타일이다. 노점 스타일의 바비큐 집도 많다. 숯불구이 닭고기는 까이양, 돼지고기는 무양이라 부른다. 허기질 때 간식으로도, 한 끼의 식사로도 최고.

디저트 Dessert

태국은 디저트 역시 발달해있다. 가장 인기 있고 특이한 디저트로는 망고밥인 '카오 니아우 마무앙'이 있다. 찰밥과 망고에 연유를 뿌려먹는 이 음식은 그 재료와 조합을 듣는 것만으로도 이상하게 느껴질 수 있지만 먹다보면 중독성이 생기기도 한다. 태국은 단 음식이 많은데 디저트 종류는 유난히 달아서 쉽게 적응하지 못하는 한국인도 많다. 코코넛 밀크와 과일, 젤리 등을 함께 넣어 먹는 빙수도 인기.

아쿠아에서 10년간의 태국 취재 경험을 통해 축적한 태국음식에 대한 정보를 한 권의 책으로 만들었다. 이 책 한 권이면 태국음식에 대한 대부분의 궁금증을 해결할 수 있다. 현지에서 사진이나 태국어를 가리키는 식으로 주문하기에도 편리하다.

태국의 과일

태국의 과일태국은 열대과일의 천국이다. 맛있고 한국에서는 귀한 열대과일들 중 대표적인 것들을 소개한다.

코코넛 Coconut 「마프라오」
음료라고 부르는 것이 더 적당할 지도 모르겠다. 커다란 칼로 머리 부분에 구멍을 낸 후 빨대를 꽂아준다. 시원하게 해서 마셔야 제 맛.

망고스틴 Mangosteen 「망쿳」
대표적인 열대 과일이다. 껍질을 손으로 까면 마늘쪽 같이 생긴 과육이 나온다. 섬유질로 구성된 흰 과육은 단맛이 강하며 맛있다. 한국인에게 최고 인기!

람부탄 Rambutan 「응어」
빨간색이며 계란형으로 생겼다. 털도 있다. 특이한 겉모습에 비하면 하얀 내용물은 단순하기 그지없지만 시원하게 해서 먹으면 맛있다.

파파야 Papaya 「말라꺼」
태국인들의 간식거리나 디저트로 많이 이용된다. 아직 숙성되지 않은 녹색 파파야는 태국의 김치 격인 쏨땀을 만드는 데 쓴다.

망고로 만든 진한 맛, 망고주스(마무앙빤) 라임으로 만든 상큼한 맛, 라임주스(마나오빤) 수박으로 만든 달콤한 맛 수박주스(땡모빤)

망고 Mango 「마무앙」
태국의 망고는 달고 과즙이 많은 편이다. 찰밥과 함께 먹는 망고밥(태국어로 '카오 니아오 마무앙')도 유명하다.

두리안 Durian 「두리안」
'과일의 왕'이라는 별명을 가졌다. 처음엔 고약한 냄새 때문에 다들 코를 막지만 일부 진지한 팬들은 두리안을 먹으러 태국에 오기도 한다.

두리안   람부탄   망고스틴   코코넛

마사지와 스파

태국 전통 마사지

태국 전통 마사지의 기본 개념은 과로나 무리로 인한 신체적, 정신적 피로, 근육의 뻣뻣함을 풀어주는 것이다. 신체의 주 에너지 채널을 누르고, 뒤틀고 잡아당김으로써 혈액순환을 원활히 한다는 것이다. 즉 단순하게 근육을 푸는 것이 아니라 다양한 동작을 통해 신체에 기를 불어넣는 과정이라 할 수 있다. 태국 전통 마사지는 피로회복과 원활한 신진대사에 탁월한 효과가 있는 것으로 알려져 있으며 몸이 아프지 않은 일반인들도 주기적으로 받으면 건강에 도움이 된다고 한다. 태국 마사지는 다음과 같은 효과가 있다.

- 기(氣)의 통로를 열어주고 자극함으로써 원활한 신진대사를 돕는다.
- 충분한 근육 이완으로 혈액순환이 좋아져 피로회복과 부상 예방에 좋다.
- 신체의 굴절과 압력에 의해 내장기관에 영향을 미쳐 소화 기능이 좋아진다.
- 스트레스를 줄이고 정신적인 안정을 찾을 수 있다.
- 신체의 유연성이 좋아진다.
- 숙면을 취할 수 있다.
- 인대를 강화하고 저항력을 키워준다.

여행자들이 많은 거리에는 '건물 하나에 마사지 숍 하나'라고 할 만큼 많은 마사지 숍이 있으며 가격은 지역마다 다르

해변에서도 마사지를 받을 수 있다

지만 보통 타이마사지와 발마사지가 1시간에 200~300B 수준이다.

스파

스파는 본래 로마 시대 광천온천으로 유명했던 벨기에의 마을 이름인 스파우 Spau에서 유래되었다고 한다. 현재는 '물을 이용한 치료'라는 의미로 이해되고 있으며 일반적으로 마사지에 자쿠지와 사우나, 오일 트리트먼트 등을 접목한 프로그램을 가리킨다. 태국에 스파의 열풍은 1990년대 초반부터 시작되어 꾸준히 발전해왔으며 현재는 태국 관광산업에서 빼놓을 수 없는 요소가 되었다. 웬만한 호텔과 리조트는 내부에 스파를 운영하고 있다.

마사지와 스파 120% 활용하기

- 저렴한 길거리 마사지 숍을 제외하고는 세금과 서비스 차지가 붙는 게 대부분이다. 호텔은 17% 정도고 일반 숍은 그보다 낮은 수준.
- 마사지는 시설보다는 안마사의 실력에 따라 만족도가 달라진다. 현지인이 아닌 다음에야 실력 있는 마사지사를 알고 고른다는 것이 어려운 일인데 일단 마음에 드는 마사지사를 만난다면 짧은 기간에라도 단골로 하는 방법이 있다.
- 마사지를 받기 전에 마사지의 강약 등 어떤 형태의 마사지를 원하는지 안마사와 먼저 대화를 하는 것도 좋은 방법이다. 태국어로 아프다는 말은 '쨉'이고 더 세게 해달라는 말은 '아오 낙낙'이다.
- 요금이 비싼 스파도 비수기에는 할인을 하기도 한다.

쇼핑

태국의 인기 쇼핑 아이템

짐톰슨 *Jim Thopsom*

태국 실크 제품의 대표 브랜드다. 짐톰슨은 태국의 실크를 세계에 알린 사람의 이름이지만 지금은 브랜드의 이름으로 더 많이 알려져 있다. 실크를 이용한 쿠션이나 침대 덮개 같은 패브릭 제품들과 가방이나 지갑, 넥타이 등 많은 제품이 있다. 현지 물가에 비하면 비싼 편이지만 선물용으로는 그만이다. 방콕 실롬에 본점이 있고 씨암에는 박물관 겸 숍이 있으며 태국 전역의 고급 호텔에 숍을 운영하고 있다.

와코루 *Wacoal*

태국 브랜드는 아니지만 와코루 속옷은 한국과 비교해 가격차이가 커서 여성들의 쇼핑에서 빠지지 않는 품목이다. 대부분의 백화점과 쇼핑몰에 위치해있다. 브래지어는 500B~700B대, 팬티는 300B 정도다. 태국 여성이 워낙 마른 편이나 한국에서 입던 사이즈보다 한 치수 크게 사는 편이 좋다.

태국음식 재료

태국음식의 소스나 재료들은 일회용으로 잘 포장되어 판매되고 있는 편이라 편리하다. 집에 돌아와 태국음식을 해먹으면 태국 여행의 기분을 그대로 이어가는 기분이 들 것이다. 일회용으로 포장된 똠얌꿍 소스, 팟까파오 소스 등이 인기. 말린 어포는 술안주에 좋다.

화장품

로레알 Loreal, 올레이 Olay 등은 한국보다 훨씬 저렴한 가격에 구입할 수 있으며 종류도 다양하다.

수공예품

나무나 라탄 소재의 수공예품부터 집에서 소품으로 활용할 수 있는 화병, 목각인형, 부엌에서 당장 활용할 수 있는 나무젓가락, 개인용 테이블 매트, 나무쟁반 등은 선물용으로 좋다. 태국을 상징하는 삼각방석은 한국으로 공수하기가 힘들지만 일단 갖고 오면 좋다. 앤티크 분위기의 인테리어 소품과 알록달록한 구슬 전구, 오리엔탈 무드의 스탠드 조명도 핫 아이템.

짐톰슨

의류

한국 의류가 질 면에서 우위에 있는데 동남아시아에 공장을 둔 유명 브랜드 제품의 경우 한국보다 싸기도 하므로 관심을 가져볼만하다. 나이키, 캘빈클라인, 리바이스 등 캐주얼 브랜드와 수영복, 아웃도어 의류 등 스포츠 용품을 추천한다.

태국 리조트의 특징

01 규모와 스타일, 질과 요금에 있어 천차만별이다. 수영장이 있고 꽤 괜찮은 중급 리조트를 한국 돈으로 2, 3만원에도 묵을 수 있는가 하면 일반 룸이 1박에 100만원에 육박하는 리조트도 있다. 몇 백 개의 객실과 몇 개의 수영장 등 규모를 자랑하는 대형 리조트가 있는가 하면 10실 남짓한 소규모임에도 불구하고 최고급 리조트로 분류되는 곳도 있다. 리조트의 다양성은 즐거움이자 선택의 어려움을 의미한다.

02 성수기와 비수기 차이가 큰 편이다. 지역마다 차이는 있지만 건기와 우기, 바캉스 철에 따른 성수기와 비수기가 있으며 성수기에는 가격이 오르고 비수기에는 정해진 가격에 하루나 이틀을 무료로 제공하는 프로모션까지 진행하여 가격은 두 배 이상 벌어지기도 한다. 크리스마스이브나 12월 31일 밤에는 의무적으로 저녁식사(갈라 디너)까지 포함되어 숙박비는 치솟게 된다.

03 일반적인 호텔과 리조트 외에 서비스 아파트먼트 Serviced Apartment도 선택할 수 있다. 원래 장기 체류자를 위한 시설이고 서비스보다는 객실로 승부하는 곳이지만 진화를 거듭하면서 고급호텔 못지않은 시설과 서비스를 가진 곳들도 있다.

04 유니크한 리조트가 많다. 태국인은 남의 눈치 안보고 자신이 좋아하는 일을 저지르는 편이며 그런 것에 대한 배려와 관심도 많은 편이다. 리조트도 운영자의 취향이나 꿈에 따라 유니크한 곳이 많다. 유니크하다는 것은 리스크도 있지만 다른 곳에서는 하지 못하는 경험을 할 수 있으므로 돈으로 살 수 없는 가치가 생긴다.

05 빠르게 변화하고 진화한다. 태국은 관광산업의 세계적인 격전지다. 하루가 다르게 들어서는 다른 리조트, 바뀌어가는 환경에 따라 리조트들은 빠르게 변화하고 진화해 가는 것이다. 객실, 부대시설, 디자인 등 외관 뿐 아니라 서비스 등 내면적인 콘텐츠도 포함하는 개념이다.

어떤 리조트가 내게 맞을까?

리조트를 고를 때 고려해야 하는 사항들
귀가 얇고 경험이 없는 여행자라면 여행사에서 광고하고 선택해주는 리조트, 잡지에 연일 기사가 실리는 리조트를 무조건 선택하는 우를 범하기도 한다. 아무리 명품 옷이라도 내 신체 사이즈나 취향에 맞지 않으면 돈만 버리는 결과를 갖고 올 수 있듯 리조트에 대한 선정도 먼저 자신의 취향, 여행의 목적과 구성원들에 대해 이해하고 그 여행에 맞는 리조트를 찾는 자세가 필요하다.

여행목적
여행의 목적에 대해 스스로 명확해질 필요가 있다. 신혼여행이라면 프라이버시와 서비스가 더 강조되는 고급 리조트가 좋을 수 있고 아이나 부모님과 함께 하는 가족여행이라면 위치가 좋고 현대적인 시설과 큰 수영장을 가진 리조트가 어울릴 것이다.

위치
숙소의 위치는 여행의 목적과 맞물려 결정되어져야 한다. 활동적인 여행을 원한다면 돌아다니기 좋은 위치를 잡아야하고 둘만의, 우리들만의 호젓한 휴식을 원한다면 번화가에서 먼 곳이 더 좋을 수 있다.

환경
환경은 위치와 다른 문제다. 같은 해변 쪽 숙소라도 환경은 전혀 다를 수 있다. 해변을 접하고 있더라도 단독으로 사용하는 프라이빗 비치냐 아니냐에 따라 달라지고 리조트 뒤쪽으로 산이 있느냐 없느냐 등 실로 다양한 환경이 있을 수 있다. 휴양형 리조트에서 가장 이상적인 환경이란 앞으로는 파우더처럼 고운 모래를 가진 백사장과 안이 훤히 들여다보이는 크리스털 바다가 있고 뒤편으로는 열대우림 같은 정글이 펼쳐져 공기가 좋고 새소리에 잠을 깰 수 있는 그런 곳이다. 너무 이상적인 것 같지만 태국에는 이런 환경을 가진 리조트도 많다.

비용

비용에 구애받지 않고 숙소를 선택할 수 있는 사람이 세상에 얼마나 될까? 여행 중 묵게 되는 숙소는 우리가 주거하는 집보다 훨씬 자본주의적이다. 단칸방에 세 들어 사는 사람이 있고 또 금싸라기 땅에 연못이 있는 정원까지 두고 사는 사람들이 있듯 숙소도 엄청난 차이가 있다.

기후

여행가는 시기가 비가 많이 내리는 우기냐 건기냐에 따라 선택이 달라질 수 있다. 우기에는 바다 환경이 안 좋을 수 있고 리조트 가격은 내려가니 부대시설과 객실이 좋은 곳으로 업그레이드하는 것도 방법이다.

리조트의 규모

리조트는 규모에 따라 그 이용방법이나 서비스가 달라질 수밖에 없다. 우선 규모가 크면 일반적으로 부대시설이 좋고 액티비티 프로그램 등에서 장점을 가진다.
관리에도 안정성이 있다. 하지만 프라이빗한 분위기나 개별적인 서비스는 어려워진다. 작은 규모의 리조트는 반대로 개별적인 서비스와 프라이버시에 유리하지만 고급 리조트가 아니라면 서비스나 관리에 한계가 있을 수 있고 부대시설이 많이 부족할 수 있다.

다국적 체인 VS 로컬 체인

태국에는 힐튼, 포시즌즈, 매리어트, 쉐라톤, 소피텔, 에바손(식스센스) 등 세계적으로 유명한 호텔 & 리조트 체인들이 들어와 있고 푸껫, 방콕, 치앙마이 등 중요 지역에 각각 하나나 그 이상의 숙소를 운영하기도 한다. 그에 반해 두짓이나 아난타라, 살라 등 태국에서 만들어진 로컬 체인 리조트도 있다. 보통 세계적 체인은 좀 더 안정적인 서비스와 관리를 보여주는 편이나 높은 브랜드 인지도와 기대감 때문에 가격에 거품이 끼는 편이다. 로컬 체인은 어설픈 면이 있을 수 있으나 후발주자로서 더 노력하는 모습을 보여주기도 한다.

객실의 스타일

한 건물에 여러 개의 객실이 있는 것이 일반적이나 방갈로나 빌라의 형태로 다른 객실과 독립적으로 떨어져있는 리조트도 있다. 이런 스타일의 객실은 다른 객실의 소음이 들리지 않고 독립적이라 프라이버시 면에서는 훌륭하다. 야외 공간에 대한 여유도 훨씬 더 좋은 편이다. 다만 리조트 내 동선이 길고 시설 이용에 불편한 점도 있을 수 있다. 그리고 아무래도 자연친화적일 가능성이 높고 그것은 벌레 등의 문제점을 갖고 있을 수도 있다. 독립된 빌라에 개인풀까지 갖고 있는 객실을 풀빌라라 부르며 최근 몇 년 동안 신혼여행에 선풍적인 인기를 끌고 있다. 독립적인 풀을 갖는다는 장점이 있으나 가격이 상당히 올라가게 되므로 꼭 필요한지 잘 따져보고 선택해야 한다.

객실 타입

꼭 일반 룸만 고집할 것은 아니다. 여행하는 인원이 4명 이상이라면 2 베드룸 등을 살펴보는 것이 좋다. 객실을 여러 개 빌리는 것보다 더 저렴하면서 함께 재미있는 시간을 보낼 수 있는 거실 같은 공간을 확보할 수 있다.

리조트 예약

리조트를 예약하는 방법은 가능성만으로 보면 매우 다양하다. 대략 다음 4가지로 나눌 수 있다.

방법	설명	특징
리조트에 직접 예약	홈페이지 예약 시스템을 이용하거나 이메일, 팩스, 전화로 리조트에 직접 예약을 할 수 있다.	● 일부 리조트를 제외하면 오히려 인터넷 여행사 가격보다 비싼 편이다. ● 직접 리조트와 커뮤니케이션할 수 있어 요구사항에 대한 이행 등 편리한 점이 있다.
외국의 호텔 예약 사이트 이용	영어로 되어있는 호텔 예약사이트를 통할 수 있다.	● 한국 인터넷 사이트에 비하면 선택의 폭이 넓은 편이다. ● 영어 사용이 불편하면 자신감이 떨어질 수 있다. ● 환불 등 문제가 생겼을 때 조치가 어렵고 과정이 복잡하다.
한국 호텔 예약 사이트 이용	한국어로 되어있고, 한국에 사무소가 있는 호텔 예약 사이트를 통할 수 있다.	● 한국어라 편하고 전화도 할 수 있다. ● 숙소 선택의 폭이 적다. ● 환불 등 문제가 생겼을 때 조치가 쉬운 편이다.
현지에 있는 한인 여행사 이용	태국 현지에 사무소를 두고 보통 홈페이지도 운영하는 현지 한인 여행사를 통할 수 있다.	● 가격적인 장점이 있다. ● 숙소 예약 말고도 투어나 차량 렌트 등을 이용할 수 있다.

태국의 숙소 예약 방법으로 가장 일반적인 인터넷 예약 사이트와 현지 한인 여행사를 살펴보자.

www.asiarooms.com 이용이 편리한 구성과 파격적인 요금이 돋보인다. 지역별 숙소 리스트도 길고 이용자들의 리뷰도 비교적 많은 편이다. 업무처리도 상당히 빠르고 신속한 편. 예약이 잘 안 되는 경우가 많다는 것과 취소 시 과정이 불편하다는 것 등이 단점이다.

www.asiatravel.com 전 세계를 커버하지만 태국이 메인으로 보일 정도로 태국에 치중하고 있다. 안정성이 장점.

www.asia-hotels.com 아시아 지역을 커버한다. 자체적으로 매겨 놓은 평점이 믿을만하며 여행자들의 솔직한 리뷰도 돋보인다.

www.sawadiee.com 태국만 전문적으로 취급한다. 홈페이지 디자인은 다소 정신없지만 기능은 괜찮다.

www.hotelpass.com 한국 최고의 호텔 예약 사이트. 홈페이지의 편의성, 전화 상담 가능, 리뷰 등에서 좋은 점수를 줄 수 있다.

시골집 www.phuket-bannork.com 푸껫에 위치한 한인 여행사. 한국에도 사무소가 있다. 일처리가 깔끔하고 서비스가 좋은 편. 푸껫과 카오락, 팡아 지역의 리조트를 취급한다.

타이프렌즈 www.thaifriends.co.kr 한국과 방콕에 사무소가 있어 편리하다. 태국 전체의 숙소를 커버한다. 차량 등 다른 서비스도 의뢰할 수 있다.

리조트 즐기기

리조트 요금에는 객실에서 잠자고 아침 먹는 것만 포함된 것은 아니다. 수영장 등 부대시설과 액티비티 등을 이용하는 것까지 포함해서 나온 요금이므로 제대로 이용하지 않으면 손해다.

부대시설과 서비스 즐기기

리조트의 부대시설을 잘 활용하는 것은 리조트 즐기기의 기본이다. 리조트에 도착하기 전 어떤 시설이 있는지 꼼꼼하게 살펴보고 도착 후에도 간단하게 전체 시설을 돌아보는 시간을 갖는다. 객실에는 전체 시설과 서비스에 대한 내용이 정리된 책자(브로슈어)가 있을 것이다. 시간이 날 때 읽어보면 좋다. 어떤 리조트들은 수영장에서 얼음물이나 음료를 무료로 제공하기도 하고 오후에 차와 스낵을 주는 등(애프터눈 티 서비스라 한다) 특별한 서비스를 제공하기도 한다.

액티비티 즐기기

많은 리조트들이 다양한 액티비티 프로그램을 운영한다. 이 내용은 객실 내 책자에 나와 있거나 수영장 등 잘 보이는 곳의 안내판에 적혀있기도 하다. 액티비티는 요가 클래스, 수영장 에어로빅, 윈드서핑, 타이 쿠킹클래스 등 다양하다. 액티비티는 무조건 무료가 아니며 리조트에 따라 달라지는데 타이 쿠킹클래스의 경우 대부분 유료로 운영된다. 고급 리조트는 더 많은 액티비티를 무료로 운영하는 편이다. 액티비티는 참가 인원이 제한되어 있으므로 시간이 늦으면 못할 수도 있다. 가급적 미리 신청하는 편이 좋다. 액티비티를 잘 활용하면 리조트 내 머무는 시간이 좀 더 짜임새를 갖게 된다.

기타 리조트 이용팁

- 객실 내에서 무료로 무선 랜이 지원되는 리조트가 많다. 노트북이 있으면 인터넷 접속이 가능하다.
- 노트북이 있으면 리조트에서 영화 감상 등 다른 재미를 느낄 수 있고 사진 정리에 편하다.
- 리셉션이나 컨시어지, 도어맨 등 직원들은 중요한 정보원이다. 주변의 좋은 식당이나 갈만한 곳에 대해 문의해보자.

아쿠아, 여행 컨설팅의 시대를 열다

아쿠아는 유료 여행 상담 서비스를 운영한다. 허니문 등 중요한 여행에 대해 지역과 테마를 잘 아는 전문가로부터 상담을 받을 수 있다. 만나서 이야기를 나눈 후 딱 맞는 리조트를 골라주고 일정을 짜주며 필요한 경우 예약까지 도와준다. 여행 상품을 파는 여행사와는 전혀 다르다. 최선의 여행을 만들어주고 컨설팅 요금을 따로 받는 것이다. 여행을 잘 아는 친구나 가족이 여행의 전반에 걸쳐 챙겨주고 도와준다고 생각하면 된다. 획일적으로 만들어진 상품이 아니라 철저히 소비자의 취향에 맞추기 때문에 실속 있고 개성 있는 나만의 여행을 만들 수 있다.

관련 내용은 아쿠아 홈페이지 www.aq.co.kr에서 '여행 컨설팅' 메뉴로 들어가 볼 것.

아쿠아가 제안하는 리조트에서의 하루

1 가급적 일찍 일어나 리조트 내 정원이나 주변을 산책 한다.

2 깨끗하게 차려입고 아침식사를 한다. 복장은 다른 사람들을 위해서가 아니라 스스로 좋은 기분을 유지하기 위해 중요하다.

3 해변에서 수영과 선탠을 한다. 해변은 분명 수영장과 다른 매력이 있다.

4 수영장에서 휴양을 이어간다. 같은 휴식이라도 환경을 바꾸면 덜 지루하다.

5 직원에게 알아낸 주변의 로컬 식당에서 쌀국수로 점심을 먹는다.

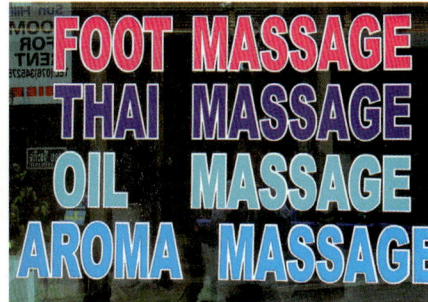

6 거리의 로컬 마사지 숍에서 마사지로 피로를 푼다. 아니면 리조트에서 스파를 받는다.

7 객실로 돌아와 낮잠을 잔다. 하루 종일 밖에서 노는 것도 피곤하니 밤 시간을 위해 체력을 비축하자.

8 멋지게 차려입고 나가서 선셋을 감상하고 근사한 레스토랑에서 저녁식사를 한다.

9 충분히 밤 시간을 즐긴다. 영화를 보다가 잠드는 것도 나쁘지 않은 하루의 마감일 듯.

리조트에서의 식사

B & B, 하프보드, 풀보드

숙박비용에 식사를 어디까지 포함하는지에 따라 B & B, 하프보드, 풀보드로 나뉜다. B & B는 Bed & Breakfast의 약자로 조식만 포함된 조건을 말한다. 조식만 포함하는 것이 일반적이지만 리조트에 따라 의무적으로 저녁식사나 점심까지 포함하는 경우가 있고 반대로 여행사에서 신혼부부들을 위해 그렇게 요청하는 경우도 있다. 조식 외에 점심이나 저녁 중 한 끼가 더 포함된 것을 하프보드, 3식이 모두 포함된 경우를 풀보드라 한다. 풀보드의 경우 가격이 많이 높아지지만 리조트에서 직접 돈을 주고 사먹는 것보다는 미리 내는 가격이 저렴해지는 장점도 있다.

조식

크게 뷔페식과 주문식으로 나뉜다. 웬만한 규모 이상의 리조트들은 뷔페식이 많은 편이다. 흔히 생각할 때 제한 없이 제공되는 뷔페가 더 고급이라 생각할 수 있지만 손님의 취향에 맞추어 주문식으로 제공하는 것이 더 손이 많이 가고 어렵기 때문에 꼭 그렇지만은 않다. 최근에 최고급 리조트는 뷔페식과 주문식을 혼용(샐러드나 빵은 뷔페식으로, 메인 요리는 주문식으로)하는 것이 트렌드다. 같은 뷔페식이라도 제공되더라도 음식의 질은 리조트의 수준에 따라 천차만별이다. 음식의 종류는 서양식과 동양식이 적절히 섞여 있는 모습이다. 태국음식인 볶음밥, 쌀죽, 쌀국수, 야채 볶음과 함께 일본 음식인 미소 국은 뷔페의 단골 메뉴이며 한국 손님이 많은 리조트를 중심으로 김치가 등장하는 비율도 점차 높아지고 있다. 계란 요리는 보통 따로 즉석 코너가 있어서 손님의 취향에 따라 제공해준다. 음식 외에 아침식사에 포함되는 것은 커피와 차, 주스 등의 음료다. 차와 커피는 자리에 앉으면 먼저 와서 물어보는 편이다. 주류나 다른 음료는 대부분 유료지만 아침부터 샴페인이 무료로 제공되는 착한 리조트도 있다.

중식과 석식

중식과 석식은 거의 포함되어 있지 않으므로 직접 사먹게 된다. 가장 편리한 선택은 리조트 내의 레스토랑을 이용하는 것이다. 중식은 간단하게 풀바에서 피자나 샌드위치를 시켜먹어도 되고 오픈한 레스토랑을 이용해도 좋다(리조트 내 모든 레스토랑이 점심에 오픈하는 것은 아니다). 석식은 대화와 분위기를 즐기며 하루를 정리하는 중요한 식사이므로 리조트 내에서 봐둔 분위기 좋은 레스토랑을 이용해도 좋다. 이탈리안 음식이나 태국 음식이 가장 무난한 선택으로 보인다. 당연한 이야기이지만 식사를 꼭 리조트 내에서만 해야 하는 것은 아니다. 많은 리조트들은 조금만 걸어 나와도 리조트 내의 레스토랑에 비해 훨씬 저렴한 식당

들이 있으며 없더라도 픽업 서비스를 제공하는 외부 식당이 있을 수 있다. 주변의 괜찮은 로컬 식당이나 레스토랑에 대해 리조트 직원에게 물어보는 것은 전혀 매너 없는 일이 아니다. 리조트 직원들은 친절하게 인기 있는 주변의 식당들을 알려줄 것이다.

한국 음식의 활용

아마도 다른 국가를 여행하면서 자기 국가 음식을 가장 고집하는 국민을 꼽으라면 한국인이 1등을 할 것이다. 고추장이나 라면 등 한국음식을 챙겨가는 행동은 한 때 여행 경험이 없어 하게 되는 촌티 나는 행동으로 치부되기도 했지만 지금은 자연스러운 일이 되었다. 수납공간을 최소화 하면서 현지에서 편리하게 조리 할 수 있는 아이디어를 여행정보 사이트 아쿠아(www.aq.co.kr)에서 설문 조사하였다. 그 중 발췌한 전투식량 전문가들의 아이디어를 모았다.

- 컵라면은 내용물을 지퍼 백에 모으고 용기는 포개어 두면 공간을 줄일 수 있다.
- 햇반은 용기에서 꺼내 지퍼 백에 담아가면 커피포트에 무난히 넣을 수 있다.
- 미니쿠커를 가져가면 햇반이나 라면 먹기에 매우 편리하다.
- 깻잎 등 통조림으로 된 음식은 용기채로 락앤락에 넣어 간다(개봉 후 여러 차례 나누어 먹을 수 있다).
- 김치는 그 냄새가 너무 강해 아무리 밀봉을 해도 냄새를 감추기 어렵다. 대안으로 단무지를 추천한다.

레스토랑 매너

리조트 내 레스토랑을 이용할 때 필요한 팁을 모았다.

- 대부분의 레스토랑은 애피타이저, 메인, 디저트 순으로 주문하게끔 되어있다. 하지만 형식에 얽매일 필요는 없으며 메인만 주문해도 상관없다.

- 음료는 별도로 주문하는 것이 매너다.
- 포크나 스푼이 두 개 있는 경우는 바깥쪽 것부터 사용한다.
- 식사는 가급적 천천히 한다. 함께 하는 사람과 이야기를 많이 나눈다.
- 계산은 식사 때마다 하지 말고 체크아웃 때 함께 계산하는 것이 편리하다.
- 휴양지라는 특성 상 리조트 레스토랑의 복장은 크게 문제 되지 않는다. 하지만 매너 상 레스토랑에 갈 때는 수영복 차림은 피하는 것이 좋다. 드물게 드레스 코드가 있는 곳도 있다. 보통 점심은 편한 복장으로 하고 저녁은 스스로 기분 전환을 위해서라도 드레시한 복장이 좋다.

리조트 기타 정보

공항 픽업과 센딩
대부분의 리조트들은 공항이나 항구로부터 픽업해주는 서비스를 운영한다. 그것은 손님에 대한 서비스인 동시에 수익사업인 셈이다. 리조트에 운영하는 픽업 서비스는 공항의 택시나 리무진에 비해 가격이 높은 대신 출구에서 피켓을 들고 서있는 직원을 만나 안정감 있게 움직일 수 있고 차 안에서 타월이나 물을 주는 등 좋은 서비스를 기대할 수 있다.

체크인, 체크아웃
체크인 시간은 보통 오후 3시 정도지만 객실에 여유만 있다면 더 일찍 방을 내주는 편이다. 단 불안하다면 미리 가능 여부를 전화로 체크하는 게 좋다. 리조트에 도착하면 먼저 리셉션에 여권과 예약 시 받은 바우처(예약 확인증)를 보여준다. 숙소 측에서는 간단한 신상명세 작성과 전화비나 물품에 대한 디포짓 개념으로 신용카드 정보를 요구하기도 한다. 이 과정을 마치면 직원의 안내에 따라 객실로 이동하여 객실 사용에 대한 설명을 듣게 된다(그냥 열쇠만 줘서 보내는 곳도 있다). 짐은 포터들이 따로 옮겨주며 이 때 팁이 필요하다. 체크아웃은 체크인보다 더 간단하다. 짐을 싼 후 리셉션에 전화를 걸어서 체크아웃 한다고 이야기를 한다. 이 때 포터를 불러도 된다. 리셉션에 가서 사용한 미니바 등 요금을 지불하면 체크아웃도 끝난다. 객실에서 나갈 때 빠진 것 없도록 더블체크하고 세이프티 박스 등을 열어보는 것도 중요한 일이다.

디포짓
디포짓은 일종의 개런티 개념으로 숙박비 외에 리조트에서 사용하는 비용(식사비나 미니바의 음료 등)을 위한 안전장치로써 미리 신용카드 정보를 주는 개념이다. 신용카드가 없는 경우 현금을 걸기도 한다. 체크인 시 신용카드 정보를 주게 되는데 사용한 것이 없으면 빠져나가는 돈도 없게 된다. 하지만 가끔 숙소 측에서 실수로 없는 비용을 잡거나 틀리기도 하니 체크아웃 때 세심한 체크가 필요하다.

미니바

미니바란 객실 안에 있는 작은 냉장고와 준비된 음료와 음식을 말한다. 숙소 측에서 준비한 음료수나 맥주 등은 냉장고 안에 있으며 바깥쪽에도 초콜릿이나 과자류 등이 있는 편이다. 최고급 리조트에는 와인 셀러 냉장고까지 구비하는 경우도 있다. 미니바는 대부분 유료로 운영되며 시중 가격보다 몇 배 높은 편이다. 그래서 잘 사용하지 않고 밖에서 사다가 나르기도 하지만 편리함을 돈을 주고 산다 생각하고 이용하는 것도 나쁘지 않다. 밖에서 음료나 술을 사와서 냉장고에 재워두는 경우라면 기존의 술과 음료와 섞이지 않게 잘 정리해두어야 한다. 물과 커피, 차 종류는 공짜로 제공되는 것들이 있으며 무료로 제공되는 아이템에는 '무료 complimentary'라고 표시되어 있다. 확실히 하기 위해 체크인 시 객실에서 안내를 받을 때 직원에게 문의하는 게 좋다. 체크인 시 객실에 준비되어 있는 과일이 있다면 리조트 측의 선물이니 먹어도 된다. 과일 말고 스낵이나 샴페인 같은 것을 준비해주기도 한다.

팁

팁을 꼭 주어야하는 원칙은 없지만 리조트 이용과 관련해 암묵적인 약속과 같은 것으로 주어야 할 때는 주는 편이 좋다. 세계적으로 기본 팁은 US$1 정도지만 물가가 저렴한 태국에서는 20B(한국 돈 약 800원) 정도도 괜찮다. 미리 20B짜리를 많이 준비해두는 게 좋다. 팁을 주는 상황을 정리하면 다음과 같다.

- 체크인 시 짐을 가져다주었을 때(짐이 많으면 더 준다)
- 매일 아침 객실 청소 전에(침대 베개 밑에 놓는다)
- 객실에 무언가를 갖다 달라고 부탁했을 때
- 기타 고마운 서비스를 받았을 때

버틀러 서비스

버틀러 서비스란 '집사'의 개념으로 한 명의 숙련된 직원이 하나의 객실을 전담해서 모든 서비스를 책임지는 것을 말한다. 숙소 입장에서 보면 더 많은 직원들이 필요하고 더 전문적인 교육이 필요해서 쉽게 엄두를 내지 못한다. 그래서 일부 고급 리조트에서 제공하고 있으며 어느 선 이상의 객실에만 버틀러 서비스를 제공하는 리조트도 있다. 버틀러 서비스의 장점은 버틀러가 학습에 의해 손님의 취향을 이해하고 손님이 요구하기 전에 미리 챙겨주는 개인적인 서비스가 가능하다는 것이다. 버틀러 서비스가 잘 운영되는 곳은 손님이 마치 개인 비서를 두고 있는 것처럼 편리함을 느낄 수도 있다.

모닝콜

리셉션에 요청하면 정해진 시간에 객실로 전화를 주는데 이것을 모닝콜 Morning Call 혹은 웨이크 업 콜 Wake up Call이라고 부른다. 휴양여행이라면 편하게 늦게까지 잠을 즐기는 것도 좋지만 해가 있는 시간을 잘 활용하는 차원에서 가급적 일찍 일어나 건강하게 하루를 시작하는 것이 좋다. 자기 전에 모닝콜을 부탁하는 것을 잊지 말자.

세이프티 박스

리조트의 객실은 안전지대가 아니다. 여권과 현금 등의 귀중품을 그대로 두고 나가는 것은 좋지 않다. 대부분의 리조트들은 객실 내에 금고 형식으로 세이프티 박스를 구비하고 있으며 무료로 제공하고 있으니 잘 활용하는 것이 좋다. 객실 내 없다면 리셉션에서 전체적으로 관리하는 세이프티 박스가 있을 것이다.

객실 비품

리조트에 따라 다르지만 대부분 객실 내에 세이프티 박스와 커피포트, 미니바, 어댑터, 모기 퇴치제, CD 플레이어(DVD 플레이어) 등의 시설을 갖추고 있다.

기타

● 객실 비품은 가져가지 않는 것이 올바른 매너다. 하지만 비누 등 일부 일회용품은 괜찮기도 하다. 슬리퍼를 기념으로 제공하는 리조트도 있으며 이런 경우 '무료 complimentary'라고 적혀 있거나 체크인 시 안내를 해준다.

● 객실 문을 여는 방법으로 열쇠 대신 마그네틱 처리가 된 카드키를 많이 사용한다. 카드키를 화살표 방향으로 문의 홈 안에 넣었다 빼면(혹은 넣은 채로 가만히 있으면) 녹색등이 들어오는데 이 때 문을 열면 된다.

● 대부분 문을 닫고 나가면 자동으로 잠기도록 설치되어 있다. 객실을 나설 때는 꼭 열쇠를 갖고 있어야 한다. 객실 키에는 분실 시 도난을 방지하기 위해 객실번호가 적혀 있지 않기도 하므로 객실번호도 잘 기억해두자.

● TV 프로그램 중에는 돈을 내고 봐야 하는 성인용 영화나 최근 개봉 영화가 방영되는 유료 채널이 있다. 개념 없이 리모컨을 누르다가는 체크아웃 시 청구서에 적힌 금액을 보고 깜짝 놀라게 될 것이다.

> **웬만한 관광지보다 나은 리조트 구경**
>
> 자연과 어우러지는 쾌적한 공간을 만들려는 인간의 꿈이 총집결된 리조트들은 그 자체로 괜찮은 관광 거리다. 꼭 그 숙소에 묵지 않아도 찾아가 부대시설을 둘러보면서 레스토랑에서 음료를 한 잔 하거나 식사를 즐기며 여유롭게 시간을 보낼 수 있다. 다음 여행 때 묵을 리조트를 미리 살펴보는 의미도 있다

리조트 용어 사전

A la Carte 뷔페식이 아닌 주문식 식사를 말한다.

Amenity 일반적이고 기본적인 서비스 외에 추가적으로 제공되는 서비스로 추가 지불 없이 투숙 고객의 안락함과 편리를 위해 객실에 비치하거나 고객에게 제공되는 세부적인 소품이나 서비스를 의미. 예를 들어 객실에서는 욕실용품, 칫솔이나 면도기 등 제공되는 소품과 세부적인 식음료에서는 무료로 제공하는 샴페인, 과일 바구니, 각종 선물 등이다.

Buggy 리조트 내에서 손님들을 태우고 다니는 작은 차량을 말한다.

Complimentary 호텔 마케팅의 일환으로 무료로 제공하는 모든 물질적인 서비스.

Concierge 프랑스어로 문지기란 뜻으로 고급 숙소에서 투숙객을 위한 전천후 서비스를 제공하는 의미이다. 체크인이나 체크아웃 관련한 일 외에 투숙객들의 다양한 요청에 대한 대응과 서비스를 목적으로 한다. 공연 예약이나 항공 스케줄 알아보기 등이 컨시어지를 통해 가능하다.

Facility 전반적인 호텔의 편의 시설을 통칭. 수영장, 피트니스 센터, 비지니스 센터, 레스토랑 등 거의 대부분의 시설이 퍼실러티에 포함된다.

Full Booked 예약이 다 완료됨을 의미.

Happy Hour 특정한 시간대에 술이나 음료 등을 할인해 주는 프로모션 정책

Half Board & Full Board 보통 숙소 가격에는 조식만 포함되어 있으나 리조트 중(치앙라이의 포시즌스 텐트캠프가 대표적이다)에는 점심 식사나 저녁 식사까지 포함하는 경우가 있다. 조식 외로 식사를 한 끼(일반적으로 저녁 식사)를 포함하면 하프 보드, 조, 중, 석식을 다 포함하면 풀 보드라고 한다.

Infinity Pool 시각적으로 바다나 자연과 그대로 이어지는 듯 하게 만들어진 수영장

Occupancy 객실 점유율을 말한다. Low Occupancy는 객실 점유율이 낮은 상태고 High Occupancy는 높은 상태다.

Plunge Pool 객실에 딸린 개인풀 중에 수영은 어렵고 사람이 들어가 있을만한 크기의 풀

Pool Bar 풀 한쪽에 만들어진 바. 보통 풀에서 나오지 않고 음료를 주문하고 마실 수 있게 되어 있다.

Turn down Service 오전에 진행되는 객실 청소 외에 취침 시간 전에 다시 한 번 객실을 정리해주는 서비스

Wake-up Call 투숙객이 지정한 시간에 깨워 주는 서비스. 모닝콜이라 부르기도 한다.

Infinity Pool

렌터카로 여행에 날개를 달자

렌터카나 모터사이클 등 자신이 스스로 운전할 수 있는 교통수단을 확보하면 여행은 날개를 달게 된다. 높이 나는 새처럼 멀리 볼 수 있고 자유로워진다. 차량이 있다면 숙소를 고르는 단계부터 달라진다. 꼭 시내 중심가에 있는 숙소를 택할 필요 없이 바깥 쪽 외진 곳에 있는 숙소를 자신 있게 선택할 수 있게 된다. 보통 외곽 쪽 숙소들은 공간적인 여유가 많고 같은 시설이나 조건이라도 중심가 쪽에 비해 저렴하기 때문에 만족도는 더 높아질 수 있다. 기름 값도 2008년 7월 기준으로 1리터에 한국 돈 약 900원 수준으로 한국에 비하면 절반 가격이라 연료에 대한 부담도 적은 편이다. 이 책에서 소개하고 있는 지역들은 대부분 관광산업에 신경을 많이 쓰는 터라 여행자들의 편의를 위해서라도 도로와 사인이 잘 갖추어져 있어서 반대방향의 운전에 자신만 있다면 운전은 쉬운 편이다. 렌터카는 지역과 숙소를 옮기는 여행에는 더 큰 도움이 된다. 지역과 숙소를 바꾸면 자칫 지루해질 수 있는 여행이 계속 신선함을 유지할 수 있는데 렌터카를 이용한다면 이동하는 날 주변 지역의 관광 등 일정을 만드는 식으로 그 과정을 불편함이 아닌 즐거움으로 만들 수 있는 것이다.

■ 태국의 렌터카 회사

렌터카를 활용한 여행은 이미 큰 인기를 끌고 있어 지역이 어디건 렌터카 회사를 찾기란 쉽다. 대부분의 숙소들은 최소한 렌터카 회사와 협력 관계에 있으므로 숙소 측에 이야기해도 차량을 렌트하는 데 문제가 없는 편이다. 태국의 렌터카 회사는 전국에 지점이 있는 프랜차이즈 회사와 한 지역에만 기반을 갖고 지역 회사로 나뉜다. 허츠(www.herz.com)와 에이비스(www.avisthailand.com)은 세계적인 렌터카 회사로서 태국 대부분의 공항에 사무소가 있다. 가격은 높은 편이지만 업무의 안정성과 관리 면에서는 최고 수준이다. 타이 렌터카(www.thairentacar.com)는 태국에만 있는 렌터카 회사지만 푸껫, 코사무이, 후아힌, 치앙마이 등 전국 7개 지점을 가진 유력한 중견 회사로서 외국 회사를 제외하면 가장 규모가 있다. 가격도 비교적 저렴하고 관리와 서비스에서 강점을 갖고 있다. 차량을 빌린 곳과 리턴 하는 지역을 다르게 할 수도 있어서 창의적인 일정을 만들 수 있다. 도요타나 혼다 등 일본 차량들이 주종을 이루는데 가장 인기 있는 차량은 1,500cc 이하의 혼다 재즈Jazz나 시티City 등 소형차량이다. 비용은 지역과 회사별로 차이가 큰 편인데 소형차량은 하루 1,000~1,500B, 중형차량은 1,500~2,500B 정도 수준이다. 보험은 하루 200~300B 수준인데 보통 요금에 포함해서 계산한다.

■ 오토바이 렌트

태국에서 오토바이는 렌터카처럼 여행자에게 발을 달아주는 교통수단이 될 수 있다. 오토바이는 한국에서 일반적인 교통수단이 아니지만 태국인의 생활에는 빼놓을 수 없는 중요한 요소로써 오토바이 렌트도 매우 쉬운 편이다. 직접 나가서 찾지 않아도 많은 숙소에서는 손님과 주변의 업체와 연결해주는 편이다. 오토바이는 위험하고 비나 기후에 영향을 받는 등 불편한 점도 많지만 차량과는 다른 차원의 자유와 즐거움이 있다(오토바이를 타고 태국의 해안도로를 달려보면 안다).

N

후아힌
춈폰 Chumphon

코따오 Koh Tao
자마키리 Jamahkiri Spa & Resort

코팡안 Koh Phangan
산티야 Santhiya Resort & Spa

포시즌즈 코사무이 Four Seasons Koh Samui Resort
통사이베이 The Tongsai Bay Cottages & Hotel
빌라 라와나 Villa Lawana
코사무이 Koh Samui
X2 X2 Resort
더 라이브러리 The Library

수랏타니 Surat Thani

르 메르디앙 카오락 Le Méridien Khaolak Beach & Spa Resort
사로진 Sarojin

카오락 Khaolak
팡아 Pang-nga
탑캑 부티크 리조트 The Tubkaak Krabi Boutique Resort
센타라 그랜드 비치 리조트 Centara Grand Beach Resort & Villas Krabi
끄라비 Krabi
알린타 푸껫 Aleenta Phuket
살라 푸껫 Sala Phuket Resort & Spa
야오노이 섬 Koh Yao Noi
식스센스 하이드어웨이 야오노이 Six Senses Hideaway Yao Noi
라야바디 Rayavadee
인디고 펄 Indigo Pearl Resort
트리사라 Trisara
푸껫 Phuket
스리 판와 Sri Panwa Phuket
라차 섬 Koh Racha
라차 The Racha
피피 섬 Koh Phi Phi
란타 섬 Koh Lanta
피말라이 리조트 Pimalai Resort & Spa
뜨랑 Trang
피피 아일랜드 빌리지 Phi Phi Islands Village
응아이 섬 Koh Ngai
팍멩 선착장 Pakmeng Pier
판타지 리조트 Fantasy Resort Koh Ngai (Koh Hai)
묵 섬 Koh Mook
시발라이 리조트 Sivalai Beach Resort Koh Mook
빡바라 선착장 Pak Bara Pier
핫야이 Hat Yai

Gulf of Thailand

Andaman Sea

리뻬 섬 Koh Lipe
마운틴 리조트 Mountain Resort Koh Lipe

말레

남부는 코끼리 머리 모양을 닮은 태국 국토에서 긴 코에 해당하는 지역이다. 지형적으로 폭이 좁은 반도의 모습으로 남쪽으로 이어지면서 말레이시아와 국경을 맞대고 있다. 반도 양쪽으로 해안 지역에는 섬이 많다. 옥색의 바다와 야자수가 넘실거리는 아름다운 해변이 많아 일찍부터 여행자들이 몰렸으며 푸껫과 코사무이 등 세계적인 휴양지가 탄생했다.

푸껫은 동양의 진주라 불리는 태국의 대표 휴양지다. 세계적인 리조트들이 모여 각축전을 벌이고 있다. 최근엔 포화상태에 이르러 카오락 등 인근 지역까지 개발이 한창이다. 끄라비는 푸껫의 동쪽에 위치한 해안 지역과 200여 개에 이르는 섬들을 포

남부

함하는 지역으로 너무 번잡해진 푸껫의 대안으로 각광 받고 있다. 석회암 기암괴석과 남부 특유의 이슬람 문화가 이국적이다. 피피 섬과 란타 섬이 끄라비에 속한다. 끄라비 남쪽으로 이어지는 뜨랑 지역에도 응아이 섬, 리뻬 섬 등 아름다운 섬들이 점차 부각되고 있다. 코사무이는 푸껫, 코창에 이어 태국에서 세 번째로 큰 섬이다. 풀문 파티로 유명한 코팡안과 다이빙 포인트로 유명한 코따오를 포함한다. 코사무이는 부티크 스타일의 리조트들과 멋진 레스토랑을 갖추면서 고급 휴양지로 발전하고 있다. 리조트 마니아라면 코사무이가 가진 매력을 거부하기 힘들 것이다.

숲 속에 위치한 스파

식 스 센 스 하 이 드 어 웨 이 야 오 노 이
Six Senses Hideaway Yao Noi

전화번호 66-76-418-500
홈페이지 www.sixsenses.com
위치 팡아의 야오노이 섬. 푸껫 공항에서 차량과 스피드보트로 약 1시간

» 진화하는 스타일, 부각되는 자연주의

그곳이 푸껫이든 후아힌이든, 아니면 베트남이든, 식스센스(에바손) 리조트를 경험한 사람들의 머릿속에는 몇 가지 기억이 남게 된다. 멋대로 만든 것 같은 나무 의자와 가구, 나무나 자연 소재를 이용해 숨겨놓고 칭칭 동여매놓은 전자제품이나 전선, 도가 지나치다 싶을 정도로 자연친화적인 객실과 시설, 연못과 나무…. 식스센스는 세계적인 자연친화적 리조트 그룹이다. 자연친화에 대해서만큼은 식스센스 이상의 참신한 아이디어를 보여주는 곳이 드물다.

2008년 1월 팡아만의 야오노이 섬에 오픈한 식스센스 하이드어웨이 야오노이는 자연친화적인 면에 있어서 이전의 작품들 보다 한층 발전한 식스센스 그룹의 새로운 야심작이다. 야오노이 섬은 푸껫의 동북쪽 선착장에서 스피드보트로 약 30분 거리에 있는 섬으로 식스센스가 들어서기 전까지만 해도 거의 개발이 되지 않았다. 특히 식스센스가 들어선 해안은 사람의 손길이 닿지 않은 원시림 지역이었다. 식스센스는 과거에도 그랬던 것처럼 나무와 자연을 최대한 보호하면서 환경과 어우르는 객실과 리조트를 만들어냈다.

아무리 몰디브나 동남아에서 실력을 갈고 닦은 식스센스지만 야오노이 같은 원시적인 섬에서 자연의 아름다움을 그대로 간직하면서 리조트의 로맨틱한 환경을 만드는 일은 어려운 도전이었을 것이다. 이 리조트를 돌아보면 이 리조트가 식스센스의 역사에서도 하나의 이정표가 될 만한, 그들의 자연주의와 스타일에 중요한 발전을 이루어낸 작품이라는 것을 느낄 수 있다. 정글 속에 나무집처럼 지어놓은 다이닝룸 레스토랑은 대표적인 예다.

식스센스 하이드어웨이 야오노이는 자연적인 것이 가장 아름답고 로맨틱하다는 사실을 보여주는 증거물이다. 눈으로 보이는 거의 모든 것들을 나무로 마감 처리하였고 자연으로 열려 있는 빌라는 온갖 트렌드와 최첨단 시설로 치장한 최고급 리조트보다 훨씬 더 로맨틱하다. 자연과 가까워짐으로 인해 어쩔 수 없이 생기는 불편함이 있지만 그것은 현대 문명과 편안함에만 익숙해져버린 우리의 문제다. 식스센스는 사람들의 거부감을 알면서도 사람들로 하여금 자연 속으로 들어가게 하는 데 주저함이 없다. 그것은 그들의 신념이다.

이렇게 이야기하면 식스센스에 대한 너무 큰 기대로 들릴 수도 있겠지만, 만약 지키고 싶은 아름다운 자연이 있고 거기에 불가피하게 리조트를 개발해야 한다면 식스센스에 우선권을 주었으면 한다. 이들만큼 자연을 잘 이해하고 그것을 이용하는 사람들로 하여금 자연과 진심으로 교감하게 하는 리조트는 없기 때문이다.

메인 하우스 레스토랑. 일부좌석은 연못 속에 있는 듯 한 분위기에 흠뻑 취할 수 있다

풀 빌라 입구에서 버틀러와 함께

풀빌라의 침실

풀빌라의 욕조

양철 보울이 특이한 세면대

풀빌라의 야외 샤워시설

리빙룸 레스토랑

다이닝룸 레스토랑 뒤로 인공 폭포가 흐른다.

조식 뷔페의 베이커리 코너

방향표지판 식스센스의 스타일을 보여주다

풀빌라 스위트의 야외 공간

다이닝룸 레스토랑의 파빌리온 좌석. 나무 위에 지은 오두막 같다

아쿠아 평가

- Uniqueness 9
- Design 8
- Environment 9
- Service 8
- Facility 8

객실 정보

종류	객실 수	크기 (실내 / 실외)
풀빌라 Pool Villa	29실	80㎡ / 74㎡
디럭스 풀빌라 Deluxe Pool Villa	14실	88㎡ / 92㎡
풀빌라 스위트 Pool Villa Suite	11실	113㎡ / 115㎡

총 56개 객실에는 5가지 타입이 있다.
자연적인, 너무나 자연적인 객실! 모든 객실이 독립적인 풀빌라로 되어 있다. 거의 모든 마감재를 나무와 대나무로 사용했다. 하늘과 나무, 바다로 열린 전망에서 자연과 가깝기를 바라는 식스센스의 정신을 엿볼 수 있다. 디럭스 풀빌라 Deluxe Pool Villa는 2층 구조로 되어 있고 1층의 침실이 수영장과 가깝다. 풀빌라 스위트 Pool Villa Suite에는 스파용 공간도 따로 마련해 놓았다. 위의 객실 외에 투 베드 2-Bed 룸인 더 리트리트 The Retrea 1실과 넓이가 1,468㎡에 달하고 개인 풀에는 슬라이드까지 갖춘 쓰리 베드 3-Bed 룸인 힐 탑 리저브 Hill Top Reserve가 1실이 있다. 모든 객실에 10가지가 넘는 티와 에스프레소 머신, 선탠 후에 사용 할 수 있는 욕실용품을 따로 준비해 놓았다.

부대시설

- **스파 Spa** 초가집처럼 생긴 11개의 개별 스파 빌라를 갖추고 있다. 페이셜 마사지가 특히 인기 있다. 스파 빌라로 들어가는 길이 로맨틱하다.
- **피트니스 센터 Fitness Center** 스파 옆에 위치한다. 아담한 편.

- **기타** 타이 쿠킹클래스와 와인 테이스팅 Thai cooking class and Wine tasting / 라이브러리 Library / 다이빙 센터 Diving Center

레스토랑

- **리빙룸 & 테라스 The Living Room & Terrace** 마치 작은 상점들을 모아놓은 유럽의 어느 골목 같은 메인 레스토랑. 오픈 된 키친과 파티셰를 둔 베이커리, 피자 화덕을 갖추었다. 이곳에서 아침과 저녁에 뷔페를 제공한다.
- **메인 하우스 The Main House** 2층 구조로 된 바를 겸한 레스토랑. 연못가에 있어 운치를 더한다. 연못 속에 들어 와 있는 것 같은 좌석은 식스센스 그룹만의 트레이드마크. 가벼운 단품 식사를 취급한다.
- **다이닝룸 The Dining Room** 지중해식(Mediterranean) 메뉴를 주로 취급하는 레스토랑. 야자수로 기둥을 세우고 목재로 전체를 장식했다. 유기농 야채를 키우는 텃밭과 작은 계곡이 흐르는 풍경을 감상 할 수 있게 설계했다. 여유롭고 편안한 좌석에는 경쾌한 컬러를 더해 캐주얼하고 젊은 감각을 느낄 수 있다. 테라스처럼 만들어진 파빌리온 좌석이 인기있다. 저녁에만 영업을 한다.

조식 정보

리빙룸 & 테라스에서 베이커리와 소시지, 주스, 치즈 등의 기본적인 음식은 뷔페로 제공하고 메인 요리를 따로 주문하는 방식이다. 메뉴가 다양하고 고급스럽다. 베이커리와 치즈 등을 취급하는 두 개의 코너가 에어컨 룸으로 되어 있어 가게를 방문하는 느낌이라 재미있다.

숙소이용 팁

- 리조트에 도착하면 시계바늘을 1시간 빨리 맞추어 놓아야 한다. 무슨 얘기냐고? 이곳에는 이곳만의 시간이 따로 있다. 마치 서머 타임처럼. 일찍 자고 일찍 일어나서 리조트에서 보내는 시간을 최대한 즐기라는 리조트 측의 아이디어. 몰디브에서는 일반적이다.
- 각 객실을 담당하는 개인 버틀러(Butler) 서비스가 있다.
- 리빙룸 & 테라스 레스토랑에서 이어지는 맹그로브 숲과 뷰 포인트(요가 장소)를 산책해 볼 것.

리셉션(어라이벌 살라)으로 통하는 작은 문

포 시 즌 즈   코 사 무 이
Four Seasons Koh Samui Resort

전화번호 66-77-243-000
홈페이지 www.fourseasons.com
위치 코사무이의 램야이. 코사무이 공항에서 차로 약 30분

» 파라다이스, 은밀하면서 스펙터클할 수 있다

사람마다 파라다이스에 대해 품고 있는 이미지는 다르겠지만 사람이 너무 많아 시끄러운 곳이 아니라는 것은 분명하다. 우리가 꿈꾸는 파라다이스란 다른 사람들에게는 알려지지 않은, 은밀하고 폐쇄적인 섬 같은 곳이다. 아무리 좋은 곳이라도 이미 모든 사람들이 알고 있고 들어갈 수 있어서 인파로 붐빈다면 이미 파라다이스의 조건을 벗어난 것이다.

코사무이에 위치한 포시즌즈는 지금까지 우리가 알고 있는 것과는 다른 종류의 파라다이스다. 그것은 은밀하면서 스펙터클하다. 매우 은밀하다는 것까지는 파라다이스의 전형을 따른다. 상점도 거의 없는 구불구불한 산길에 잘 보이지도 않는 작은 간판 하나만 있는 샛길이 포시즌즈 코사무이로 들어가는 유일한 입구다. 그 곳을 가려고 헤매는 사람이 아니라면 그것이 포시즌즈로 들어가는 입구라는 걸 알 수 있는 사람은 많지 않다. 이 리조트는 진입로를 확실히 숨기고 있다.

스펙터클은 리셉션(어라이벌 살라)에 도착하면서 만나게 된다. 사람이 드나드는 문이 맞나 싶을 정도로 좁은 문을 통과하고 나면 바다와 육지, 그리고 빌라의 모습이 파노라마처럼 펼쳐진다. 바다로 뻗어있는 곶 언덕에 빌라와 야자수들이 그림처럼 어우러져 있고 리조트 전체를 바다가 둘러싸고 있는 특이한 모습이다. 200도 이상 펼쳐진 육지와 바다의 파노라마는 은밀한 입구와 리셉션의 좁은 문과 대비해 더 큰 감동을 선물한다.

포시즌즈 코사무이는 87개의 빌라로 이루어진 숙소다. 모든 빌라가 개별 수영장을 보유한, 이전 포시즌즈에서는 보기 힘든 스타일이며 60개의 1베드룸 빌라를 제외하면 3베드룸 이상이 대부분이다. 수영장까지 모두 갖추고 있어서 한 번 객실에 들어가면 밖으로 나올 생각이 들지 않을 정도. 하지만 투숙객들이 모이는 공간, 즉 레스토랑이나 메인 수영장, 스파 등의 시설도 보통 리조트 이상으로 잘 갖추어져 있다. 투숙객들만 사용하는 프라이빗 해변 역시 완벽한 아름다움을 지니고 있다.

그렇다. 이 리조트는 파라다이스가 은밀하면서도 스펙터클할 수 있다는 것을 보여준다. 없는 듯 숨어있지만 일단 그 곳에 들어가면 더 넓은 세상을 만나는 신비로운 공간. 평화롭고 조용하면서도 답답함이나 지루함을 느낄 수 없는 그 곳은 분명 우리가 지금까지 알지 못했던 새로운 종류의 파라다이스다.

리셉션에서 바라본 빌라촌. 모든 객실이 바다를 향하고 있다

해변, 리조트 손님만 사용한다

스파의 정원, 짙은 녹음에 싸여있다

조식당에서 미소가 아름다운 직원이 주스를 따라주고 있다

원 베드 빌라의 침실

원 베드 빌라의 욕실

빌라 내 테이블. 정원으로 창이 나있다

목욕가운

원 베드 빌라의 테라스

어라이벌 살라와 전망

메인 수영장과 해변

아쿠아 평가

- Uniqueness 8
- Design 9
- Environment 9
- Service 8
- Facility 9

객실 정보

종류	객실 수	크기 (실내/실외)
원 베드 빌라 One-Bedroom Villa	58실	60㎡ / 40㎡
원 베드 비치 빌라 One-Bedroom Beach Villa	2실	60㎡ / 50㎡

총 60개 객실에는 2가지 타입이 있다(총 객실 87개 중 리조트로 사용하는 객실은 60개다).

빌 벤슬리(Bill Bensley)의 아이디어와 디자인이 코사무이에서 또 다시 빛을 발한다. 노를 저어 움직이고, 칠이 벗겨진 푸른빛의 나무배에서 그는 영감을 떠올리기 시작했다.

아침 바다를 닮은 은은한 푸른빛이 객실을 감싸고 있다. 조명과 거울, 목욕가운, 샴푸를 담은 용기까지 허투루 지나가는 것이 하나도 없이. 조각배의 앞부분을 닮은 캐노피 침대와 우아한 곡선을 살린 욕조로 로맨틱함을 살리고 두 개의 세면대와 화장대, 넓은 수납공간까지 실용적인 면도 놓치지 않았다. 개인풀이 있는 테라스에는 역시 푸른빛을 감싸안은 선 베드와 파라솔이 있고 그 옆으로는 침대만한 데이베드가 함께 놓여있다. 테라스 한쪽에는 아일랜드 조리대 형식의 수납장이 있는데 그 안에는 에스프레소 머신과 미니바, 와인잔과 와인 냉장고까지 완벽 세팅되어 있다. 이쯤 되면 역시 포시즌즈! 탄성이 나오지 않을 수 없다.

테라스와 미니바

부대시설

- **수영장** *Pool* 전 객실 모두 풀빌라지만 비치와 마주보는 메인 수영장이 따로 있다. 쁠라쁠라 레스토랑과 액티비티 센터와 이웃하고 있다.
- **스파** *Spa* 이름이 흙, 불, 물, 바람 등인 5개의 개별 스파룸을 갖추고 있다. 리조트 내에서 가장 조용하고 독립적인 공간이다. 목과 어깨 마사지(Neck and Shoulder massage)는 스파까지 오지 않더라도 해변에서 별도로 받을 수 있다.

Kids Club

- **액티비티 센터** *Activities Center* 비치와 수영장 옆에 위치한다. 카타마란, 카약킹, 스노클링 장비 등을 무료로 사용할 수 있다. 탁구대도 구비해 놓았다. 파도가 거의 없고 스노클 포인트가 있어 해변에서 할거리가 많은 편이다. '비치 키즈 클럽 Beach Kids Club' 도 함께 있어 가족 여행자라면 그 활용도가 더 높다. 시원한 얼음물과 피부를 진정시키는 스프레이까지 준비해서 언제라도 고객에게 제공하고 있다.
- **라이브러리** *Library* 란 타니아 레스토랑 아래층에 위치하고 비즈니스 센터를 겸하고 있다. 아침 7시부터 오후 10시까지 오픈한다. 인터넷을 할 수 있고 DVD를 무료로 빌릴 수 있다.
- **키즈 클럽** *Kids Club* 컴퓨터와 게임기, 그림책, 동화책 등이 갖추어져 있고 공간도 넓은 편이다. 피트니스 센터 아래층에 있다. 오전 9시부터 오후 5시까지 무료로 이용할 수 있다.
- **피트니스 센터** *Fitness Center* 정원이 한 눈에 보이는 전망에 개인 모니터가 달린 운동기구를 갖추고 친절한 트레이너가 상주하며 도움을 준다. 시원한 과일주스까지 갖추어 놓은 세심함을 볼 수 있다.

레스토랑

- **란 타니아** *Lan Tania* 가장 언덕 쪽에 위치해 바다와 리조트 전경이 한 눈에 들어온다. 태국 음식과 이탈리아 음식이 메인요리다.

- **쁠라쁠라** *Pla Pla* 비치 쪽에 위치한 캐주얼하고 밝은 분위기의 시푸드 레스토랑.
- **비치 바** *Beach Bar* 야자수가 많은 해변에 위치하고 데이베드 좌석에 누워 파도소리를 들을 수 있다.

조식 정보

란 타니아 레스토랑에서 콘티넨탈 뷔페식과 주문식인 아라카르트(A la carte)를 결합한 방식으로 제공한다. 두 사람이라면 전망이 가장 좋은 앞쪽 좌석에서 천천히 식사를 해보자.

숙소이용 팁

- 리조트 입구에 있는 리셉션은 '어라이벌 살라 Arrival Sala'라 부르는데 이곳에서 체크인 수속을 하게 된다. 메인 리셉션은 란 타니아 레스토랑 입구에 있다. 체크아웃 등의 수속은 이곳에서 하게 된다.
- 객실과 부대시설들이 언덕을 따라 위치하고 있고 고도가 꽤 가파른 편이다. 이동할 때는 버기카를 이용하는 것이 좋다.

빌라 에스테이트의 수영장

피말라이 리조트
Pimalai Resort & Spa

전화번호	66-75-607-999
홈페이지	www.pimalai.com
위치	끄라비 란타 야이 섬의 바칸티앙 비치. 끄라비 공항에서 차량과 전용보트로 약 2시간

» 극적 대비, 감동을 만들다

라스베이거스의 진가를 제대로 체험하기 위해서는 항공보다는 차량을 이용해서 입성하는 것이 좋다. 메마른 죽음의 땅인 사막을 장시간 통과한 후 만나는 라스베이거스의 불빛은 그 완벽한 명암의 구분 덕분에 더 화려하고 비현실이 된다. 극과 극의 체험은 긴장을 고조함으로써 저 깊숙이 잠자고 있는 여행자의 감성을 불러 일으킨다. 이런 효과를 여행에 능동적으로 활용하면 자칫 밋밋해질 수 있는 여행을 좀 더 극적으로 만들 수 있다.

란타 섬의 피말라이 리조트로 가는 길은 복잡하다. 끄라비 공항에서 차를 타고 1시간 동안 시골길을 달린 후 배를 탄다. 그리고 다시 차를 타고 해안 도로를 따라 1시간을 이동한다. 아직 개발하지 않은 란타 섬의 전형적인 시골 어촌 마을들을 지나가다보면 이런 곳에 과연 럭셔리한 리조트가 있을까 하는 의문을 갖게 된다. 사막의 한가운데에서 라스베이거스의 존재에 대해 의문을 갖게 되는 것처럼.

그 순간!
맞닥뜨리게 되는 피말라이 리조트 앞에서 우리는 숨을 멈추게 된다. 피말라이의 스케일과 럭셔리함은 마치 사막을 달린 끝에 만난 라스베이거스처럼 여행자들을 흥분시키고 놀라게 만든다. 외관보다 더 놀라운 것은 신속하고 정확한 서비스다. 체인 호텔도 아닌데다가 딱히 주변에서 경쟁자가 없어 아무래도 느슨해지기 쉬운 법인데 피말라이는 보란 듯 예상을 뒤엎는다. 경쟁자와 시스템이 없어도 변화와 업그레이드를 계속하고 있다. 타인이 아닌 자신과의 싸움을 하는 존재가 가진 능력이다.

피말라이가 보여주는 서비스나 관리의 수준을 제대로 느끼려면 풀빌라 쪽에 있는 세븐 시즈 Seven Seas에서 저녁 식사를 해보면 된다. 뉴욕이나 방콕의 최고급 레스토랑에서나 느낄 수 있는 품격 있는 서비스와 분위기란! 오지 같은 섬에서는 도저히 상상할 수 없는 품격과 서비스가 그 곳에 있다.

한 가지 확실히 해둘 게 있다. 라스베이거스가 사막이 아닌 다른 곳에 있다 해도 그 존재감이 사라지지 않는 것처럼 피말라이 역시 란타 섬이 아닌 다른 곳에 있어도, 설사 방콕 같은 도시에 있더라도 최고의 리조트로서의 가치는 변하지 않는다. 란타 섬과의 극적인 대비가 없어도 피말라이는 여전히 최고다.

리조트 에스테이트의 리셉션

풀빌라의 침실

세븐 시즈 레스토랑

세븐 시즈 레스토랑의 오픈 키친

빌라 에스테이트의 전경

빌라 에스테이트의 수영장

리조트 앞 해변

아쿠아 평가

Uniqueness	8 ■■■■■■■■□□
Design	9 ■■■■■■■■■□
Environment	8 ■■■■■■■■□□
Service	7 ■■■■■■■□□□
Facility	8 ■■■■■■■■□□

객실 정보

총 121개 객실에는 5가지 타입이 있다. 객실은 해변 쪽 일반 객실인 리조트 에스테이트(Resort Estate)와 언덕 쪽 풀빌라 객실인 빌라 에스테이트(Villa Estate), 두 군데로 나뉘어 있다. 수영장을 비롯한 부대시설과 레스토랑 등은 함께 공유하며 사용할 수 있다. 풀빌라 객실들은 경사가 가파른 언덕에 고도를 달리해 지었지만 최대한 자연을 훼손하지 않기 위해 노력을 했다. 전망과 내부시설, 모두 최고급이라 할 수 있다. 밤늦게 도착하는 일정이라면 첫 날은 일반 객실에 묵고 다음날 풀빌라로 옮겨 비용을 절약할 수 있다.

종류		객실 수	크기
Resort Estate	디럭스 Deluxe	64실	48㎡
	베이프런트 디럭스 Bayfront Deluxe	4실	70㎡
	파빌리온 스위트 Pavillion Suite	74실	110~170㎡
Villa Estate	비치 빌라 Beach Villa	7실	150~650㎡
	풀빌라 Pool Villa	39실	204~422㎡

부대시설

Spa

■ **수영장 Pool** 리조트 에스테이트와 빌라 에스테이트 모두 인피니티 수영장을 갖추고 있다. 리조트 쪽은 35m, 빌라 쪽은 50m로 상당한 크기이다. 리조트 에스테이트에 머물더라도 전망이 압권인 빌라 에스테이트 수영장을 이용할 것을 추천한다. 빌라 쪽 수영장은 빌라 내에 모두 개인풀이 있어 이용객이 많지 않은데다가 스펙터클한 전망은 백번 칭찬을 해도 모자라다. 이곳에서 보내는 시간을 충분히 할애하자. 먼 길을 온 수고를 모두 보상 받을 만한 전경을 갖추고 있다.

■ **라이브러리 Library** 리조트 에스테이트와 빌라 에스테이트, 양쪽 모두에 라이브러리가 있다. 인터넷을 무료로 사용할 수 있다.

■ **스파 Spa** 리조트 에스테이트 입구에 피말라이 스파가 있다. 단독 빌라 타입의 스파룸을 갖추고 있다. 물 흐르는 소리와 새소리, 열대식물이 가득한 정원은 바깥과는 또 다른 세상을 연출한다.

■ **피트니스 센터 Fitness Center / 다이브 센터 Dive Center**

레스토랑

■ **세븐 시즈 The Seven Seas Wine Bar & Restaurant** 별 다섯 개의 리조트에, 별 일곱 개짜리 레스토랑. 눈앞에 펼쳐진 비현실적인 아름다움으로 인해 이곳에 도착하게 되면 누구라도 한동안 입을 다물지 못할 것이다. 세련된 인테리어와 커다란 반얀트리가 고혹적인 매력을 더해준다. 시간을 두고 여유롭게 식사하며 전망과 분위기를 한껏 즐겨보자.

■ **반 피말라이 Baan Pimalai Restaurant** 리조트 에스테이트 쪽에 있는 메인 레스토랑. 오픈 에어 구조로 태국 전통 양식의 아기자기함을 보여준다. 리조트 에스테이트의 고객은 이곳에서 조식을 하게 된다.

■ **스파이스 N 라이스 Spice 'N Rice Thai Restaurant** 반 피말라이 레스토랑 안쪽 실내에 위치한 타이 레스토랑.

■ **기타** 락 탈레이 비치 바 Rak Talay Beach Bar / 반얀 트리 풀사이드 카페 The Banyan Tree Pool Side Cafe

Baan Pimalai Restaurant

조식 정보

리조트 고객은 반 피말라이 레스토랑에서, 빌라 에스테이트 고객은 세븐 시즈에서 뷔페식으로 아침 식사를 하게 된다.

숙소이용 팁

■ 리조트 에스테이트와 빌라 에스테이트에 부대시설과 레스토랑 등이 나뉘어 있기 때문에 리조트 지도를 챙겨두면 유용하다. 모두 객실에 관계없이 이용 할 수 있다.

■ 빌라 에스테이트 쪽 라이브러리에서는 매일 오후 4시부터 6시까지 애프터눈 티를 무료로 제공한다. 투숙객이라면 누구라도 즐길 수 있다.

■ 노트북이 있을 경우, 객실에서 인터넷을 무료로 사용 할 수 있다.

■ 경사가 심하고 부지가 넓어 걸어서 이동하기가 쉽지 않다(특히 빌라 에스테이트 쪽). 버기카를 이용하는 것이 좋다.

정원과 조형물

더 라이브러리
The Library

전화번호　66-77-422-767~8
홈페이지　www.thelibrary.name
위치　코사무이의 차웽 비치. 코사무이 공항에서 차로 약 20분

> » 페이지를 넘기기 아까운 책 같은 리조트

학창 시절 도서관과 담 쌓고 지내던 여행자들이여 안심하라. 차웽 비치의 라이브러리는 우리가 알고 있는 그렇고 그런 도서관이 아니다. 라이브러리가 일반적인 도서관의 정형화한 이미지를 깬 건지, 아니면 우리가 체험했던 도서관들만 유달리 지루한 곳이었는지는 몰라도 차웽 비치에 위치한 라이브러리 리조트는 재미있고 아름다우며 로맨틱하다. 새로운 도서관을 만나보자.

라이브러리는 감각적인 디자인의 건물과 조경으로 도서관 하면 떠오르는 지루하고 정적인 이미지를 탈피한다. 마치 세련된 라운지나 레스토랑에 온 듯한 흥분을 느끼게 한다. 다양한 동작을 하고 있는 책 읽는 사람의 조형물을 정원과 리조트의 곳곳에 배치해 놓아 동적이면서 유머러스한 느낌을 준다. 무엇보다 중요한 것은 소란스러운 차웽 비치의 중심에 위치하면서도 리조트 안에 들어서면 도서관처럼 조용하고 평화로운 공간이 펼쳐진다는 것이다.

라이브러리를 찬찬히 둘러보면 좋은 디자인과 건축이 리조트에서 얼마나 중요한 것인가를 깨닫게 된다. 바깥 세상의 혼돈과 소음을 차단하는 마술 같은 힘을 발휘하는 입구에서부터 지루한 도서관이 아니라고 웅변하는 듯한 라운지 콘셉트의 리셉션, 넓은 정원과 앝은 건물들. 이름에 걸맞게 크고 멋진 라이브러리(책과 DVD를 빌리는), 고목과 바다 풍경이 함께 어우러지는 테라스 레스토랑 페이지 Page, 마지막 남은 지루함에 대한 걱정을 떨쳐버리게 만드는 핏빛 수영장까지! 어느 것 하나 예사로운 것이 없다.

병원에 온 것처럼 흰 벽으로 둘러싸인 객실은 그 중에서도 하이라이트다. 넓은 통유리로 바깥 정원이나 테라스로 나갈 수 있게 만든 객실 안에는 벽걸이 TV와 맥 컴퓨터가 한쪽 코너에 놓여 있다. 시시각각 색깔이 변하는 조명을 침대헤드처럼 벽에 두었고 평상에 매트리스를 깔았다. 객실이 섹시하고 유니크하다. 워낙 파격적인 분위기에 러브호텔 느낌이 날 정도다.

리조트의 운영자는 20대의 태국 남성이다. 라이브러리가 고루하고 지겹지 않은 이유다. 절제미 안에는 뜨거운 에너지가 넘쳐나고 있다. 이렇게 특별하고도 감각적인 콘셉트와 디자인을 선보일 수 있는 능력이 대단하다. 금싸라기 같은 차웽 비치의 중심가에, 건물을 올리면 100개 이상의 객실을 만들 수 있는 넓은 부지에 달랑 26개의 객실을 만들고 나머지는 녹지로 조성했다. 그 여유와 자연친화적인 배려에 감탄사가 나온다.

라이브러리는 작지만 고급 리조트에 필요한 모든 것을 제대로 갖춘 숙소다. 차웽 비치의 메인 로드가 복잡해질수록, 주변의 리조트들이 더 많은 돈을 벌기 위해 더 많은 객실을 만들고 빌딩을 올릴수록 라이브러리가 갖고 있는 평화와 절제의 가치는 더 존중받게 될 것이다.

스튜디오 객실의 침실

스위트 객실의 침실과 테라스

각 객실에 비치해 놓은 TV와 컴퓨터

라이브러리. 책과 DVD 등 자료가 있다.

수영장 주변의 비치 베드

책 읽는 조형물과 해변

페이지 레스토랑의 야경

붉은색의 수영장

리셉션

수영장에 반사된 라이브러리

아쿠아 평가

Uniqueness 8 ■■■■■■■■□□
Design 9 ■■■■■■■■■□
Environment 7 ■■■■■■■□□□
Service 8 ■■■■■■■■□□
Facility 7 ■■■■■■■□□□

객실 정보

총 26개 객실은 1층에 위치한 스위트와 2층에 위치한 스튜디오로 나뉜다. 두 객실 닮은 듯 다른 개성이 있다. 먼저 2층의 스튜디오 객실은 미니멀리즘의 교과서 같은 객실이다. 벽과 바닥 모두 흰색으로 마감한 심플한 디자인이다. 평상형의 침대와 좌식 소파를 두고 벽면에는 원하는 컬러로 조절할 수 있는 조명을 두었다. 넓은 테라스에서는 평화로운 정원을 감상 할 수 있다. 1층의 스위트 객실에는 테라스 역할을 하는 리빙룸이 별도로 있다. 선 라운지 Sun Lounge라는 별명처럼 밝은 공간이다. 2층 객실에 비해 나무를 많이 사용해서 자연적이고 따뜻한 느낌이다. 여성들은 깔끔하고 프라이빗한 2층 객실을, 남성들은 개방적이고 자연스러운 1층 객실을 더 선호한다. 모든 객실에 벽걸이 TV와 DVD, 맥 컴퓨터가 있다.

종류	객실 수	크기
스위트 Ground Floor	13실	76㎡
스튜디오 Upper Floor	13실	67㎡

부대시설

■ **라이브러리** *Library* 크고 넓으며 하얀 도서관의 이름은 '더 립 The Lib'. 많은 책 중에는 귀한 디자인 서적과 전문 서적이 꽤 눈에 띈다. 리조트가 자체 제작한 디자인 용품도 함께 판매하고 있다.
■ **수영장** *Pool* 비비드한 레드 컬러로 리조트 전체에 포인트 역할을 하고 있다. 바로 비치와 연결된다.
■ **피트니스 센터** *Fitness Center*

레스토랑

■ **페이지 레스토랑** *The Page Restaurant* 심플해서 더 세련된 모습이다. 차웽 비치를 바로 앞에서 바라보며 식사 할 수 있다. 커다란 나무를 그대로 살린 야외 좌석이 분위기있다. 조명이 켜지는 밤 시간이 더 운치 있다.

조식 정보

페이지 레스토랑에서 주문식인 아라카르트(A La Carte)로 제공한다. 입과 눈이 모두 즐거운 식사를 할 수 있다.

숙소이용 팁

■ 객실에 비치해 놓은 컴퓨터로 무료 인터넷을 쓸 수 있다.
■ 라이브러리에는 꽤 많은 DVD타이틀을 구비해 구하기 쉽지 않은 고전 영화들도 많은 편이다. 영화를 좋아한다면 관심을 가져볼 만하다. 라이브러리 옆으로 바다를 바라보며 음악도 듣고 인터넷을 할 수 있는 공간을 따로 마련해 놓았다.

석회암 절벽을 배경으로 객실 모습

라 야 바 디
Rayavadee

전화번호 66-75-620-740~3
홈페이지 www.rayavadee.com
위치 끄라비의 라일레이 비치. 끄라비 공항에서 차량과 전용 보트로 약 1시간

» 천혜의 환경과 최고 디자인의 만남

라야바디는 시설이나 서비스를 이야기하기에 앞서 그 곳의 특별한 지형에 대해 먼저 이야기하는 게 순서다. 천혜의 자연환경 속에 위치하고 있기 때문이다. 사실 '천혜'라는 단어를 아무데나 진부하게 사용하는 것을 고려하면 라야바디의 환경에 대해서는 좀 더 특별한 단어가 필요하다고 생각할 정도다.

라야바디가 위치하고 있는 라일레이 비치는 높은 석회암 절벽으로 육지와 단절되어 있어 섬처럼 배로만 드나들 수 있다. 비교적 개발이 더디고 아직까지 조용한 상태를 유지하는 것도 그 때문이다. 바다로 툭 튀어나온 곶 형태의 지형에 앞뒤를 가로막고 있는 석회암 절벽이 있고, 방향을 달리하면서 3개의 아름다운 해변이 있다. 절벽과 해변, 그리고 대자연이 함께 만들어내는 스펙터클하면서 유니크한 모습은 세계적으로도 비슷한 곳을 찾기 힘들 정도다.

라야바디의 또 다른 가치는 디자인이다. 라야바디는 이 호텔만 관리하는 전문 디자인 회사가 있을 정도로 디자인에 많은 신경을 쓰고 있다. 디자인 회사는 객실이나 부대시설의 모든 가구와 소품들을 결정하며 관리하는 방법까지 지정하고 있어서 직원들은 소품의 위치 하나까지 신경써야 한다. 이렇게 라야바디는 신이 만든 아름다운 자연환경과 사람이 만들 수 있는 최고의 디자인이 함께 어우러진 곳이다. 그래서 더욱 새로운 가치를 만들어낸다. 라야바디에서는 그렇게 만들어진 아름다움을 감상하는 것만으로도 시간 가는 줄 모른다.

이 아름다운 천국에도 문제점은 있다. 워낙 유명한 관광명소이다 보니 3개의 해변 모두 아오낭 등 주변 지역을 오가는 롱테일보트들 때문에 시끄러운 편이다. 이런 소음은 주간에 리조트 전체에 영향을 끼친다. 디자인에 너무 신경을 쓴 탓일까 투숙객들을 배려하는 서비스에서도 허점이 노출한다. 하지만 그것은 결국 그 환경과 디자인의 높은 퀄리티에 비교했을 때의 이야기다. 역설적으로 그 정도로 수준 높은 리조트라는 것이다.

라야바디는 천혜의 자연환경과 최고의 디자인이 만난 특별한 리조트로서 그 끝을 알 수 없는 가치가 있다. 세상에 아름다운 리조트는 많지만 이렇게 유니크한 자연환경에 완벽한 디자인이 어우러지는 곳도 없다. 라야바디는 클래식이 될 조건을 완벽하게 갖추었다.

웰컴드링크

미소 짓고 있는 직원

라야 다이닝 레스토랑

라이탈레이 테라스 레스토랑

수영장과 라일레이 비치 전망

호핑투어에서 만나는 바다 환경

프라낭 비치와 석회암 절벽

파빌리온 객실과 정원

파빌리온 객실의 거실

아쿠아 평가	
Uniqueness	9
Design	9
Environment	10
Service	7
Facility	8

객실 정보

총 100개 객실에는 5가지 타입과 빌라가 있다. 이 중 디럭스 파빌리온이 77개로 여행객들 대부분이 이용하는 객실이다. 아래층에는 거실, 위층에는 침실과 욕실이 있는 복층 구조로 되어 있다. 성인 셋이 누워도 남을만한 큰 사이즈의 침대와 그네처럼 생긴 소파가 있다. 객실 내에는 리조트에서 직접 만든 허브 차와 쿠키 등을 준비해 놓았다. 야외에 스파를 받을 수 있는 공간이 있는 객실은 '스파 파빌리온', 개인풀이 있는 객실은 '하이드로 풀 파빌리온'이라 부른다.

종류	객실 수	크기
디럭스 파빌리온 Deluxe Pavilionr	77실	70㎡
스파 파빌리온 Spa Pavilion	8실	107㎡
하이드로 풀 파빌리온 Hydro Pool Pavilion	9실	107㎡
패밀리 파빌리온 Family Pavilion	2실	110㎡
패밀리 파빌리온 위드 하이드로 풀 Family Pavilion with Hydro Pool	2실	150㎡

부대시설

■ **수영장 Pool** 라야바디는 3개의 비치를 접하고 있는데 수영장은 라일레이 비치 쪽에 위치한다. 아오낭을 오가는 롱테일 보트들이 정박하고 있어 활기찬 분위기이다. 키즈풀도 함께 있다.

■ **스파 Spa** 태국 내에서도 가장 화려하고 예술적인 디자인이라 해도 손색이 없다. 스파 내에 있는 발리풍의 뷰티 살롱 또한 감각적이다.

■ **부티크 숍 Boutique Shop** 라이브러리 옆에 있다. 가격은 비싼 편이지만 특이한 디자인의 제품들이 많아 구경하는 재미가 쏠쏠하다.

■ **라이브러리 Library / 액티비티 센터 Activity Center / 다이브 센터 Dive Center**

레스토랑

■ **라야 다이닝 Raya Dining** 메인 레스토랑. 아침과 점심에는 야외 좌석이, 저녁에는 실내 좌석이 분위기가 좋다. 남마오 비치 쪽에 위치한다.

■ **끄루아 프라낭 Krua Phranang** 오후 6시에 영업을 시작하는 타이 레스토랑. 음식은 외국인 입맛에 맞춰 매우 순화된 스타일이다. 드레스 코드가 있으나 엄격하지는 않은 편.

■ **라이탈레이 테라스 Raitalay Terrace** 라일레이 비치 쪽 수영장 옆에 있는 이태리 레스토랑. 오픈에어 구조에 밝고 캐주얼한 분위기로 선셋을 즐기기에 적당하다. 일요일에는 재즈 연주를 한다.

■ **더 그로토 The Grotto** 라야바디의 광고 사진에 많이 나오는 동굴 안 레스토랑. 간단한 샌드위치와 피자, 칵테일 등을 제공한다. 오후 8시까지만 영업한다.

■ **게스트 라운지 Guest Lounge** 로비 라운지

조식 정보

메인 레스토랑인 라야 다이닝에서 오전 7시에 제공하기 시작한다. 주스와 빵, 치즈 등의 기본적인 메뉴는 뷔페식으로 제공하고 메인 메뉴를 따로 주문하게 된다. 나무가 많고 비치가 보이는 야외 좌석이 인기있다.

숙소이용 팁

■ 끄라비 타운과 아오낭 등에서 리조트까지 자체 보트로 연결된다.

■ 객실 건물들이 모두 동일하고 객실 번호의 식별이 쉽지 않아 길을 잃기 쉽다. 밤 시간에는 특히 주의해야 한다. 낮 시간에 방향 감각을 익힐 필요가 있다. 부대시설들과 레스토랑들도 세 개의 비치(프라낭Phranang 비치, 남마오Nammao 비치, 라일레이Railay 비치)에 나누어 위치하고 있기 때문에 비치 이름을 기억하고 리조트 지도를 챙겨두면 유용하다.

■ 로비 라운지에서 매일 오후 4시 30분부터 5시 30분 까지 애프터눈 티를 투숙객에게 무료로 제공한다. 타르트와 샌드위치, 스콘 등을 차와 함께 제공한다. 같은 시간에 바로 옆에 있는 액티비티 센터에서는 타이 푸드, 과일 장식, 마사지 등의 강습을 무료로 연다.

■ 밤에는 라일레이 비치에서 즐기자. 라일레이 비치를 따라 숙소들이 모여 있고 밤늦게까지 식당과 바가 영업을 한다. 이곳에서 자정까지 아오낭을 택시처럼 오가는 롱테일보트도 다닌다.

통카 틴 신디케이트 바

인 디 고 펄
Indigo Pearl

전화번호 66-76-327-006
홈페이지 www.indigo-pearl.com
위치 푸껫의 나이양 비치. 푸껫 공항에서 차로 약 10분

›› 주석 광산에서의 하룻밤

일정 수준 이상이라면 리조트에는 주제와 테마가 있기 마련이다. 테마와 디자인의 일관성은 한 리조트를 다른 리조트와 구별하는 아이덴티티를 부여하며 그 곳에 투숙하는 고객으로 하여금 심리적인 안정감과 미적인 만족감을 느끼게 한다. 테마는 깊게 들어갈수록, 세부적일 수록 더 어려워진다. 예를 들어 '18세기 태국 북부 스타일'이나 '고대 도시'라는 주제는 일반적인 건축과 인테리어의 실력 외에 다른 능력, 즉 고증을 통한 시대적 접근과 그것을 현대적으로 해석하여 리조트에 맞게 접목하는 능력마저 요구하는 것이다.

이 쯤 해서 인디고 펄이 가진 테마를 살펴보자. 인디고 펄의 테마는 놀랍게도 '주석 광산'이다. 주석 광산이라는 테마를 듣는 순간 우리는 혼란에 빠지게 된다. 주석 광산하면 떠오르는 어두컴컴하고 차갑고 답답한 이미지가 밝고 즐거운 분위기여야 하는 리조트와 도무지 어울릴 것 같지 않기 때문이다. 그러면 왜 하필 주석 광산일까? 푸껫의 역사와 문화에 자부심이 있는 인디고 펄의 운영자는 자신의 리조트를 방문한 여행자들이 푸껫 역사의 단면을 체험하길 원했고 그 테마로 주석 광산을 택했다. 1800년대 초반, 푸껫에서는 거대한 주석광산이 발견되었다. 미국의 개척시대 때 금을 찾아 서부로 사람들이 몰려든 것처럼 중국이나 다른 동남아에서 인부들이 주석을 찾아 푸껫으로 모여들었다. 이 때 푸껫은 비약적인 발전을 거듭했고 푸껫 역사에 중요한 역사로 남아있다.

하지만 만약 빌 벤슬리(Bill Bensley)라는 걸출한 건축가가 이 프로젝트에 참여할 수 없었다면 주석광산이라는 테마는 불가능했을 지도 모른다. 빌 벤슬리는 푸껫의 JW 매리어트, 뫼벤픽, 트리사라나 골든트라이앵글의 포시즌즈 텐트 캠프와 아난타라 등 주로 규모가 큰 고급 호텔을 지은 세계적인 건축가로서 이런 생소하고도 어려운 프로젝트를 맡기에 유일한 사람이었을 것이다. 특히 새로운 리조트를 짓는 게 아니라 기존에 있던 오래된 리조트를 개조하는 프로젝트였기 때문에 더 큰 어려움이 있었다.

과연 주석 광산이라는 테마가 리조트에 어울릴 수 있는가에 대한 의심은 인디고 펄의 로비로 접어든 순간 사라진다. 당신은 위대한 건축가가 이루어낼 수 있는 영역을 두 눈으로, 오감으로 확인하게 될 것이다. 그렇다. 인디고 펄을 보면서 새삼스럽게 알게 되는 것이지만 주석 광산이 꼭 어둡고 답답한 이미지만 갖고 있을 필요는 없다. 주석 광산도 기쁘고 행복할 수 있다. 주석 광산의 인부들과 철로, 장비들이 주는 역동성, 어둠을 밝히는 주석의 아름다움, 보물(주석)을 찾을 때의 기쁨, 모험과 도전, 기쁨과 슬픔 등이 그 곳에 살아 숨쉬고 있다.

인디고 펄은 세상에서 가장 큰 단독 갤러리다. 한 사람의 걸출한 예술가에 의해 리조트의 모든 공간과 소품에 주석 광산의 다양한 이미지들이 담겨 있다. 빌 벤슬리의 아이디어와 손길은 로비, 레스토랑, 객실, 바, 라이브러리의 공간에서부터 직원들의 복장과 작은 소품에까지 닿아있다. 그런 디테일은 투숙객들로 하여금 정말 주석 광산에서 하룻밤을 보내는 것 같은 신비한 느낌을 갖게 한다. 어둡고 답답한 주석 광산이 아닌, 역동적이면서 로맨틱하기까지한 아름다운 주석광산에서!

리셉션과 로비

틴 마인 레스토랑

라이브러리. 병원 수술대 조명이 특이하다

메인 풀

펄베드 객실의 욕실

펄 쉘 스위트 객실

파빌리온 객실의 테라스

아쿠아 평가

- Uniqueness 9
- Design 8
- Environment 6
- Service 6
- Facility 8

객실 정보

총 277개 객실에는 6가지 타입이 있다. 주석 광산의 이미지를 콘셉트로 한 디자인은 객실에서도 계속 이어진다. 켈리 쿼터 Kelly Quarters 로 불리는 디럭스룸은 대부분 1층에 위치한 객실로 수영장이나 정원이 보이는 테라스를 갖추고 있다. 그랜드 디럭스룸은 펄 베드 Pearl Beds라 한다(이것은 기존 두 개의 객실을 합친 것이다). 침실과 욕실의 크기가 비슷하고 양쪽에 각각 두 개의 테라스가 있다. 이 객실을 예약했다면 체크인 시 신관 쪽 객실을 요청해 볼 것. 코티지 스타일의 플랜테이션 빌라 Plantation Villas는 야외에 선 베드와 욕조, 샤워 시설 등을 갖추고 있다. 그 외에 가든과 풀의 유무 여부에 따라 나뉘는 파빌리온 객실과 최상위 등급인 스위트 객실이 있다.

종류	객실 수	크기
켈리 쿼터 Kelly Quarters	108실	30㎡ / 12㎡
펄 베드 Pearl Beds	83실	60㎡ / 6㎡
플랜테이션 빌라 Plantation Villas	32실	32㎡ / 30㎡
프라이빗 가든 파빌리온 Private Garden Pavilions	12실	48㎡ / 55㎡
프라이빗 풀 파빌리온 Private Pool Pavilions	35실	48㎡ / 55㎡
펄 쉘 스위트 Pearl Shell suites	7실	100~168㎡

부대시설

■ **수영장 Pool** 모두 3개의 수영장과 1개의 키즈풀이 있다. 로비와 가까운 곳에 메인풀과 키즈풀이, 빌라 쪽으로 두 개의 수영장이 위치하고 있다. 모든 수영장은 객실에 관계없이 사용 가능하다. 다만 신관 쪽 풀은 16세 이상만 사용이 가능하다. 활기찬 분위기를 선호한다면 메인 풀을, 조용한 분위기를 선호한다면 신관 쪽 풀을 추천한다.

■ **라이브러리 Library** 병원의 수술실을 떠올리게 하는 독특한 조명에 먼저 눈길이 간다. 로비 옆에 있고 인터넷을 무료로 이용 할 수도 있다.

■ **피트니스 센터 Fitness Center** 빌라 쪽 근처에 있다. 건물이 모두 통유리로 만들어져 있고 천정이 높아 더욱 쾌적하게 느껴진다. 주변으로 테니스 코트도 있다. 요가, 에어로빅, 비치 워크 등 매일 다양한 프로그램을 갖추고 있다.

■ **키즈 클럽 Kids Club** 오전 8시부터 오후 6시까지 운영하고 야외 놀이터도 갖추었다. 바디 페인팅, 염색 등 일부 프로그램을 제외하고 무료로 이용 할 수 있다.

■ **스파 Spa / 타이 쿠킹 클래스 Thai Cooking Class / 다이빙 센터 Diving Center / 부티크 숍 Boutique Shop / 플라워 숍 Flower Shop**

레스토랑

■ **틴 마인 Tin Mine** 역시 주석 광산을 모티브로 한 메인 레스토랑. 지붕은 있지만 벽 없이 야외로 연결된 구조다.

■ **블랙 진저 Black Ginger** 연못 위에 지어진 태국 전통 양식을 살린 타이 레스토랑. 저녁에만 오픈한다. 블랙과 실버 그레이의 내부가 세련되고 고급스럽다.

■ **리벳 그릴 Rivet Grill** 강철판 등의 금속재료를 결합하는데 사용되는 리벳 Rivet 에서 이름을 따온 레스토랑. 역시 저녁에만 오픈하고 주로 스테이크 등을 제공한다.

■ **리 바 Rebar** 리벳 그릴 레스토랑 2층에 위치한 바. 리조트에서 불어오는 시원한 바람을 맞으며 칵테일 등을 마시기에 더없이 좋은 곳이다. 오후 7시부터 오후 10시까지 라이브 음악을 들을 수 있고 자정까지 영업한다.

■ **통카 틴 신디케이트 Tongkah Tin Syndicate** 저녁에만 오픈하며 푸켓의 지나온 시간들을 찬찬히 둘러 볼 수 있는 빈티지한 공간이다. 리조트 운영자의 소장품을 비롯한 희귀한 앤티크 소품들을 갤러리에 온 듯 감상 할 수 있다. 당구대도 갖추어 놓았다. 시간이 없다면 다른 데는 몰라도 이곳은 꼭 한번 들러보길 권한다.

조식 정보

메인 레스토랑인 틴 마인에서 뷔페식으로 운영한다. 공구 모양을 본 따 만든 스푼과 포크 등의 모양이 재미있다. 가짓수도 풍성하고 즉석에서 해주는 계란 요리도 신선하다.

숙소이용 팁

■ 체크인 시 리조트 지도를 꼭 챙겨 둘 것. 리조트 부지가 넓어 부대시설과 레스토랑을 이용할 때 유용하다.

■ 하루 세 번 푸켓타운과 빠똥으로 가는 셔틀 버스를 운행한다. 1인 왕복 400B에 이용 가능하다.

■ 메인풀과 가까이 있는 리벳 그릴과 리 바가 있는 건물 옆으로 난 작은 길을 따라 가면 호텔 후문이 나온다. 이 문을 통해 나가면 바로 나이양 비치와 만나게 된다. 이 비치를 따라 로컬 식당들과 마사지 숍, 마트 등의 시설이 있어 이용하기에 편리하다.

리셉션. 비즈와 꽃 장식이 독특하다.

Sala Phuket Resort & Spa
살 라 푸 껫

전화번호	66-76-338-888
홈페이지	www.salaphuket.com
위치	푸껫의 마이까오 비치. 푸껫 공항에서 차로 약 30분

≫ 살라, 푸껫에 안착하다

2년생 징크스라는 것이 있다. 신인 때는 잘하다가 다음 해나 두 번째엔 갑자기 실력이 떨어지는 현상을 말한다. 첫 해의 좋은 성적에 따른 자만심이나 그것을 지켜야 한다는 부담감 같은 것이 2년생들을 위축할 가능성이 높다는 이야기다. 리조트에도 비슷한 종류의 징크스를 예상할 수 있다. 코사무이의 살라 사무이 Sala Samui처럼 첫 번째 작품에서 대성공을 거둔 리조트가 다른 지역에 두 번째 리조트를 만들 때 자만심이나 부담감이 왜 없겠는가.

코사무이에서 보여준 살라 사무이의 큰 성공은 신혼여행이나 커플여행을 타깃으로 하는 빌라는 담으로 둘러싸인 답답한 구조라도 예쁘게만 꾸밀 수 있다면, 그래서 프라이버시를 보장하고 여성들의 호감을 살 수만 있다면 괜찮다는 것을 보여주는 단적인 사례다. 살라 사무이의 성공 이후 많은 리조트들은 두려움 없이 전망이 없는 곳에도 높게 담을 쌓아올리고 내부 시설에 집중할 수 있었다. 살라 사무이는 새로운 트렌드를 열었다.

푸껫에서 거의 유일하게 빈 공간이 남아있는 해변인 마이까오 비치에 위치한 살라 푸껫은 살라 사무이에서 보여준 성공의 방정식과 패턴을 다시 한 번 반복하고 있다. 전망은 없지만 감각적이고 예쁜 빌라, 빌라의 폐쇄성과는 반대로 개방적인 레스토랑과 바, 그리고 그것을 둘러싸고 있는 넓은 수영장과 해변. 이미 익숙한 것이고 예측이 가능하지만 감동은 여전하다.

첫 작품과 비교해서 변한 것도 많다. 살라 사무이의 객실이 공주방처럼 예쁘고 우아한 편이었다면 살라 푸껫의 객실은 마치 하드록 호텔처럼 팝 적인 요소가 더해졌다. 그 결과 좀 더 가볍게 보이면서 개성은 강해졌다. 빌라가 아닌 일반 룸이 있는 건물도 전에 비해 스케일이 커지고 스타일이 진화했다. 물 위를 걷는 것처럼 보이기도 하는 입구를 지나 만나는, 비즈 장식이 인상적인 리셉션 역시 첫 번째 작품에서는 보여주지 않았던 새로운 시도다. 살라 푸껫은 기존 것과 비슷하면서도 새로운 스타일과 가능성을 보여주었다. 2년생 징크스는 없었다.

살라 체인의 운영자는 건축가 출신이다. 단순히 외적으로 예쁘고 멋져 보이는 건물과 공간이 아닌 실용성을 겸비한 작품을 만든다. 두 번째 작품에서 보기 좋게 2년생 징크스를 깨는데 성공했기에 다음에 보여줄 리조트에 대한 기대감이 생긴다. 어떤 것이든 건축과 공간에 대한 다양한 실험이 있을 것이다. 만약 건축과 인테리어에 들이는 노력만큼 서비스 수준을 높이는데 힘을 쏟는다면 살라는 태국에서 시작된 또 하나의 멋진 프랜차이즈 리조트로서 그 위치를 한껏 끌어올릴 수 있을 것이다.

2개의 수영장

루프톱 레스토랑

레스토랑과 수영장 앞에 펼쳐진 정원

원 베드 풀빌라 스위트

가든 풀빌라

가든 풀빌라의 침실

아쿠아 평가

- Uniqueness 7
- Design 9
- Environment 7
- Service 6
- Facility 8

객실 정보

총 79개 객실에는 7가지 타입이 있다. 크림색으로 마감한 실내는 미니멀한 분위기지만 팝아트적인 소품들로 한층 젊어진 개성을 보여준다. 총 79개 객실 중 일반룸인 16개의 디럭스 발코니를 제외하면 모두 풀빌라로 되어 있다. 디럭스 발코니의 야외 욕실은 로맨틱한 아이템들로 가득하다. 풀빌라들은 개인풀 주변으로 데이베드, 소파 등을 두어 쉴 수 있는 공간을 충분히 확보하면서 프라이빗한 느낌을 강조한다.

종류	객실 수	크기
디럭스 발코니 Deluxe Balcony	16실	63㎡
가든 풀빌라 Garden Pool Villa	16실	158㎡
살라 풀빌라 Sala Pool Villa	34실	157㎡
원 베드 풀빌라 스위트 1 Bed Pool Villa Suite	7실	214㎡
원 베드 풀 빌라 듀플렉스 1 Bed Pool Villa Duplex	2실	333㎡
투 베드 풀 풀빌라 스위트 2 Bed Pool Villa Suite	3실	447㎡
투 베드 프레지덴셜 풀 빌라 2 Bed Presidential Pool Villa	1실	619㎡

부대시설

■ **수영장** *Pool* 비치를 바라보는 2개의 수영장과 1개의 키즈풀이 있다. 검은색 수영장과 흰색 선 베드가 세련되 보인다. 레스토랑과 바가 가까이에 있다.

■ **스파** *Spa* 총 5개의 스파룸을 갖추고 있는 살라 스파 Sala Spa가 있다. 미니멀리즘 인테리어의 아름다움을 보여준다. 입구에 들어서면 물안개처럼 번지는 장치를 해놓아 몽환적으로 느껴진다. 투숙객은 사우나를 무료로 이용 할 수 있다.

■ **피트니스 센터** *Fitness Center* 스파와 나란히 있다.

레스토랑

■ **루프톱 레스토랑** *Rooftop Restaurant* 세련되고 로맨틱한 분위기를 갖고 있다. 고즈넉한 분위기의 마이까오 비치를 바라보며 식사를 할 수 있는 곳이다. 넓은 잔디밭과 고목들이 있어 다른 곳에서는 찾기 힘든 여유로움이 묻어난다.

■ **비치 바** *Beach Bar* 살라 푸껫 레스토랑 옆에 위치한다. 역시 세련된 모습을 하고 있고 둥근 원형의 소파 좌석이 편안해 보인다.

조식 정보

루프톱 레스토랑에서 주문식인 아라카르트(A La Carte)로 제공한다.

숙소이용 팁

■ 푸껫의 다른 비치와 달리 개발이 더딘 마이까오 비치는 원시적인 아름다움이 살아 있는 해변이다. 이 비치와 함께 리조트 입구에 있는 호수 역시 조용한 분위기를 자아낸다. 이 호수 주변과 마이까오 비치를 산책하면서 해변의 한가로움을 느껴보자.

■ 리조트 전체 어디에서나 무선 인터넷을 무료로 사용할 수 있다.

피커스 레스토랑의 테라스

사 로 진
Sarojin

전화번호 66-76-427-900~4
홈페이지 www.sarojin.com
위치 카오락의 방삭 비치. 푸껫 공항에서 차로 약 1시간

» 우아함에 관하여

한 숙소를 이야기할 때 '우아하다'라고 이야기한다면 그것은 '화려하다'나 '럭셔리하다'는 것과는 다른 의미다. 우아하다는 것은 내면의 아름다움과 그것으로부터 은은하게 번져 나오는 외면의 품위와 관련이 있다. 부득이하게 사로진을 한마디로 평가해야 한다면 '우아하다'보다 더 적절한 단어를 찾을 수 없다.

사로진이라는 특별한 공간을 창조한 오너를 만나보자. 앤드류(Andrew)와 케이트(Kate)는 영국인 커플로 태국에서 제 2의 인생을 시작할 때까지만 해도 리조트와는 전혀 관련이 없는 사람들이었다. 남국의 리조트에서 즐기는 휴양을 사랑한 이들은(누가 그렇지 않겠냐마는) 태국에 10년 동안 살면서 다양한 리조트를 경험했다. 그러다가 어느 날 누가 먼저라 할 것도 없이 이렇게 외쳤다.
"리조트를 한 번 운영해보자. 우리의 꿈을 실현해보자."

그들의 꿈은 리조트로 돈을 많이 버는 것이 아니었다. 그들이 그동안 여행자로서 아쉽게 생각하던 것들을 실현하는, 꿈의 리조트를 만드는 것이었다. 그들이 리조트에서 원한 것은 과장하지 않는 절제미, 마음에서 우러나오는 서비스, 미학적인 건축과 조경, 인간에 대한 사랑 같은 것이었다. 이 얼마나 우아한 출발인가!

사로진에 관해 가장 놀라운 것은 이 리조트가 그들의 첫 번째 작품(리조트)임에도 불구하고 완성도가 매우 높다는 것이다. 그냥 높은 수준이 아니라 포시즌즈 같은 세계적인 고급 호텔에 필적하는 수준이다. 리조트를 구성하는 중요한 요소인 건축과 인테리어, 서비스, 음식 등 거의 모든 분야에 대한 평가다. 특히 숙소에서 가장 중요한 가치라 할 수 있는 서비스부분에서 사로진은 그 상대를 고르기 어려울 정도로 높은 수준에 올라있다.

리조트나 직원 입장에서 서비스란 의무적이거나 수동적인 일로 받아들여지기 쉽다. 사로진에서는 그렇지 않다. 사로진은 직원들로 하여금 손님과 만나서 대화를 나누고 그들을 편하게 만드는 일을 의무가 아닌 기회로 인식하게 만들고 있다. 부지가 꽤 넓고 부대시설이 여기저기 흩어져있지만 사로진에는 안내판이 없다. 의도적으로 안내판을 치움으로써 직원들에게는 손님에게 서비스할 기회를, 손님들에게는 여행지에서 새로운 친구를 사귀고 다른 문화를 체험할 기회를 준다.

진정한 우아함은 갖기도 힘들지만 유지하기란 더 힘든 것이다. 계속해서 자신의 틀을 깨는 창의력과 내면의 깊은 평화가 있어야 그것을 유지하거나 더 발전시킬 수 있다. 사로진이 그러할 것으로 믿는다.

정원과 객실 건물

해변. 해양스포츠를 즐길 수 있다

디 엣지 레스토랑의 음식

수영장

가든 레지던스 객실

아쿠아 평가

- Uniqueness 9
- Design 9
- Environment 8
- Service 10
- Facility 8

객실 정보

총 56개 객실에는 3가지 타입이 있다.

종류	객실 수	크기
가든 레지던스 Garden Residence	28실	95㎡
풀 레지던스 Pool Residence	14실	120㎡
사로진 스위트 Sarojin Suite	14실	150㎡

절제와 여백을 담아내는 동양적인 아름다움. 사로진의 객실에 흐르는 정서라 할 수 있다. 말 그대로 정원을 강조하는 가든 레지던스의 입구에는 쉴 수 있는 살라가 제일 먼저 나오고 채광이 충분한 쾌적한 욕실이 눈에 띈다. 요청하면 이 살라에서 아침을 먹을 수도 있다. 풀 레지던스는 정원 대신 5.5m 정도의 풀이 있는 구조다. 건물 2층에 위치한 사로진 스위트는 침실과 거실을 분리한 객실로 에스프레소 머신과 와인 냉장고까지 갖추고 있고 테라스에는 선 베드, 야외 욕조가 설치되어 있다. 모든 객실 입구에는 처음 오픈 당시 함께 일을 시작한 직원들의 이름을 새긴 청동 바가 붙어 있다. 사로진이 얼마나 사람에 대한 애정이 각별한지 보여주는 일면이다.

Garden Residence

부대시설

■ **수영장** *Pool* 정원 한 가운데 있고 한쪽에는 쉴 수 있는 3개의 살라가 있다. 이 살라는 사로진의 아름다움과 우아함을 더해주는 역할을 하고 있다.

■ **스파** *Spa* 야외 정원이 보이는 5개의 스파룸을 갖추고 있는 아담한 스파. 오전 10시 30분부터 오후 8시까지 이용 가능하다. 아로마테라피가 90분에 2,500B 수준.

■ **라이브러리** *Library* 로비에서 이어지는 공간에 위치한다. 작은 규모지만 실용적인 구성이다. 인터넷을 무료로 할 수 있고 DVD와 CD를 무료로 빌릴 수 있다.

■ **피트니스 센터** *Fitness Center* / **워터 스포츠 센터** *Water Sports Center*

레스토랑

■ **피커스** *Ficus* 숙소 중앙에 있는 메인 레스토랑으로 사로진 체험의 하이라이트가 될 수 있다. 맹그로브 계통의 피커스 트리 Ficus Tree가 장엄한 자연의 서사시처럼 주변을 둘러싸고 있다. 이 울창한 자연이 그대로 느껴지도록 통유리에 간단한 선으로만 디자인 되어 있다. 아침과 저녁에만 운영하고 점심에는 운영하지 않는다.

■ **디 엣지** *The Edge* 비치와 접하고 있는 단정한 레스토랑. 심플하면서 모던한 분위기를 자아낸다. 잔잔히 흐르는 칠 아웃 음악이 더없이 어울리는 공간이다. 메뉴는 주로 시푸드와 타이 푸드를 제공하는데 미각과 시각을 모두 즐겁게 한다. 친절하고 배려 넘치는 직원들의 서비스를 받으며 우아한 식사를 즐길 수 있다.

조식 정보

주문식인 아라카르트(A La Carte)로 제공한다. 원할 경우 객실에서 아침 식사를 할 수도 있다.

숙소이용 팁

■ 고객들이 갖고 있는 환상과 꿈(예를 들면 특별한 로맨틱 디너나 두 명만의 오붓한 투어, 객실을 색다르게 꾸며 동행자를 놀라게 하는 일 등)을 현실로 바꾸어주는 일을 하는 '이미지니어 Imagineer'라는 직원이 상주한다. 이 직원과 상의해서 상상한 모든 것에 생명을 불어 넣을 수 있다.

■ 주에 한 번씩 오너가 개최하는 칵테일파티가 있다.

■ 리셉션 입구 쪽에서 자전거를 무료로 빌릴 수 있다. 자전거를 타며 한적한 시골 모습을 감상할 수 있는 좋은 코스를 안내 해 준다.

■ 오전 10시부터 오후 10시까지 카오락 센터로 가는 셔틀버스를 하루 6회 무료로 운행한다.

■ 객실에서 무료로 무선 인터넷을 사용할 수 있다.

Imagineer

찬타라 레스토랑

산 티 야
Santhiya Resort & Spa

- 전화번호 66-77-428-999
- 홈페이지 www.santhiya.com
- 위치 코팡안의 아오 통나이판 비치. 코사무이 공항에서 차량과 전용보트로 약 1시간

» 코팡안의 미스터리

풀문 파티는 보름달이 뜨는 날마다 열렸던 작은 파티가 전 세계인의 주목을 받는 이벤트가 된 것이다. 그 풀문 파티가 열리는 곳이 코팡안이다. 코팡안은 원시적이고 험한 지형과 코사무이라는 거대한 방어막 덕분에 인간의 무자비한 손길에서 자연을 순결하게 지켜왔다. 아직도 원시적인 모습을 그대로를 간직한 코팡안은 그 자체가 하나의 미스터리다.

산티야 리조트는 섬보다 더 미스터리하다. 건물과 소품을 모두 티크 나무로 만든 산티야는 코팡안 뿐 아니라 태국 전체를 통틀어 가장 전통적인 스타일의 리조트다. 작은 숙소 한 개 짓기도 만만치 않은 이 원시적인 섬에 어떻게 티크나무로 일일이 세밀한 장식을 넣어 리조트를 만들게 되었을까?

늘 그렇듯 의문은 그 뿌리를 찾아들어가야 풀린다. 산티야의 운영자는 오랫동안 티크나무 수출 관련 일을 해왔다. 평소 태국의 전통을 사랑하고 그것이 사라지는 것을 안타까워하던 그는 평소 자신이 꿈꾸던 리조트를 만들기로 한다. 자연과 티크나무, 태국의 전통미가 하나로 어우러지는 리조트인 산티야는 그렇게 해서 탄생했다. 그것은 개인의 꿈이자 하나의 거대한 예술작품이다. 리조트에 사용한 엄청난 양의 티크나무와 세밀한 장식은 평생 그 일을 해왔던 사람이 아니라면 불가능한 일이었으리라.

티크나무는 내구성이 강하고 아름다운 색깔을 가진 고급 목재다. 티크나무로 지은 건물은 고풍스러우면서도 고급스러운 분위기가 난다. 리셉션과 로비는 티크나무 장식으로 더없이 화려하다. 감동적이다. 레스토랑은 티크나무가 주는 강직하고도 은은한 느낌을 경험하기에 가장 좋은 장소다. 특히 낮보다 조명을 밝힌 밤 시간에 목조 건물과 인테리어는 그 절정의 아름다움을 뽐낸다. 온갖 정성을 기울인 목조 건물 안에서 로컬의 맛을 제대로 품은 태국음식과 함께 창 밖에 펼쳐진 바다와 원시림의 경치를 감상하다보면 꿈을 꾸고 있는 게 아닌가하는 의구심이 들 정도다.

산티야 리조트는 비밀스러울 만큼 경험하기 힘든 리조트다. 코사무이의 수많은 고급 리조트들을 제쳐놓고 배를 타고 이 리조트까지 오기란 쉽지 않은 일이다. 코팡안이라는 섬도 그렇고 티크나무로 지은 전통적인 양식의 리조트 스타일도 선뜻 받아들일 수 없는 장벽이 있다. 하지만 모험의 대가는 달콤하다. 이른 아침 코팡안의 원시림에서 안개가 피어오르고 산티야의 티크나무 건물이 숨을 쉬면서 산과 숲이 하나가 될 때 여행자의 영혼은 완벽한 평화를 얻게 된다.

리셉션과 로비

바다에서 본 찬타라 레스토랑(위)과 해변

디럭스 객실

아쿠아 평가

Uniqueness 8
Design 7
Environment 8
Service 7
Facility 7

객실 정보

총 76개 객실에는 6가지 타입이 있다.

종류	객실 수	크기
디럭스 Deluxe	23실	43㎡
수프림 스위트 Supreme Suite	2실	86㎡
가든 빌라 Garden Villa	20실	85㎡
시뷰 빌라 Sea View Villa	20실	85㎡
그랜드 빌라 Grand Villa	3실	150㎡
풀빌라 Pool Villa	8실	97㎡

산티야의 객실은 크게 건물 내에 위치한 일반 객실과 단독 빌라식 객실로 나뉜다. 디럭스와 수프림 스위트가 건물 내에 있는 객실이고 나머지는 단독 빌라식 객실이다. 산티야에서 가장 객실 수가 많은 디럭스룸은 산티야에서 가장 높은 지대에 위치한 건물 내에 있으면서 바다와 코팡안의 원시림 전망을 갖추고 있다. 구조는 다른 리조트의 일반 객실과 비슷하지만 나무로 마감해 마치 산장 안에 들어와 있는 분위기다. 단독 빌라식 객실은 야외에 욕실을 갖추고 있고 정원과 선 베드를 갖추고 있다. 풀빌라는 작은 풀을 갖춘 최상위 객실이다.

부대시설

■ **수영장 Pool** 하나의 수영장이 있으며 전체 시설 중에서 해변과 가깝게 위치하고 있다. 아담한 규모에 유선형으로 생겼으며 주변에 언덕과 조형물로 둘러싸여 있어 아늑한 느낌이다. 오전 9시에 오픈하여 저녁 7시까지 사용 가능하다.

■ **스파 Spa** 전망 좋은 실내 공간에 비교적 여유 있게 타이마사지룸과 스파룸을 마련해 놓았다. 가장 독특한 공간은 사우나룸으로 통 창문을 통해 바다 경치를 감상할 수 있다.

■ **피트니스 센터 Fitness Center** 전통적인 양식의 독립적인 건물 내에 몇 가지 기구들을 갖추고 있다.

레스토랑

■ **찬타라 Chantara** 메인 레스토랑으로 조식 뷔페와 중식, 석식을 제공한다. 찬타라는 리셉션과 함께 티크 나무와 예술적인 나무 조각으로 산티야에서 가장 아름다운 공간으로 꼽힌다. 신발을 벗고 입장하며 지붕이 높은 홀 안에도 나무들이 자라고 있다. 테라스 자리는 바다 전망이 훌륭하고 목조 건물과 접하고 있어 분위기가 좋다.

조식 정보

찬타라 레스토랑에서 뷔페식으로 조식을 제공한다. 음식의 가짓수는 많지 않은 편이며 태국 음식이 주를 이룬다. 전통 음악과 함께 격식 있는 분위기를 연출한다.

숙소이용 팁

■ 산티야로 가려면 코사무이 북쪽에 있는 선착장에서 스피드보트를 타야한다. 하루에 2회 운행하며 걸리는 시간은 30분.

■ 산티야에서 얕은 언덕을 넘어가면 산티야의 해변보다 더 넓은 해변이 나온다. 이 해변에 로컬 식당과 바도 있다.

풀빌라 객실

알 린 타 푸 껫
Aleenta Phuket

전화번호 66-76-580-333
홈페이지 www.aleenta.com
위치 팡아의 필라이 비치. 푸껫 공항에서 차로 약 30분

» 여자라서 행복해요!

어느 유명 여배우의 냉장고 광고를 기억하는가. 코앞에 남국의 바다가 넘실대는 수영장에 앉아 활짝 미소를 짓던 광고 말이다. 알린타 푸껫은 그 광고의 배경이 된 리조트. 당연히 나도 그 곳에선 행복해질 거라고 기대할 수밖에 없었다.

그러나 알린타 푸껫의 첫인상은 그리 좋지 않았다. 병원 같기도 한 딱딱하고 쌀쌀맞은 외형은 내가 좋아하는 리조트의 느낌과 거리가 있기 때문이었다. 나는 호들갑스런(?) 환영 인사도 없이 약간은 무미건조하게 객실로 안내될 때까지만 해도 이게 아닌데 하면서 고개를 갸우뚱하고 있었다.

그런 알린타가 시간이 지나면서 조금씩 마음속으로 들어오기 시작했다. 미니멀한 알린타의 건물이나 객실은 첫눈엔 무언가 모자란 듯 하지만 시간이 지날수록 편안해지는 느낌이 들었다. 마치 진한 화장과 외출복을 지워내고 세상에서 가장 편안한 잠옷으로 갈아입은 나른한 기분처럼. 디테일이 치렁치렁한 화려함 속에서 느끼는 흥분은 잠시 눈을 휘둥그레 하게 할 뿐. 몸에 맞지 않는 옷처럼 불편하게 느껴질 때도 많은 법이니까.

알린타Aleenta는 '축복 받은 삶', '연인과의 행복한 시간'을 의미하는 말로 태국에서는 후아힌에 이어 두 번째로 푸껫에 오픈하였다. 총 50개 객실을 소유한 작은 숙소로 SLH(Small Luxury Hotels of the world, 홈페이지 www.SLH.com)에 그 이름을 올리고 있다. 건물 전체의 하드웨어는 단순함과 간결함을 추구하는 미니멀리즘 Minimalism을, 가구나 침구 등에는 은은하고 부드러운 젠 Zen 스타일을 믹스해서 단순하지만 따뜻한 자연미를 살린 아름다움이 있다. 낮은 가구를 사용하고 남은 공간은 여백으로 남겨 두면서 컬러 역시 땅과 나무, 하늘 등에서 가져온 카키와 브라운, 베이지 등 자연을 닮은 색감을 사용하고 있다.

직원들의 서비스 또한 자연을 닮아 조용하지만 언제나 미소로 인사한다. 지중해풍의 작은 레스토랑에선 저녁식사 시간 내내 두 명의 필리피노가 잔잔한 팝송을 불러준다. 손님의 대화에 방해가 되지 않도록 소리 낮추어 부르는 노래에 더 귀를 기울이게 된다. 3대가 함께 식사를 하던 십여 명의 대가족들도, 고운 분홍 드레스를 입고 느긋하게 아침식사를 하던 노부부도, 오늘은 어떤 스파를 받을까 고민하던 젊은 부부도. 모두가 여유롭고 행복한 얼굴이다.

그 곳을 떠날 때 나는 아쉬움에 고개를 돌려 멀어지는 리조트의 모습을 바라보았다. 그렇다. 알린타 푸껫은 그 특유의 차분함과 상쾌함으로 나를 행복하게 해주었고 나는 그 곳을 사랑하게 된 것이다. 이 책을 보는 독자들에게 이렇게 추천하고 싶다. 질풍노도와 같은 시간이 지난 그 어느 때, 혹은 사랑하는 사람과 주인공이 되어 서로를 탐닉하고 싶을 때, 알린타 푸껫을 떠올리라고.

리조트 전경

리조트 앞 프라이빗 비치

아쿠아 평가

- Uniqueness 7
- Design 8
- Environment 7
- Service 7
- Facility 7

객실 정보

총 50개 객실에는 7가지 타입이 있다.

종류	객실 수	크기
오션 뷰 로프트 Ocean View Loft	8실	77㎡
풀 스위트 Pool Suite	4실	71㎡
풀 빌라 Pool Villas	3실	180㎡
비치프런트 빌라 3 bed Beachfront	5실	500㎡
레지던스 Residences	30실	200~300㎡

Boutique Shop

Spa

총 50개 객실에는 모두 7가지 타입이 있고 크게 일반 객실과 레지던스로 나뉜다. 가장 낮은 카테고리인 오션 뷰 로프트는 8개 객실이 수영장을 공유하는 스타일로 복층 구조며 테라스를 통해 수영장과 바로 연결된다. 풀 스위트는 비치 앞에 위치한 단독 객실로 작은 개인 풀과 가든이 있다. 가장 선호도가 높은 객실인 풀빌라는 분리된 거실과 침실, 아웃도어 샤워시설과 자쿠지를 갖추고 있다. 비치프런트 빌라는 3-베드룸으로 객실이 비치와 바로 접하고 있다. 국내 유명 냉장고 광고를 이 객실에서 촬영했다. 레지던스는 3가지 타입으로 나뉘는데 풀 레지던스, 스파 레지던스, 2-베드룸인 오션 뷰 레지던스가 있다. 모든 객실에 아이팟, 고급 이집트면으로 만들어진 침구와 잠옷 등을 제공한다. 레지던스를 제외한 다른 객실에는 TV와 주방시설이 없다. 비치프런트 빌라와 오션 뷰 레지던스를 제외한 나머지 객실에는 12세 미만 어린이는 투숙하지 못한다.

부대시설

■ **알린타 스파** Aleenta Spa 이곳에서 장기 투숙하는 유러피언들에게 특히 인기가 좋은 곳. 예약하지 않으면 이용하기 힘들다.

■ **부티크 숍** Boutique Shop 알린타 리조트에서 사용하는 모든 물품과 기념품을 파는 알린타 갤러리아 Aleenta Galleria가 있다. 면 제품과 배스 용품의 품질이 좋아서 둘러볼만 하다.

■ **라이브러리** Library 로비 근처 리조트 입구에 위치한 라이브러리는 24시간 운영된다. 물과 쿠키 등 간단한 간식거리도 마련해 놓는다.

■ **피트니스 센터** Fitness Center

레스토랑

■ **알린타 레스토랑** Aleenta Restaurant 로비 아래층에 위치한 메인 레스토랑으로 타이 푸드를 포함해 인터내셔널 푸드를 제공한다. 실내라 하더라도 입구를 제외한 3면이 오픈 에어 구조로 되어 있어 답답하지 않다. 저녁이 되면 조용한 팝송을 나지막이 불러주는 라이브 음악이 로맨틱한 분위기를 연출한다. 하지만 태국 음식은 웨스턴들의 입맛에 맞추어 상당히 순화했기 때문에 로컬의 자극적인 맛을 원한다면 미리 이야기해야 한다.

■ **셰프 테이블** Chefs' Table 로비에서 한 층 위에 있는 프랑스식 레스토랑. 예약이 있을 때만 문을 여는 경우가 많다.

■ **선셋 라운지** Sunset Lounge 비치와 가까이 있는 라운지 겸 바로 비치를 바라 볼 수 있는 베드 형태의 좌석을 갖추고 있다.

조식 정보

아침에 즐기는 애프터눈 티! 3단 트레이에 크루아상과 타르트, 요거트, 치즈, 과일, 그리고 커피나 차가 기본적으로 세팅되고 메인 요리를 선택해서 주문하면 된다. 너무 덥지 않다면 정원이 보이는 야외 좌석도 좋겠다. 메인 레스토랑인 알린타 레스토랑에서 하게 된다.

숙소이용 팁

■ 리조트 앞에 있는 필라이 비치 Pilai Beach는 3Km 정도 되는 길고 넓은 해변을 가졌다. 주변으로 다른 시설도 거의 없어서 프라이빗하게 즐길 수 있지만 모든 것을 리조트 내에서 해결해야 하는 이유가 되기도 한다. 비치에는 리조트에서 준비한 선 베드와 파라솔이 있다.

■ 자전거를 무료로 빌릴 수 있다.

■ 노트북이 있을 경우 무선인터넷을 무료로 사용 할 수 있다.

■ 객실 내 알린타 마크가 있는 물은 무제한 제공한다.

바다에서 본 시밧라이 리조트. 모래톱이 넓고 길다.

시 발 라 이 리 조 트
Sivalai Beach Resort Koh Mook

전화번호	66-89-723-3355
홈페이지	www.komooksivalai.com
위치	뜨랑의 묵 섬. 뜨랑 공항에서 차량과 전용보트로 약 1시간 30분

》 눈에 넣어도 아프지 않을, 천국 같은 섬

흥분은 이미 리조트를 향한 스피드 보트 안에서 시작되었다. 바다가 아닌 강에서 출발한 리조트 보트는 양쪽으로 맹그로브 숲을 거느리며 곧바로 바다와 만나는 절경을 보여준다. 단 10여분을 그렇게 달려갔을 뿐인데, 리조트가 있는 섬이 보이자 누가 먼저라고 할 것도 없이 모두 벌떡 일어나 '와우~'를 연발한다.

뒤로는 기암절벽이 병풍처럼 둘러져 있고 삼각뿔처럼 길게 뻗은 샌드 뱅크에는 에메랄드빛 바다가 넘실거린다. 3면이 바다와 맞닿은 생경한 풍경, 오랫동안 눈에 넣고 싶은 그림들이다. 그리고 뜨랑 Trang에서 대대로 의사를 하고 있다는 리조트의 운영자를 만나게 된다면 얼른 손을 잡고 이렇게 말할 것만 같다.
"당신은 정말 혜안을 지닌 분이로군요. 이런 장소를 찾아내다니 말이에요."

필자는 섬이라는 특수한 환경을 썩 내켜하지 않는 부류에 속한다. 어딘가에 갇혀 있는 것 같은 폐쇄성과 육지로부터 떨어져 있다는 알 수 없는 불안감 때문이다. 움직일 곳이 있지만 가지 않는 것과 갈 수가 없어서 움직이지 못하는 것은 큰 차이가 있지 않는가. 육지와 단 10분 거리라는 것이 마음에 위안을 주기도 했지만 섬이 아니라면 도저히 존재하기 힘든 이 풍경들이 단박에 사람의 마음을 간사하게 만든다.

눈이 부신 하얀 백사장, 연두색 물감을 풀어 놓은 맑은 바다. 키 높은 열대 나무가 어우러져 천국의 이미지를 그대로 담아내고 있다. 삼각형 모래사장의 꼭짓점처럼 레스토랑이 들어서 있고 그 양 옆으로는 31개의 방갈로들이 줄지어 들어서 있다. 개나리 색으로 방갈로를 칠하고 조가비로 모양을 낸 객실들은 아기자기 하면서도 정감어린 향수를 불러일으킨다. 친절하면서 겸손한 직원들은 언제, 어디서라도 마주치면 가식 없는 순박한 미소를 지으며 인사한다.

시간이 꽤 흐른 지금도 여기서 지낸 날을 생각하면 저절로 미소를 짓게되는 가장 큰 이유다. 일정 때문에 무리한 시간에 투어를 요청해도 새벽같이 나와 웃음으로 반겨주는 아름다운 사람들. 천국이란 뜻을 가진 리조트 이름에 잘 어울리는 사람들이다. 양쪽의 비치를 오가며 다른 풍경들을 감상하고 리조트 뒤편으로 난 작은 길을 따라 섬 사람들의 모습도 보고, 해가 질 무렵이면 예쁜 그림을 남기는 모래사장을 구경하다 보면 하루가 금세 지나간다.

나는 아직도 가끔 섬에서 해변을 걷는 꿈을 꾼다.
언제고 다시 갈 날을 꿈꾸는 것 만으로도 행복하다.
눈에 넣어도 아프지 않을, 천국 같은 그 섬으로.

방갈로와 해변

그림 같은 풍경

아쿠아 평가
- Uniqueness 8
- Design 7
- Environment 9
- Service 8
- Facility 6

객실 정보
총 31개 객실에는 3가지 타입이 있다.

종류	객실 수	크기
비치 빌라 Beach Villa	11실	35㎡
비치 빌라 슈피리어 Beach Villa Superior	6실	44㎡
비치 빌라 패밀리 Beach Villa Family	5실	48㎡

총 31개 객실은 모두 방갈로 타입으로 창을 많이 내고 천정이 높아 쾌적하게 느껴진다. 일반적인 크기의 객실이지만 티크나무로 만든 바닥이 널찍한 테라스의 마루와 연결된 듯 보여 체감 넓이는 더 여유 있게 보이는 효과를 낸다. 노란색으로 마감한 벽면과 조개비로 장식한 창이 아기자기하고 귀엽다. 모든 객실은 TV와 에어컨, 헤어드라이어, 세이프티 박스를 갖추고 있고(단, 전기주전자는 없다) 테라스에는 선 베드가 있다. 객실에 따라 차이가 있기지만 모두 바다 전망을 갖고 있다. 바다가 보이는 각도에 따라 가격이 저렴해지기도 한다.

부대시설
■ **수영장** *Pool* 아담하며 수영장과 키즈풀이 있다. 그 옆으로 배구를 할 수 있는 네트를 설치해 놓았다.
■ **스파** *Spa* 객실들 사이에 자그마한 스파가 있다. 소박한 모습이 오히려 정감 있다. 오전 10시부터 오후 8시까지 이용 가능하다.

레스토랑
■ **시발라이 레스토랑** *Sivalai Restaurant* 리조트 내의 유일한 레스토랑으로 오픈에어 구조로 되어 있다. 어느 좌석에 앉더라도 3면이 바다인 풍경을 만날 수 있다. 유러피언 푸드와 타이 푸드가 주를 이루며 음식들도 맛있는 편이다.

조식 정보
시발라이 레스토랑에서 뷔페식으로 하게 되지만 메뉴는 아주 간소하다. 커피나 티도 셀프 서비스로 제공하고 몇 가지 빵과 과일이 차려진다. 비수기에는 주문식으로 제공하기도 한다.

숙소이용 팁
■ 리조트에서 운영하는 스피드 보트가 출발하는 곳은 콴퉁꾸 선착장(Kuan Tung Ku Pier)이다. 팍멩 선착장(Pak Meng Pier)으로 들어가는 입구에서 왼쪽으로 난 길을 따라 차로 15분 정도 거리에 있다.
■ 묵 섬에는 유명한 관광 포인트인 에메랄드 케이브(Emerald Cave)가 있다. 시발라이 리조트 반대편에 위치한 이 동굴은 바다와 절벽이 만나는 곳에 입구가 있는데 그 입구가 낮아 배로 들어가지 못하고 수영을 해서 들어가야 한다. 동굴 내부에는 식물이 자라고 동굴이 끝나는 지점에 신기한 해변이 존재한다. 원통의 절벽으로 둘러싸인 이 해변에는 열대 나무와 꽃이 자라고 나비가 날아다닌다. 주변의 다른 섬에서도 일일투어로 많이 찾아오는 곳이니 만큼 그냥 발길을 돌리지 말자. 단, 수영에 자신이 있더라도 안전을 위해 구명조끼를 착용하고 카메라 방수에 대비를 해야 한다(동굴 내부가 어두워 겁이 날 수도 있다. 손전등과 구명조끼는 투어를 신청한 여행사에서 준비한다).
■ 로비의 한쪽 공간에 컴퓨터 3대가 준비되어 있는데 이곳에서 인터넷을 무료로 사용 할 수 있다.
■ 리조트 뒤편으로 난 길을 따라 가면 간단한 음식을 파는 노점상들과 마트가 있다. 필요한 물품들이나 간식거리가 생각날 때 이용하면 좋다.
■ 섬의 반대편까지는 7~8Km 이상 되는 거리다. 걷기에는 다소 먼 거리 일수도 있으니 오토바이 택시를 이용하는 것이 좋다. 오토바이가 있는 주민들이라면 누구라도 기사가 된다. 50B 정도.
■ 객실 내의 병에 담긴 식수는 유료로 제공한다. 1병에 40B 정도.

오션 프론트 풀빌라

트리사라

© Trisara

트리사라
Trisara

전화번호 66-76-310-100
홈페이지 www.trisara.com
위치 푸껫의 방타오 비치와 나이톤 비치 사이. 푸껫 공항에서 차로 약 20분

» 최고급 풀빌라란 이런 것이다

풀빌라가 넘쳐난다. 여기저기서 풀빌라 식 숙소가 새로 오픈하고 기존에 있던 리조트에도 풀빌라 객실이 더해진다. 프라이버시를 위해 풀빌라를 선호하는 신혼부부와 고급스러운 휴식을 취하려는 여행자가 늘면서 생긴 현상이다. 하지만 풀빌라라고 해서 다 같은 풀빌라는 아니다. 풀빌라에도 격이 있다. 풀빌라라는 타이틀만 달아도 인기를 끌다보니 짧은 기간에 조잡하게 지어진 것들도 많다. 돈과 시간이 아까운 것보다 더 중요한 문제는 안전이다. 여행자들이 숙소를 선택할 때 반드시 점검해야 할 부분이다.

풀빌라의 수준을 말할 때 가장 중요한 것은 객실 내에 있는 개인 풀의 크기와 프라이버시이다. 침실이나 욕실과 다르게 개인 수영장에는 큰 부지가 필요하며 관리도 힘들다. 게다가 아무리 작아도 풀빌라라고 이름 붙일 수 있으니 그 간판과 단기적인 마케팅만 고민하는 숙소라면 수영장에는 필요 이상의 공을 들일 필요가 없다. 그 결과 몸만 겨우 들어갈 수 있는 자쿠지 수준의 풀을 가진 풀빌라가 넘쳐나게 되었다.

하지만 트리사라는 다르다. 트리사라는 모든 객실이 풀빌라로 객실 대부분에 10m의 풀이 있다. 객실에 딸려있는 풀로써는 거의 최대 사이즈라 할 수 있다. 거기에 수영장 끝에서 이어지는 바다 전망은 트리사라가 왜 최고의 풀빌라 인지를 보여준다. 보통의 풀빌라가 담을 높게 쌓아 프라이버시를 만드는 것과는 다르다. 자연이 프라이버시를 만들어준다. 담으로 쌓인 공간에서 느끼게 되는 답답함이 이곳에는 전혀 없다. 끝없는 바다 전망을 배경으로 나만의 풀에서 수영을 즐기는 사치야말로 트리사라의 하이라이트이다.

풀빌라의 수준은 직원들의 서비스와 부대시설에서 확연히 드러난다. 보통 얕은 수준의 풀빌라는 객실에만 투자하기 때문에 부대시설은 거의 생략하는 편이고, 서비스 수준도 높이지 못하는 경우가 많다. 하지만 트리사라는 다르다. 그 직원들의 교육이나 서비스 수준이 최고급 리조트 못지않고, 부대시설 또한 화려하다. 각 빌라에 개인 수영장을 두고도 42m 길이의 메인 수영장이 또 있다. 바다 전망이 인상적인 레스토랑. 그리고 독립된 빌라 스타일의 스파 이것이 과연 풀빌라의 부대시설인가 의심할 정도의 수준이다. '천국의 세 번째 정원'이라는 리조트 이름처럼 넓고 아름다운 리조트 정원 역시 아름답다.

국제적인 체인 리조트가 아닌 푸껫의 로컬 자본으로 이렇게 높은 수준의 리조트를 만들고 유지한다는 것은 그 자체로 놀라운 일이다. 트리사라가 가진 내공의 깊이를 보여준다. 트리사라가 지어진 2004년 이후 많은 풀빌라들이 오픈했고 그 중 몇 개는 트리사라의 아성을 위협하려고 시도했지만 그들의 부질없는 욕심이었을 뿐 트리사라는 흔들리지 않았다. 트리사라는 여전히 '최고급 풀빌라란 이런 것이다'라고 자신 있게 말하고 있다.

메인 수영장과 해변

오션뷰 풀빌라의 침실

아쿠아 평가

- **Uniqueness** 8 ■■■■■■■■□□
- **Design** 9 ■■■■■■■■■□
- **Environment** 9 ■■■■■■■■■□
- **Service** 8 ■■■■■■■■□□
- **Facility** 9 ■■■■■■■■■□

객실 정보

총 39개 객실은 모두 풀빌라로 4가지 타입이 있다. 그 외에 2-Bed 객실 등이 있다.

종류	객실 수	크기
오션 뷰 풀룸 Ocean View Pool Room	12실	117㎡
오션뷰 풀빌라 Ocean View Pool Villa	12실	240㎡
오션프런트 풀빌라 Ocean Front Pool Villa	9실	240㎡
오션뷰 스파 풀스윗 Ocean View Spa Pool Suites	3실	235㎡

오션프런트 풀빌라가 바다와 가까운 쪽에 있지만 가격 면이나 전망 면에서도 가장 추천할 만한 객실은 오션뷰 풀빌라이다(오션프런트 풀빌라와 오션뷰 풀빌라는 구조와 넓이는 같고 위치만 다르다). 가장 낮은 사양인 오션뷰 풀룸은 오션뷰 풀빌라의 절반 정도 크기로 풀사이즈가 작아 아쉬움이 남는다.

부대시설

- **수영장** *Pool* 해변과 나란히 위치한 42m의 메인 수영장은 트리사라가 가진 여유를 단적으로 보여준다. 직선의 단조로운 구조지만 해변 풍경과 잘 어우러진다.
- **스파** *Spa* 리조트 입구 쪽에 스파 별관 건물이 있다. 독립한 빌라가 6채 있다. 지대가 높아서 바다 전망이 훌륭하다.

- **라이브러리** *Library* 웬만한 도서관 크기에 책 외에도 DVD, CD, 보드게임을 갖추고 있다. 미리 설치된 랩탑으로 인터넷을 이용할 수 있다.
- **기타** 피트니스 센터 *Fitness Center* / 부티크 숍 *Boutique Shop*

레스토랑

- **트리사라 그릴** *Trisara Grill* 리조트의 중앙에 해변과 가깝게 위치한다. 건물 내 실내 공간보다 주변 환경과 하나 된 듯 열린 야외 공간이 더 아름답다. 태국과 서양음식 등 메뉴가 다양하다.

조식 정보

트리사라 그릴에서 주문식인 아라카르트(A la carte)로 제공한다. 성수기에는 뷔페식을 제공하기도 한다.

숙소이용 팁

- 1박 이상 투숙할 경우 공항에서 왕복 픽업서비스가 무료.
- 오션뷰 풀빌라 체크인은 객실에서 하면 된다. 도착로비에서는 예약 확인만 한다.

© Trisara

메인 수영장과 바다 전망

라 차
The Racha

전화번호	66-76-355-455
홈페이지	www.theracha.com
위치	라차 섬의 빠똑 베이. 푸껫 공항에서 차량과 전용보트로 약 1시간 30분

≫ 몰디브도 부럽지 않다!

휴양지 여행을 좋아하는 사람이라면 누구나 최고로 치는 여행지가 있다. 그곳은 몰디브다. 1,000여 개의 섬으로 이루어진 신비로운 자연환경의 국가 몰디브, 그리고 100여 개의 섬이 섬 하나에 리조트 하나로 운영되는 특별한 휴양지. 몰디브에는 다른 지역과 비교할 수 없는 유니크한 가치가 있다.

그러면 태국에서 몰디브의 리조트와 가장 비슷한 곳은 어디일까? 태국도 섬 많기로 부럽지 않은 곳이고 아름다운 리조트들이 많아 선택은 쉽지 않지만 꼭 하나만을 꼽아야 한다면 라차가 1순위다. 그만큼 라차의 환경과 시설은 몰디브에 있는 리조트를 닮았다.

라차 섬은 푸껫에서 스피드보트를 타고 남쪽으로 30분 거리에 있는 섬이다. 바다 속 신비한 세계가 알려지면서 다이버들과 스노클러들 사이에서 먼저 유명해졌다. 이 섬에는 몇 개의 아름다운 해변이 있다. 그 중 최고는 바위 언덕에 의해 만으로 형성된 빠똑 베이 Patok Bay다. 파우더처럼 고운 순백색의 해변과 에메랄드 빛 바다는 몰디브와 비교해도 손색이 없을 정도다.

라차는 2004년부터 그 해변을 독차지하고 있는 최고급 리조트다. 눈부신 백사장과 흰색의 지중해 풍 건물이 아름답고 셀 수 없이 많은 야자수들이 바람에 흔들리면서 휴양지로서 완벽한 분위기를 연출한다. 사실 몰디브의 섬 중에도 이 정도로 분위기가 아름다운 곳은 흔치 않다. 발리에서 '더 발레 The Bale'라는 고급 빌라로 큰 성공을 거둔 회사에서 운영을 맡고 있어서 서비스도 친절하다.

몰디브와 비슷한 환경인만큼 단점도 비슷하다. 선박 교통비가 추가로 들어가고, 일단 섬에 들어가면 숙소의 레스토랑 외엔 다른 선택이 없다. 이점은 날씨가 좋지 않을 때 더 큰 단점으로 부각된다. 푸껫에서는 비가 오면 쇼핑센터를 구경하는 등 할거리가 꽤 있지만 가진 건 해변뿐인 라차 섬에서 즐길거리는 제한된다. 낮 시간에는 푸껫에서 온 일일투어 여행자들 때문에 완벽한 프라이버시를 보장 받을 수 없다.

하지만 찬란한 태양이 아름다운 해변과 건물들을 비추는 순간, 일일투어 여행자들이 빠져나간 섬에 평화와 노을이 찾아오는 순간, 레스토랑에 가수들의 기타와 노래 소리가 울려 퍼지는 순간, 라차는 그 어느 곳보다 아름답다. 몰디브처럼 비교 불가능하고 돈으로 가치를 매길 수 없게 된다. 라차에 묵는 사람만이 그 절정의 순간을 맞을 수 있다.

빠똑 비치. 라차의 파라솔과 해양스포츠 기구들이 있다

가든풀 정원 안에 있다

아쿠아 평가

- Uniqueness 7
- Design 8
- Environment 9
- Service 7
- Facility 7

객실 정보

총 70개 객실과 6가지 타입이 있다.

종류	크기
디럭스 Deluxe	43㎡(테라스 제외)
그랜드 디럭스 Grand Deluxe	54㎡(테라스 제외)
그랜드 디럭스 풀 Grand Deluxe Pool	54㎡(개인풀 제외)
주니어 풀 스위트 Junior Pool Suite	86㎡(개인풀 제외)
그랜드 풀 스위트 Grand Pool Suite	93㎡
더 라이트 하우스 The Light House	300㎡(개인풀 제외)

크림색으로 마감한 객실은 정갈하면서 깔끔한 느낌이다. 객실은 공통으로 넓은 테라스와 실내, 실외 샤워시설을 갖추고 있고, 객실에서 인터넷을 무료로 이용 할 수 있다. 그랜드 디럭스 풀은 디럭스 객실과 동일한 시설에 플런지 풀을 갖추고 있는 구조다. 주니어 풀 스위트는 2007년 3월에 새롭게 만든 객실로 별도의 리빙룸과 자쿠지를 포함한 개인풀을 갖추고 있다. 세련되고 모던한 감각이 돋보인다.

Deluxe

부대시설

- **수영장 Pool** 메인 레스토랑이 있는 건물 2층에 인피니티 스타일의 메인 풀이 있다. 눈부신 비치가 한 눈에 들어온다. 정원 가운데 위치한 가든 풀은 조용하게 휴식을 취하기 좋다.
- **라이브러리 Library** 메인 수영장 뒤편에 위치하는데 인터넷을 무료로 사용 할 수 있다.
- **기타** 피트니스 센터 Fitness Center / 스파 Spa

레스토랑

- **어스 카페 Earth Cafe** 메인 레스토랑. 메인 수영장 주변의 테라스에서도 주문이 가능하다.
- **선셋 비치 레스토랑 Sunset Beach Restaurant** 해변 가에 위치한 캐주얼한 레스토랑으로 점심에는 가벼운 단품 식사를, 저녁에는 주로 시푸드와 스테이크 등을 제공한다.

조식 정보

어스 카페에서 뷔페식으로 제공된다.

숙소이용 팁

- 리조트 바로 옆에는 마트가 몇 개 있어 편리하다.
- 보트 스케줄 (찰롱베이에 도착 리셉션이 있다)

찰롱베이-리조트 11:30 / 14:00 / 17:00
리조트-찰롱베이 09:00 / 12:00 / 16:00

- 매일 다양한 액티비티 프로그램을 갖추고 있다. 액티비티 센터에서 스노클링, 카약, 윈드서핑, 산악자전거 장비 등을 무료로 대여 할 수 있다. 리조트 앞의 빠똑 비치에는 스노클 포인트가 많은 편이다.
- 매일 오후 6시부터 7시까지 로비 바에서 카나페를 무료로 제공한다.

메인 수영장과 전망

센타라 그랜드 비치 리조트
Centara Grand Beach Resort & Villas Krabi

전화번호	66-75-637-789
홈페이지	www.centralhotelsresorts.com
위치	끄라비 아오낭의 빠이플롱 비치. 끄라비 공항에서 차량과 전용보트로 약 1시간 20분

» 가격 대비 최고의 자연환경

가까운 곳에 위치한 라야바디와 비교해서 이야기하면 이해가 쉽다. 우선 천혜의 자연환경 속에 위치한다는 점은 라야바디와 비슷하다. 센타라 그랜드 비치 리조트는 아오낭에서 라일레이 비치로 향하는 중간, 절벽이 병풍처럼 드리워진 무인도 같은 해변에 위치하고 그 해변을 단독으로 사용한다. 깎아지른 석회암 절벽을 뒤로 하고 아름다운 해변을 앞에 두고 있는 천혜의 지형이다. 하지만 잡상인과 관광객으로 분주한 라야바디의 해변과 달리 천혜의 환경을 프라이빗하게 사용한다는 점에서는 오히려 더 낫다.

훌륭한 객실과 부대시설을 갖추고 있다는 것도 비슷한 점이다. 192개의 객실은 절벽과 비치 사이에 언덕을 따라 고도가 다르게 위치해 전망이 좋다. 가장 낮은 객실인 디럭스 룸도 72㎡로 다른 곳에 비해 훨씬 넓다. 2개의 수영장, 5개의 레스토랑과 바, 해양 스포츠 시설 등의 부대시설은 최고 수준으로 한 번 리조트에 들어오면 다른 곳에 나가고 싶은 생각이 들지 않는다. 태국 전체에서도 최고급으로 꼽히는 라야바디만큼은 아니더라도 모자람이 없는 고급 리조트임이 분명하다.

그러면 라야바디와 다른 점은 무얼까? 간단하게 이야기하면 리조트에서 겨냥하는 타깃이다. 라야바디가 1박에 US$500 이상으로 최고급을 지향하는 층과 신혼여행 쪽을 타깃으로 하는 반면 센타라 그랜드 비치 리조트는 가족 여행 등 일반적인 휴양 여행자들을 대상으로 한다. 비수기에는 US$100에 가깝게 내려가기도 한다. 이 가격대는 이 호텔이 얼마나 고객 유치에 실용적으로 접근하는 지를 보여준다.

끄라비의 중심가라 할 수 있는 아오낭과의 편리한 연결도 다른 점이다. 이 정도 환경이라면 리조트에만 머물면서 돈을 쓰게 만들 수도 있으나(비슷한 환경의 리조트들이 전략적으로 그렇게 한다) 하루에 6회 이상 멋진 셔틀보트를 운영하면서(밤에도 보트가 운영한다) 투숙객들로 하여금 아오낭에서 자유롭게 즐길 시간까지 서비스한다. 카약 같은 무동력 해양스포츠까지 무료로 운영한다. 리조트 운영자의 마음이 너무 좋아 손해를 보는 것 아닌가 하는 걱정마저 든다(사실 이 리조트는 태국 최고의 부자 기업이므로 그런 걱정은 전혀 필요 없다).

개인적으로 이런 멋진 환경에 근사한 리조트를 만드는 데까지 성공하고 서비스나 리조트의 수준을 높이는 데는 별로 관심이 없는 센타라 그룹의 태도에 안타까운 마음이 드는 것도 사실이다. 하지만 여행자편에서는 좋은 리조트의 문턱이 낮고, 관문이 넓다는 점에서 적극 환영할 일이다. 리조트 측에서 실용주의적으로 접근하는 만큼 이용자가 많아질 가능성이 높다. 그렇다면 금세 가격이 오를지도 모르는 일이다. 당신이 빨리 가방을 꾸려 움직여야 할 이유가 여기에 있다.

기암절벽을 배경으로 하는 객실 건물

디럭스 오션 페이싱 객실의 욕실

로터스 레스토랑의 야외 좌석

아쿠아 평가

- Uniqueness 8 ■■■■■■■■□□
- Design 8 ■■■■■■■■□□
- Environment 9 ■■■■■■■■■□
- Service 6 ■■■■■■□□□□
- Facility 8 ■■■■■■■■□□

객실 정보

총 192개 객실에는 7가지 타입이 있다.

종류	객실 수	크기
디럭스 오션 페이싱 Deluxe Ocean Facing	30실	72㎡
프리미엄 디럭스 오션 페이싱 Premium Deluxe Ocean Facing	30실	74㎡
스파 디럭스 오션 페이싱 Spa Deluxe Ocean Facing	30실	77㎡
원베드 오션 페이싱 빌라 위드 풀 1 Bed Ocean Facing Villa with Pool	3실	96㎡
원베드 비치 프런트 빌라 1 Bed Beach Front Villa	2실	96㎡
투베드 비치 프런트 빌라 2 Bed Beach Front Villa	2실	167㎡
로열 빌라 Royal Villa	1실	359㎡

일반 객실은 3층 건물로 되어 있는데 한 층에 2개의 객실, 한 동에 총 6개의 객실이 있다. 이런 객실 건물은 모두 30개로 언덕을 따라 높낮이가 다르게 지어져 있다. 최소 넓이 72㎡로 다른 호텔 객실의 두 배에 가까워 여유있는 크기다. ㄱ자로 생긴 테라스는 한쪽에는 데이베드와 식탁이, 한쪽에는 선 베드를 놓은 여유로운 공간이 돋보인다. 테라스를 통해 커넥팅이 가능해 한 가족이 쓸 수 있도록 해 놓았다. 스파 디럭스는 3층에 위치한 객실로 테라스에 자쿠지를 설치한 객실이다. 그러나 프라이버시를 보장 하지 못해서 효용이 떨어진다. 그 외로 빌라 타입의 객실 8개가 있다.

Spa Deluxe Ocean Facing

부대시설

- **수영장 Pool** 두 개의 수영장이 있는데 2단으로 된 메인 수영장은 자쿠지와 키즈풀 Kids Pool이 함께 있고 바다를 바라보고 있는 전경이 시원하다. 다른 수영장은 스킨스쿠버 강습 및 연습장으로 쓰인다.
- **스파 Spa** 센타라 체인의 트레이드마크인 스파 '센와리 Cenvaree'는 언제나 손님의 발길이 끊이지 않는 곳이다. 스파 전후로 차를 마시기도 하고 발마사지도 받을 수 있는 2층 공간의 전망이 좋다.
- **키즈 클럽 Kids Club** 무료로 운영하는 키즈 클럽은 오전 9시부터 오후 6시까지 이용할 수 있고, 다양한 프로그램이 있어 그 활용도가 높다.
- **액티비티 센터 Activity Center** 해변에 마린 센터라는 이름으로 운영하는데 카약, 카타마린 등을 무료로 이용 할 수 있다.
- **기타** 라이브러리 Library / 피트니스 센터 Fitness Center

Activity

레스토랑

- **로터스 Lotus Court Restaurant** 메인 레스토랑으로 아침에는 뷔페를, 저녁에는 단품 요리를 하고 주로 인터내셔널 푸드와 아시안 푸드를 제공한다.
- **림사이 Rim Saai Restaurant** 저녁에만 영업을 하는 타이 레스토랑. 시푸드도 제공한다.
- **기타** 하기 Hagi Restaurant (일식) / 온더록 On The Rocks (비치 바 & 스낵) / 딥 블루 바 Deep BLU Bar & Lounge

조식 정보

메인 레스토랑인 로터스에서 뷔페식으로 제공한다. 메뉴도 다양하고 아시안 푸드가 많은 것이 특징.

숙소이용 팁

- 체크인은 아오낭 시내에 있는 리셉션 오피스에서 먼저 하게 된다. 공항에서 택시 기사에게 '아오낭 롱램 센탄 체크인 오피스'라고 하면 된다. 약 40분 정도 소요. 이곳에서 체크인 수속을 먼저하고 교통편을 제공받는다. 아래 주소와 전화번호를 참고.

아오낭 체크인 오피스 (Ao Nang Reception)
주소 : soi 13 Tambon Ao Nang Amphur Muang, Krabi 81000
Tel : 075-637-789

- 아침 8시부터 자정까지 아오낭으로 가는 셔틀버스를 무료로 운행한다. 스케줄은 시즌별로 조금씩 차이가 있다.

카페 릴라와디의 야외 좌석에서 조식을 즐기는 모습

르 메르디앙 카오락
Le Méridien Khaolak Beach & Spa Resort

전화번호   66-76-427-500
홈페이지   www.starwoodhotels.com/lemeridien
위치   카오락의 방삭 비치. 푸껫 공항에서 차로 약 1시간

» 카오락의 안전한 선택

이 리조트만큼 카오락이라는 지역이 가진 장점과 단점을 솔직하게 보여주는 숙소도 드물다. 가장 큰 장점은 전혀 부산하지 않고 평화로우며 자연적이라는 것. 다른 숙소와 담벼락 뿐 아니라 내부의 소음과 혼란스러움까지 공유하는 푸껫의 리조트와 달리 카오락의 리조트들은 조용하다. 카오락에서도 가장 북쪽에 위치한 르 메르디앙 카오락은 주변 경계가 원시림이나 들판이며 다른 시설은 거의 볼 수 없다. 가족 중심의 리조트이기에 내부에서 생기는 소음이나 활동이 많은 편이지만 주변의 원대한 자연이 소음을 쉽게 훔쳐 가버린다.

홀로 떨어져 자연 속에 위치한다는 것은 단점이 되기도 한다. 카오락 센터까지 가는 셔틀버스가 있긴 하지만 주변에 걸어서 갈 수 있는 저렴한 식당이나 시설이 없어서 마치 섬에 갇힌 것 같은 고독함과 심심함을 느끼기도 한다. 여전히 더 많은 여행자들이 카오락보다는 푸껫을 선호하는 이유다.

르 메르디앙은 럭셔리나 최고급보다는 실용적인 것들에 더 가치를 두고 있는 체인 호텔이다. 가족을 포함해 모든 여행자들을 환영하는 분위기다. 그렇기 때문에 르 메르디앙 카오락에서는 애초에 높은 수준과 격식 있는 서비스를 기대하기 힘들다. 그런 것을 기대한다면 가까이에 있는 사로진에 갈 일이다. 르 메르디앙 카오락의 서비스는 모든 손님들이 편하게 리조트 시설과 자연을 즐기는데 맞추어져 있다.

객실은 243개로 푸껫의 대형 리조트에 비하면 아무 것도 아니지만 카오락에서는 대형으로 분류된다. 리조트는 세 파트로 나눈다. 리셉션이 있는 메인 건물과 해변 사이에 있는 메인 수영장을 중심으로 양 쪽에 각각 커플 취향과 가족 취향의 수영장이 하나씩 있다. 수영장 주변의 건물과 객실 구성도 커플과 가족 테마로 만들어져 있다. 그것은 신혼여행이나 커플여행과 아이들이 있는 가족여행의 차이점을 충분히 인지하고 서로 피해주지 않는 독립적인 공간을 만들려는 리조트 측의 배려다. 서로 다른 분위기를 가진 3개의 풀과 공간 활용은 이 리조트의 가치를 단적으로 보여준다.

르 메르디앙 카오락은 카오락 지역에서 유일한 5성급 호텔로 꼽힌다. 가족 여행은 물론 커플 여행이나 실용적인 신혼여행까지 고려할 수 있는 숙소다. 카오락 지역에서 가장 무난하고 안전한 선택이다.

메인 수영장

로비의 야경

아쿠아 평가

- Uniqueness 7
- Design 7
- Environment 7
- Service 6
- Facility 8

객실 정보

총 243개 객실과 10가지 타입이 있다. 여기서는 여행객들이 많이 이용하는 7가지 타입만 소개한다.

종류	객실 수	크기
디럭스 가든 뷰 Deluxe Garden View	70실	40㎡
디럭스 풀 뷰 Deluxe Pool View	134실	40㎡
풀 뷰 스위트 Pool View Suite	2실	80㎡
디럭스 풀 뷰 스위트 Deluxe Pool View Suite	6실	108㎡
라군 빌라 Lagoon Villa	10실	80㎡
풀 빌라 Pool Villa	9실	200㎡
오션프런트 풀 빌라 Ocean Front Pool Villa	7실	250㎡

총 243개 객실은 201개의 일반 객실과 42개의 빌라로 나뉜다. 50에이커에 달하는 방대한 부지에 지어진 것을 생각하면 그리 많은 객실은 아님을 알 수 있다. 리셉션이 있는 빌딩을 중심으로 패밀리 윙과 스파 윙으로 구분한다. 패밀리 윙은 가족 중심의 여행자를 위한 건물로 메인풀과 키즈풀, 키즈 클럽이 가깝다. 반대로 스파 윙은 커플여행자 중심이다.

타이 모던 스타일로 꾸민 모든 객실에는 발코니가 있고 샤워부스와 욕조가 분리된 욕실, 티크로 된 바닥 등이 쾌적하게 느껴진다. 일반 객실인 디럭스 가든 뷰 객실은 주로 1층에 위치한 객실이고 디럭스 풀뷰 객실은 2~3층에 있는 객실로 내부 구조는 동일하다.

Deluxe

부대시설

■ **수영장** *Pool* 모두 4개의 수영장이 있다. 큰 유선형의 메인 풀을 선두로 슬라이드가 있는 키즈 풀을 포함한 패밀리 풀은 가족들이 함께 하기에 더없이 좋아 보인다. 자연스럽게 키즈 클럽과 연결 되어 있어 더 편리하게 느껴진다. 나무가 많은 정원 사이에 있고 휴식 공간도 넉넉하다. 스파 윙 쪽에 위치한 스파 풀은 16세 이상만 사용 가능한 풀로 조용하고 한가로운 분위기.

■ **키즈 클럽** *Kids Club* '펭귄 키즈 클럽 Penguin Kids Club'은 패밀리 풀과 키즈 풀에 자연스럽게 접하고 있어 실용적이다. 오전 9시부터 오후 6시까지 무료로 이용 가능하다. 여러 가지 놀이 기구도 다양하게 갖추어 놓았고 자전거를 빌려 주기도 한다.

■ **스파** *Spa* 총 8개의 스파 트리트먼트룸을 갖추고 있는 르 스파 Le Spa. 스파 풀과 붙어 있다. 아로마 테라피가 1시간에 1,800B 정도. 발마사지와 페디큐어 등을 하는 공간이 따로 있고 스파 리셉션 입구에 라이브러리가 있다. 스파 들어가는 입구가 아름다워 사진을 찍는 여행자들을 종종 만날 수 있다.

■ **피트니스 센터** *Fitness Center* 입구의 주차장 안쪽에 위치한다. 기본적인 시설과 함께 2개의 테니스 코트와 탁구대 등도 갖추고 있다.

■ **기타** 라이브러리 *Library* / 타이 쿠킹클래스 *Thai Cooking Class* / 타이 복싱클래스 *Thai Boxing Class* / 다이브 센터 *Dive Center* / 부티크숍 *Boutique Shop* / 주얼리숍 *Jewelry Shop*

레스토랑

■ **카페 릴라와디** *Café Lilawadee* 메인 레스토랑으로 수요일을 제외하고 매일 다른 주제의 뷔페를 제공한다. 일요일이면 타이 전통 무용을 공연하는 타이 뷔페가 인기. 멋진 조형물과 연못 덕분에 분위기 좋은 야외 좌석이 인기가 있다.

■ **방삭 그릴** *Bangsak Grill* 메인 풀 가까이에 있는 이태리 레스토랑. 점심은 매일 11시부터 오후 4시까지 영업을 하고 저녁은 화요일과 수요일은 휴무.

■ **반타이** *Baan Thai* 저녁에만 문을 여는 타이 레스토랑으로 아침에는 스위트 이상 고객들을 위한 조식 레스토랑으로 쓰인다. 스파 윙 쪽에 위치.

■ **기타** 트윈 파빌리온 *Twin Lake Pavilion* (아시안) / 쿡칵 바 & 그릴 *KUK KAK Bar & Grill* (인도) / 뱀부 바 & 시푸드 그릴 *Bamboo Bar & Seafood Grill* (비치 바 & 시푸드)

조식 정보

메인 레스토랑인 카페 릴라와디에서 뷔페식으로 제공한다. 편안한 분위기에 메뉴도 꽤 다양하고 직원들이 많아 서비스도 좋은 편이다. 로터스 폰드 주변의 좌석이 조용하고 운치 있다. 스위트 이상 고객들은 반타이 레스토랑에서 별도로 식사 할 수 있다.

숙소이용 팁

■ 주변에 이용할만한 로컬 식당이 별로 없으므로 리조트 안에서 식사를 해결해야 하는 경우가 많다. 레스토랑들이 다양한데다가 요일별로 영업이 다르고 영업시간도 각기 다르니 체크해 둘 필요가 있다(날씨에 따라서도 변동이 있다). 리조트 안내지를 챙겨 둘 것.

■ 카오락 센터로 가는 셔틀 버스를 오후 5시 30분부터 오후 8시 30분까지 1시간 간격으로 하루 4회 운행한다. 요금은 편도 100B.

■ 객실에서 인터넷을 사용하는 것은 유료지만 노트북이 있을 경우 로비나 레스토랑 등에서 무선 인터넷을 무료로 사용 할 수 있다.

■ 리조트 내에 ATM이 있다.

Kids Club

Le SPA / Spa

비치 프런트 스위트 객실의 테라스

© The Tongsai Bay Cottages & Hotel

프라이빗 해변

통 사 이 베 이
The Tongsai Bay Cottages & Hotel

전화번호 66-77-245-480
홈페이지 www.tongsaibay.info
위치 코사무이의 통사이 베이. 코사무이 공항에서 차로 약 10분

》 노병은 죽지 않는다

통사이베이의 시작은 1987년, 그러니까 지금으로부터 20년도 더 된 과거로 거슬러 올라간다. 총몬 비치 부근, 약 100m 정도의 해변을 품은 언덕에 홀로 세워진 통사이베이는 꽤 오랫 동안 코사무이의 최고급 리조트 자리를 차지해왔다. 통사이베이의 위상이 흔들리기 시작한 것은 불과 몇 년 전 식스센스 하이드어웨이와 포시즌즈 같은 세계적 리조트가 코사무이에 상륙하기 시작한 이후다. 하지만, '노병은 죽지 않는다'라는 말이 있듯 통사이 베이는 최고의 자리를 덩치 큰 후배에게 물려준 이후에도 꿋꿋이 자기 색깔과 위치를 지켜나가면서 여행자들의 호응을 얻고 있다.

통사이베이를 빛내주는 최고의 환경과 프라이버시가 가진 가치는 시간이 지나도 변하지 않는다. 오히려 뒤늦게 오픈한 리조트들이 보여주는 환경적인 미흡함과 비교되어 더욱 빛난다. 서비스 수준 역시 마찬가지다. 1~2년이 아닌, 10년도 아닌, 20년 넘게 갈고 닦은 서비스는 뭔가 달라도 다르다. 여전히 긴장감을 늦추지 않고 계속 혁신해나가고 있는 모습이야말로 통사이베이를 코사무이 고급 리조트의 살아있는 전설로 만들고 있다.

고백한다. 필자는 한 때 '식당은 오래 될수록 좋고 숙소는 새 것일수록 좋다'라는 생각을 가졌다는 것을. 좀 더 큰 TV, 최신 유행하는 트렌드를 쫓는 숙소일수록 더 좋다는. 단순하고도 물욕적인 생각의 소유자였다는 것을. 그것은 환경의 가치, 또한 오랜 역사를 통해 갖게 되는 내공과 균형미를 발견하지 못한 채 눈에 보이는 것에만 치중한 젊은 날의 짧은 생각이었다. 통사이베이가 그것을 알게 해주었다.

아쿠아 평가
- Uniqueness 7
- Design 6
- Environment 8
- Service 8
- Facility 8

객실 정보
총 84개 객실에는 7가지 타입이 있다.

부대시설
- **수영장 Pool** 모두 두 개의 수영장이 있다. 메인풀은 키즈풀을 포함하고 있어 가족여행자들이 주로 이용한다. 하프문풀 Halfmoon Pool 이라 불리는 반달 모양의 수영장은 성인만 이용 가능하다. 지대가 높은 곳에 있어 바다 전망이 좋다.
- **기타** 스파 *Spa* / 라이브러리 *Library*

레스토랑
- **더 버틀러 레스토랑** *The Butler's Restaurant* 12세 이상만 이용 가능한 20석 규모의 레스토랑. 퓨전 요리를 주로 제공한다.
- **플로이드 비치 비스트로** *Floyd's Beach Bistro* 해변 전망이 좋은 레스토랑. 커다란 나무가 운치를 더한다.
- **셰프 촘** *Chef Chom's* 태국 음식을 제공하는 레스토랑. 리셉션과 가까운 곳에 위치한다.

조식 정보
셰프 촘에서 뷔페식으로 제공한다. 가짓수도 다양하고 즉석에서 요리를 해주는 코너가 많아 만족도가 높은 편이다. 직원들의 서비스도 극진하다.

숙소이용 팁
- 숙소 내에서 움직일 때는 버기카를 이용하게 된다.
- 로비 옆에 레크리에이션 룸이 있는데 영화를 보거나 책을 읽을 수 있고 스누커를 칠 수도 있다.

자 마 키 리
Jamahkiri Spa & Resort

전화번호	66-77-456-400
홈페이지	www.jamahkiri.com
위치	코따오의 샤크 베이. 코사무이 공항에서 차량과 선박으로 약 2시간 30분

» 산토리니를 닮은 동굴 아지트

코따오 Koh Tao는 코사무이에서 65km 북단에 위치한 섬으로 코팡안과 함께 코사무이에서 가장 많은 여행자들이 방문하는 섬이다. 아직까지 잘 보존된 자연과 해변, 아름다운 산호초를 만나기 위해 젊은 다이버와 여행자들이 코따오를 찾고 있다. 젊은 배낭여행자들이 유난히 많은 코따오는 고급 숙소에 대한 선택의 폭이 좁다. 고급 숙소가 있다 해도 그 수준 역시 다른 휴양지와 비교 기준을 낮추어야 한다.

자마키리 리조트의 시작은 스파에서 출발한다. 벨기에가 고향인 운영자 루카스씨는 스파 테라피스트인 부인과 함께 스파를 먼저 오픈하고 3년 동안 스파로 이름을 얻은 후인 2005년에 숙소를 오픈했다. 고도가 매우 가파르고 큰 바위가 많은 악조건의 지형을 역으로 이용해 어디서도 찾아보기 힘든 독특한 스타일을 완성한 것이다. 바위와 바위를 동굴처럼 감싸고 회벽으로 칠을 하고 꽃과 조경을 이용해 리조트를 아름답게 가꾸어 놓았다. 바다로 이어지는 긴 계단과 흰색 건물들은 그리스의 산토리니를 닮아 있다. 리조트 곳곳이 뷰 포인트라고 해도 과언이 아닐 만큼 다양한 전망을 즐길 수 있다.

코사무이에서 페리에 몸을 싣고 코따오로 오는 2시간 동안 점점 상쾌해지는 공기와 하늘, 시시각각 변하는 바다 색깔을 코로, 눈으로, 마음으로 느낄 수 있다. 그렇다. 여기는 코따오인 것이다. 열대 청정지역, 매우 자연적인 것이 미덕인. 가장 맑은 하늘 아래에서 가장 맑은 바다를 쾌적하고 안락한 숙소에서 체험할 수 있는 곳이다. 자마키리 리조트의 가치는 코따오라서 더 소중하다.

아쿠아 평가
- Uniqueness 8
- Design 6
- Environment 7
- Service 6
- Facility 6

객실 정보
총 37개 객실에는 5가지 타입이 있다.

부대시설
- **스파** *Spa* 리조트보다 더 유명한 스파. 외부에서 찾아오는 고객이 상당수다.
- **수영장** *Pool* 전망이 시원한 메인 수영장을 갖추고 있다.

레스토랑
- **벤자롱 레스토랑 & 바** *Benjarong Restaurant & Bar* 로비 아래층에 위치한다. 샤크 베이가 한 눈에 들어오는 시원한 전망을 갖고 있다.

조식 정보
아메리칸, 타이식 중에서 선택 할 수 있다. 과일을 풍성하게 제공한다.

숙소이용 팁
- 오전 8시 30분~오후 9시까지 매핫으로 가는 셔틀 차량을 무료로 운행한다. 시간 외에 사용하려면 600B의 비용을 지불해야 한다.
- 레스토랑 옆의 비즈니스 센터에서 인터넷을 무료로 사용 할 수 있다. 노트북이 있을 경우 로비나 레스토랑에서 무선 인터넷을 무료로 이용 가능하다.

원베드 풀빌라와 전망

바바 레스토랑

로비

스 리 판 와
Sri Panwa Phuket

- 전화번호   66-76-371-000~3
- 홈페이지   www.sripanwa.com
- 위치   푸껫의 케이프 판와. 푸껫 공항에서 차로 약 1시간

» 빌라로 차를 돌려주세요

관광 일정을 위해 차를 타고 숙소 문을 나가다가 갑자기 이렇게 말할 수도 있을 것 같다. "관광 일정은 최소하겠어요. 제 빌라로 차를 돌려주세요." 스리 판와 정도의 빌라에 묵는다면.

스리 판와는 푸껫의 동남쪽 끝에 길쭉하게 바다로 뻗어있는 곶인 케이프 판와에서도 가장 끝 쪽 언덕에 위치한다. 이 언덕은 남쪽과 동쪽 바다를 전망할 수 있는 절묘한 지형으로 스리 판와는 이 언덕의 대부분을 차지하고 있다. 스리 판와 빌라들의 바다 전망이 모두 아름다운 것도 그 때문이다. 리셉션부터 레스토랑, 수영장, 빌라까지 거침없는 바다 전망을 자랑한다. 바다 전망만 놓고 보았을 때 스리 판와는 양과 질 면에서 푸껫의 최고 중 하나다. 아니 최고다.

스리 판와는 일반적인 리조트는 아니다. 풀을 갖춘 개별적인 빌라로만 이루어져 있으며 총 48개의 빌라 중 11개만 여행자들에게 개방하고 있다. 나머지 37개는 이미 주인이 있다. 주인이 있는 빌라는 에스테이트 Estate 라고 부른다. 에스테이트와 여행자들이 묵는 빌라는 서로 가깝게 붙어있어서 여행자들은 숙소 내에서 에스테이트에 사는 주민들을 자주 만나게 된다. 에스테이트에 사는 사람들 덕분에 경비도 철저하고 부대시설도 더 잘 갖추어져있는 경우가 많아 여행자 입장에서 불평할 이유는 없다.

빌라에서 더 많은 시간을 보내는 것은 스리 판와 빌라의 아름다움이나 높은 가격, 그리고 위치로 볼 때 현명한 선택이다. 그리고 그것은 고급 빌라와 숙소를 이용하는 신혼여행이나 휴양여행에서도 마찬가지다. '낭비'란 몇 백 달러짜리 고급 빌라를 선택할 때 사용하는 단어가 아니라 그런 빌라를 하루 종일 텅 비워놓고 밖으로만 돌아다닐 때 더 어울리는 단어다. 사치하지 말라. 빌라에 머물러라.

아쿠아 평가
- Uniqueness 7
- Design 7
- Environment 8
- Service 7
- Facility 7

객실 정보
총 11개의 풀빌라로 2가지 타입이 있다.

부대시설
수영장 *Pool* / 스파 *Spa* / 피트니스 센터 *Fitness Center* / 라이브러리 *Library*

레스토랑
- **바바 *Baba*** 유일한 레스토랑인 '바바 Baba'는 감각적이고 스타일리시하게 꾸며져 있다.

조식 정보
바바 레스토랑에서 아라카르트로 제공한다. 한글 메뉴판이 있다.

숙소이용 팁
- 리조트 내 모든 건물이 고도를 달리해 지어 졌는데 꽤 경사가 가파르고 높아서 이동 시 리조트 차량을 이용하는 것이 좋다.
- 리조트 주변으로는 아쿠아리움과 칸타리베이 호텔이 있다. 아쿠아리움을 둘러보고 칸타리베이 호텔에서 운영하는 램 판와 레스토랑에서 식사를 하는 것도 좋다.

탑 캑 부 티 크 리 조 트
The Tubkaak Krabi Boutique Resort

- 전화번호　66-75-628-400
- 홈페이지　www.tubkaakresort.com
- 위치　끄라비의 탑캑 비치. 끄라비 공항에서 차로 약 1시간

» 롱테일보트, 끄라비를 담다

이 작은 리조트를 최종적으로 선택하려면 두 가지 모험을 강행해야 한다. 하나는 아오낭 비치에서 40분이나 걸리는 위치에 대한 모험, 다른 하나는 거의 알려지지 않은 리조트의 명성에 대한 모험.

탑캑 부티크 리조트는 총 객실 42개로 탑캑 비치를 접하고 있는 작고 평화로운 리조트다. 해안도로는 여기서 끝이 난다. 울창하게 이어지는 원시림과 절벽 때문에 도로가 더 이상 이어지지 못한다. 막다른 길이라는 것은 리조트 쪽에선 장벽이 될 수 있겠지만 평화와 프라이버시를 찾아 온 사람들에게는 더없이 좋은 환경을 의미할 수도 있다.

리조트 앞 해변은 경사가 거의 없는 낮은 수심에 섬들이 많아서 파라다이스 같은 분위기를 연출한다. 다른 리조트에 묵더라도 시간을 들여서 찾아가봐야 할 그런 아름다움이 있다. 게다가 리조트는 2층의 낮은 목조 건물과 아름다운 정원, 해변을 넓게 접하고 있는 녹지가 한데 어우러져 사랑스러운 분위기를 연출한다. 롱테일보트의 뱃머리를 형상화한 지붕을 갖고 있는 객실 건물은 우아하고 귀엽다. 누가 이 리조트를 사랑하지 않을 수 있으랴.

아쿠아 평가
- Uniqueness 8
- Design 8
- Environment 8
- Service 7
- Facility 7

객실 정보
총 42개 객실에는 5가지 타입이 있다.

부대시설
- **수영장** Pool 객실 수에 비해 비교적 여유 있는 사이즈의 수영장을 갖추고 있다. 작지만 키즈풀도 함께 있다.
- **기타** 라이브러리 Library / 스파 Spa

레스토랑
- **아룬디나** The Arundina 난(蘭)의 이름에서 따온 메인 레스토랑이다. 끄라비에서 가장 아름다운 해변인 탑캑 비치를 바라보며 식사를 즐길 수 있다. 리조트만큼이나 사랑스러운 레스토랑이다.
- **선다우너** The Sundowner 비치 바. 간단한 단품 식사를 취급한다.

조식 정보
아룬디나 레스토랑에서 뷔페식으로 제공한다. 메뉴는 간소한 편.

숙소이용 팁
- 스파 내에 있는 사우나(스팀)를 무료로 이용 할 수 있다.
- 카약킹과 카누 등을 무료로 이용 할 수 있다.
- 끄라비타운과 아오낭으로 가는 셔틀 버스를 하루 한 번 유료로 운행한다(250~300B).

리조트 입구

빌라 라와나
Villa Lawana

- 전화번호   66-77-960-333
- 홈페이지   www.villalawana.com
- 위치   코사무이의 차웽 비치. 코사무이 공항에서 차로 약 10분

» 차웽에 불어온 로맨틱한 바람

유러피언들의 사랑을 받는 휴양지인 코사무이. 특히 차웽의 숙소들은 수많은 유러피언들의 취향에 맞추어 대중적이고 일반적인 숙소들이 대세를 이루고 있다. 그 속에서 피어난 빌라 라와나의 모습은 한 송이 연꽃처럼 우아하고 단아한 모습을 하고 있다.

라와나(Lawana)는 운영자의 이름에서 따 온 것으로 그녀는 성공가도를 달리고 있는 디자이너이기도 하다. 중국계 태국인인 그녀의 감각과 개성을 리조트 곳곳에서 만나 볼 수 있다. 특히 중국의 고(古) 저택을 연상하게 하는 입구를 지나서 만나게 되는 리셉션은 마치 어느 산사의 마루턱에 앉아 있는 것 같은 느낌이 든다. 동양적인 여운은 객실로도 이어져 전통적인 나무문부터 앤티크 가구들, 아름다운 캐노피 침대에 이르기까지 로맨틱한 아름다움을 발하고 있다.

총 객실 122개를 간단히 빌딩형 건물로 올릴 수도 있었지만 빌라 라와나는 쉬운 길을 택하지 않았다. 일일이 나뭇결을 살린 개별 빌라를 짓고 객실마다 다른 개성을 입히기 위해 노력을 아끼지 않았다. 이렇듯 많은 빌라들이 차웽 비치 북단 대부분을 차지하고 있다. 주변으로 다른 시설들이 거의 없어 단독 비치처럼 조용하게 이용할 수 있다. 해변과 바로 접해 있는 메인 레스토랑인 오션 키스 Ocean Kiss, 우리나라 오두막처럼 생긴 스카이 허그 Sky Hug 등 레스토랑의 이름에서 이 숙소의 분위기를 눈치챌 수 있다.

신혼부부나 커플들을 위한 프라이빗하면서 로맨틱한 분위기는 리조트 곳곳에서 느낄 수 있다. 누구라도 시간을 초월한 이 숙소를 거닐다 보면 소곤소곤 속삭이며 은밀해질 수밖에 없다. 빌라 라와나는 트렌디의 중심에 있는 차웽에서 현재와 과거를 가볍게 넘나들며 로맨틱한 추억을 만들 수 있는 최적의 장소이다.

아쿠아 평가
- Uniqueness 8
- Design 8
- Environment 7
- Service 8
- Facility 6

객실 정보
총 122개 객실에는 모두 7가지 타입이 있다.

부대시설
- **수영장 Pool** 바다 전망이 시원한 메인 수영장이 있다.
- **스파 Spa** 주목할 만한 부대시설이다. 여유롭고 아름답게 꾸며져 있는 총 17개의 스파룸은 모두 커플 룸으로 되어 있다.
- **라이브러리 Library** 리셉션과 가까운 곳에 중국의 고서 박물관처럼 꾸며져 있다.

레스토랑
- **오션 키스 Ocean Kiss** 수영장 옆에 있는 메인 레스토랑. 바다와 바로 접해 있다.
- **기타** 스카이 허그 Sky Hug

조식 정보
메인 레스토랑인 오션 키스에서 주문식인 아라카르트로 제공한다.

숙소이용 팁
- 리셉션 옆에 있는 라이브러리에는 2대의 컴퓨터가 있고 인터넷을 무료로 사용 할 수 있다.
- 스파 시설이 아름다울뿐더러 테라피스트들의 실력이 뛰어나다. 스파를 받을 계획이라면 멀리서 찾지 말 것.

X 2

X2 Resort

- 전화번호　66-77-233-033
- 홈페이지　www.x2resorts.com
- 위치　코사무이의 후아타논 비치. 코사무이 공항에서 차로 약 40분

›› 원시적인 자연과 디자인의 콘트라스트

X2 리조트에 대한 이야기를 하기 전, 이 리조트를 둘러싼 주변 환경에 대해 먼저 이야기하는 것이 옳다. X2 리조트가 위치한 후아타논 주변 해안선은 샌드 뱅크가 유난히 발달되어 있어 몰디브 부럽지 않은 바다색을 자랑한다. 수심이 얕은 에메랄드 빛 바다와 넓은 백사장은 유난히 많은 야자수와 어울려 평화롭고 아름다운 모습을 연출한다.

X2는 태국의 호텔 브랜드로 후아힌과 인접한 쿠이 부리(Kui Buri)에 이어 두 번째 작품이 코사무이에 들어섰다. 리조트 부지 선정을 위해 코사무이를 돌아다니던 오너 안토니(Antony)씨가 이곳을 방문했을 때는 이미 사무이 마리나 코티지라는 30년이나 된 숙소가 있었다. 그 어느 곳보다도 원시적인 아름다움을 잘 보존한 이곳을 발견한 안토니씨는 이 자리에 X2 리조트를 짓기 위해 6개월이나 사무이 마리나 코티지 운영자를 설득했다고 한다. 뒤로는 울창한 야자수 숲이, 앞으로는 꿈같은 해변이 펼쳐진 주변 환경은 누구라도 반하지 않을 수 없는 최적의 장소다.

미니멀한 X2의 디자인은 파격적이다. 갤러리 같은 로비, 수 십 년 된 나무를 한 그루도 훼손하지 않고 만든 정원과 녹지, 산책길처럼 정원을 가로지르는 데크, 세련된 수영장 등 X2를 스타일리시하게 만들고 있는 아이템들은 무궁무진하다. 노출 콘크리트와 블랙 톤으로 꾸며진 객실은 영화와 음악 등 라이프스타일을 고려한 최첨단 기기들로 무장하고 있다.

그렇지만 역시 '자연이 주는 감동'보다 더한 것은 없다. 고즈넉하고 조용하게 펼쳐진 에메랄드 빛 바다와 밀가루 같이 고운 해변은 최고의 감탄사가 아깝지 않다. 누군가 필자에게 코사무이에서 가장 아름다운 비치를 끼고 있는 숙소를 꼽으라면? 단 한순간의 망설임도 없이 X2 리조트를 추천할 것이다.

아쿠아 평가

- Uniqueness 9
- Design 8
- Environment 9
- Service 5
- Facility 6

객실 정보
총 27개 객실에는 4가지 타입이 있다.

부대시설
- **수영장 Pool** 최대 깊이 2.6m인 메인 수영장이 있다. 상당히 큰 규모에 감각적인 선 베드 등을 갖추고 있어 세련된 모습이다.
- **기타** 스파 Spa

레스토랑
- **4K Restaurant** 포크의 재치 있는 표현으로 '4K'라는 이름을 사용하는 메인 레스토랑이자 X2의 유일한 레스토랑이다.

조식 정보
메인 레스토랑인 4K에서 주문식인 아라카르트로 제공한다.

숙소이용 팁
- 차웽으로 가는 무료 셔틀 서비스가 있다. 출발은 오후 6시, 돌아오는 것은 오후 10시이다.
- 주변에 이용할 만한 다른 레스토랑 등이 없어 리조트 내에서 모든 것을 해결해야 한다. 해변을 따라 남쪽으로 5분 정도 걸어가면 오키드 리조트가 나오고 그곳의 식당을 이용하는 것도 좋다.

피피 아일랜드 빌리지
Phi Phi Island Village

- 전화번호 66-76-215-014
- 홈페이지 www.ppisland.com
- 위치 피피 섬의 로다까오 베이. 푸껫 공항에서 차량과 전용 보트로 약 2시간

» 천국의 마을

천국과 마을. 피피 아일랜드 빌리지를 생각하면 떠오르는 두 가지 키워드다. 피피 아일랜드 빌리지는 피피돈의 북동 쪽 해안에 위치한 로다까오 베이에 독립적으로 위치하면서 해변을 독점하고 있다. 피피섬 자체가 파라다이스의 이미지를 갖고 있지만 리조트가 위치한 로다까오 베이는 더욱 그렇다. 잡상인이나 해양 스포츠 시설도 없고 야자수도 유난히 많다. 한적하고 평화로운 백사장과 옥색의 바다. 숲처럼 빽빽한 야자수의 조화는 천국의 이미지를 떠올리게 한다.

마을이라는 키워드는 큰 건물 하나 없이 모든 객실이 독립적이고 전통적인 코티지 스타일이라는 데서 비롯된다. 총 100 여 개의 코티지는 높게 솟은 초가지붕에 나무 등 천연재료를 사용해서 만든 것으로 넓은 부지에 각기 작은 정원과 여유 공간을 갖추고 있다. 전통적인 모습의 코티지들이 야자수 숲 사이에 넓게 자리 잡고 있는 모습은 영락없이 작은 마을의 이미지다. 코티지 사이를 걷고 있노라면 오래전부터 이 마을에 살고 있었던 듯한 기분이 든다.

외부 세계와 단절된 지형, 그리고 엽서에서 튀어나온 듯한 아름다움은 비현실적인 시공간을 만든다. 거기에 진심에서 우러나오는 직원들의 서비스가 더해지면 피피 아일랜드 빌리지는 진정한 의미의 천국이 된다. 우리들의 지친 영혼이 쉴 곳이다.

아쿠아 평가
- Uniqueness 7
- Design 7
- Environment 9
- Service 7
- Facility 7

객실 정보
총 104개 객실에는 4가지 타입이 있다.

부대시설
- **수영장** *Pool* 강이 흐르는 듯 유연한 곡선을 그리는 수영장이 아름답다. 바로 앞의 바다경치와 어우러져 스펙터클한 장관을 연출한다. 긴 쪽 길이가 30m에 이르는 수영장은 피피 섬에서 최대 규모다.
- **스파** *Spa* 수영장 옆 언덕에 위치한 와나 스파 *Wana Spa*는 뷰티 살롱 2개, 타이마사지룸 2개, 트리트먼트룸 6개가 있다.
- **기타** 피트니스 센터 *Fitness Center* / 레크리에이션 센터 *Recreation Center*

레스토랑
- **돌핀 레스토랑** *Dolphin Restaurant* 아침식사를 뷔페식으로 제공한다.
- **마린 레스토랑** *Marlin Restaurant* 해산물을 비롯해 태국, 중국, 서양 음식을 다양하게 제공한다. 점심과 저녁 식사 때 운영한다.
- **루언 타이 레스토랑** *Ruan Thai Restaurant* 티크 목의 고풍스러운 건물이 아름답다. 유일하게 해변 쪽이 아닌 뒤쪽 언덕에 위치한다.

조식 정보
돌핀 레스토랑에서 뷔페로 운영한다. 종류가 많은편은 아니지만 정성스럽게 차려진 음식과 과일이 나온다.

숙소이용 팁
- 버드 와칭 프로그램 등 무료로 진행하는 투어나 액티비티가 있다.
- 로다까오 베이는 뱀부 섬을 가기에 편리한 위치다. 피피 섬에서 가장 아름다운 해변이 있는 섬이다. 일일 투어를 신청해 다녀오자.

판 타 지 리 조 트
Fantasy Resort Koh Ngai (Koh Hai)

- 전화번호 66-75-206-960~1
- 홈페이지 www.kohhai.com
- 위치 뜨랑의 응아이 섬. 뜨랑 공항에서 차량과 선박으로 약 2시간

›› 판타스틱, 응아이 섬을 가다

판타지 리조트는 응아이 섬을 빼놓고 이야기할 수 없다. 응아이 섬은 란타 섬에서도 남쪽에 위치한 몇 개의 섬 그룹에 속하면서 그 중심이 되는 섬이다. 동쪽 해안을 따라 약 5km 정도의 긴 해변이 있고 그 외엔 원시림으로 덮여있어 아직 본격적으로 개발되지 않았다. 뜨랑의 해안이나 란타 섬에서 배를 타고 와서 주변에서 스노클링을 할 정도로 바다가 아름답다.

판타지 리조트는 이 섬에 위치한 5개 리조트 중 하나로 많은 장점을 갖추고 있다. 첫째 위치가 가장 좋다. 판타지 리조트는 주변의 스노클링 포인트나 다른 섬으로 이동하기에 가장 편리한 위치. 둘째, 해변과 주변 경치가 가장 수려하다. 응아이 섬의 해변에는 산호 밭에서 나온 거친 돌과 산호가 많아 불편하다. 그러나 판타지 리조트 앞 해변이 깨끗하며 경치가 좋다. 이것은 우연한 결과가 아니라 리조트에서 꾸준하게 관리를 하고 있기 때문이다. 셋째, 응아이 섬의 다른 숙소에 비해 수영장 등 부대시설이 좋은 편이고 레스토랑 음식이 맛있다.

지금도 생각난다. 판타지 리조트 레스토랑에서 멋진 저녁식사를 마치고 보름달 가득한 밤바다를 산책하던 그 때가. 응아이 섬은 건조함이 느껴지는 결혼 11년차의 부부조차 로맨틱한 무드로 만들 수 있을 만큼 아름다웠다. 외딴 섬의 소박한 숙소가 최고급 리조트보다 더 편하고 로맨틱하게 느껴지는 것은 이상한 일이 아니다. 환경은 시설에 우선한다.

아쿠아 평가
- Uniqueness 6 ■■■■■■□□□□
- Design 5 ■■■■■□□□□□
- Environment 8 ■■■■■■■■□□
- Service 6 ■■■■■■□□□□
- Facility 5 ■■■■■□□□□□

객실 정보
총 90개의 객실은 크게 트윈 베드가 있는 객실(캐리비안 존 Caribbean Zone)과 더블베드가 있는 객실(발리 존 Bali Zone)로 나뉘고 모두 8가지 타입의 객실이 있다.

숙소이용 팁
- 판타지 리조트는 뜨랑 해안에 위치한 팍멩 선착장에서 배를 타야 한다. 하루 한 편 출발하는 선박(정확한 시간은 홈페이지에서 확인)이 맞지 않으면 팍멩 선착장에서 롱테일보트를 대절해야 한다. 편도 약 1,200B.
- 막 섬의 에메랄드 케이브, 끄라단 섬, 츠악 섬 등을 도는 아일랜드 투어를 일인당 1,000B 정도에 즐길 수 있다. 응아이 섬에 가는 목적이라 할 만큼 훌륭한 투어니 놓치지 말자.
- 간단하게 롱테일보트를 빌려 10분 거리에 있는 츠악 섬으로 스노클링을 나갈 수도 있다.
- 카누를 빌려 탈 수 있으며 가격은 1시간에 100B이다.

마 운 틴 리 조 트
Mountain Resort Koh Lipe

- 전화번호　66-74-728-131
- 홈페이지　www.mountainresortkohlipe.com
- 위치　리뻬 섬. 핫야이 공항에서 차량과 선박으로 약 4시간

» 전망과 환경만큼은 최고급

리뻬 섬은 가기 힘든 곳이다. 태국 최남단의 위치에 스피드보트로 2시간 이상 들어가야 하는 불편함이 있다. 가장 가까운 공항인 핫야이 공항에서 리뻬 섬까지 가려면 최소 4시간 이상이 소요된다. 쉽지 않는 연결이다. 하지만 그럼에도 불구하고 가볼 만한 가치가 있다. 멀고 사람들의 발길이 닿지 않았던 만큼 순결한 자연의 아름다움을 간직하고 있기 때문이다. 태국을 통틀어 가장 아름다운 해변과 바닷속 환경이 그곳에 있다.

마운틴 리조트는 배낭여행자 숙소에 가깝다. 사실, 이곳을 '리조트'라고 부르고 있는 이 책의 다른 리조트들과 동급으로 이야기 하는데 어려움이 있다. 왜냐하면 마운틴 리조트는 수영장도 없이 식당만 달랑 한 개인 데다가 객실 55개 중 51개가 팬만 있고 바닥에 구멍이 숭숭 뚫려있는 방갈로이기 때문이다. 한마디로 가격이 하루 600B 수준인 게스트하우스이다. 팬 룸은 거의 로빈슨 크루소 스타일에 가깝다.

하지만 전망과 환경만큼은 최고급이다. 마운틴 리조트는 리뻬 섬에서도 가장 아름답다고 하는 북쪽 해변과 다른 섬 사이의 잔잔한 해변을 언덕 위에서 바라보는 위치다. 언덕 아래로 보이는 해변은 일반적인 모습이 아니라 흰 모래가 바다 쪽으로 둥글게 튀어나와 있는 샌드 뱅크로 몰디브 같은 환경이 아니면 보기 힘든 풍경이다. 그리고 그 주변을 감싸고 있는 바다의 푸른빛은 신비롭고 다양하다. 그 때문에 이곳에서 찍은 사진들은 태국의 아름다운 해변을 대표하는 엽서나 그림으로 소개 된다. '태국의 몰디브'라는 타이틀과 함께. 마운틴 리조트는 태국에서 가장 아름다운 해변을 독차지한다.

보통 최고의 자연환경은 최고로 비싼 리조트에서 즐길 수 있지만 마운틴 리조트는 예외다. 리조트의 부대시설이나 객실보다는 주변 자연환경이 더 중요하다고 생각하는 여행자여. 리뻬 섬의 마운틴 리조트로 떠나라.

아쿠아 평가

- Uniqueness 7
- Design 4
- Environment 9
- Service 4
- Facility 4

객실 정보

총 55개의 객실에는 팬룸과 에어컨룸, 2가지 타입이 있다.

숙소이용 팁

■ 리뻬 섬으로 가려면 뜨랑의 빡바라 선착장에서 스피드보트를 타고 2시간 정도 이동해야 한다. 큰 배도 있는데 이동 시간이 두 배 정도 되어 추천하기 어렵다. 보통은 오전 11시30분, 오후 1시 하루 2회 출발한다. 요금은 1인당 1,100B. 중간에 롱테일보트로 갈아타야 하기 때문에 50B 추가요금이 있다. 정확한 배 시간은 리조트에 문의하자.

■ 말레이시아와 태국의 서해안을 잇는 타이거라인 Tiger Line 을 이용하면 랑카위에서 리뻬 섬, 란타 섬까지 이동하면서 가장 아름다운 바다와 섬을 만끽할 수 있다. 자세한 내용은 타이거라인 홈페이지 (www.tigerlinetravel.com)를 참조.

태국 지도를 가로로 삼등분 했을 때 가운데에 위치하는 지역이다. 강이 많고 비옥한 평야가 넓게 펼쳐져있어 태국의 곡창지대로 유명하다. 평야지대의 양쪽 끝으로는 산악지형이 나타난다. 남쪽으로는 바다를 접하고 있으며 반도로 좁게 남쪽으로 뻗은 해안에는 후아힌 등 휴양지도 있다.

방콕은 태국의 수도로서 문화의 중심지이자 관문 역할을 하고 있다. 푸켓이나 다른 휴양지로 가는 경유지 역할을 뛰어넘어 태국 특유의 이국적이고도 도시적인 매력을 지닌 여행지로서 위상을 높여가고 있다. 짜오프라야 강변에는 세계적인 호텔들이 늘어서 있다.

후아힌은 1920년대 왕족의 여름 궁전이 생기고 방콕과 철도를 연결하면서 발전한 태국 최초의 휴양지다. 해변과 바다는 남쪽 휴양지에 비해 경관이 덜하지만 고풍스

중부

런 시골 마을분위기와 로컬 음식을 즐기기에 좋다. 파타야는 1960년대 미군이 유흥지로 개발한 지역이다. 나이트라이프와 엔터테인먼트 중심의 분위기가 지금도 이어지고 있다. 코사멧은 파타야에서 그리 멀지 않은데도 놀랄 만큼 아름다운 해변을 지닌 섬이다. 밟으면 눈처럼 뽀드득 소리가 나는 파우더 해변은 태국에서도 최고로 친다. 태국에서 두 번째로 큰 섬인 코창은 방콕에서 차와 배로 6시간 정도는 이동해야 하는 불편한 위치이나 천혜의 자연환경과 원시적인 아름다움으로 관광산업의 다크호스로 떠오르고 있다. 칸차나부리는 산악 지형과 폭포, 강과 호수가 어우러지는 내륙지역으로 서늘한 기후와 자연환경 덕분에 로컬들의 휴양지로 사랑받고 있다. 카오야이 국립공원은 방콕에서 2시간 거리에 있는 태국 최초의 국립공원으로 원시적인 자연 속에서 새와 동물들이 살고 있는 생태계의 보고다. 칸차나부리와 카오야이 국립공원에도 휴양형 고급 리조트들이 점점 늘어나고 있다.

아칼라 레스토랑의 야경

키리마야 골프 리조트
Kirimaya Golf Resort

전화번호	66-44-426-099
홈페이지	www.kirimaya.com
위치	카오야이의 국립공원 북쪽 입구. 방콕 공항에서 차로 약 2시간

» 청정한 자연의 정기를 받다

아직도 휴양형 리조트가 해변이나 바다 풍경이 있는 곳에만 있어야 한다고 믿고 있는 사람이 있다면 지금이라도 생각을 바꾸는 것이 좋다. 리조트는 휴양을 위한 숙소이고 환경이 좋은 곳이라면 어디든 있을 수 있다. 발리의 우붓이 보여주듯 아름다운 산과 계곡도 리조트들의 훌륭한 배경이 된다. 산과 계곡에 있는 리조트에서는 숲이 뿜어 내는 신선한 공기를 마음껏 들이마실 수 있으며 트레킹 등 액티비티를 통해 심신을 더욱 건강하게 만들 수 있는 장점이 있다.

카오야이 골프 리조트는 방콕에서 2시간 거리에 있는 카오야이 국립공원 지역에 위치한 최고급 리조트다. 시원한 기후와 함께 18홀의 골프코스와 청정한 자연을 즐길 수 있어 현지 부유층의 깊은 사랑을 받고 있다. 하지만 외국 여행자들에게는 거의 잘 알려져 있지 않다. 이것은 호텔의 마케팅 문제라기보다는 태국에 갈 곳이 너무 많다는 데 원인이 있다. 외국 여행자들은 그 좋은 곳들을 두고 아직 검증이 되지 않은 곳에 갈 이유가 없다고 생각하는 것이다.

키리마야 골프코스와 리조트는 전직 수상의 가족이 운영하는 곳으로 애초에 외국 여행자보다는 방콕의 최상류층 현지인을 타깃으로 오픈했으며 지금도 현지인 비율이 70% 이상을 차지하고 있다. 현지인 위주라고 하면 시설이나 서비스 등 전체적인 수준이 떨어지는 것이 아닌가 걱정할 수도 있겠지만 오히려 그 반대다. 일단 태국 부유층의 부와 국제적 감각이 매우 높은 수준이고 뜨내기 손님에 가까운 외국 여행자를 대상으로 하는 리조트와 달리 철저하게 단골 장사를 하게 된다. 그리고 단골들의 평가에 리조트의 운명이 걸려있다. 따라서 모든 면을 더 타이트하게 관리할 수밖에 없는 것이다. 가격에 거품이 끼기 어려운 것도 그 때문이다.

필자는 꽤 오랜 동안 태국의 리조트들을 추적해왔고 이 책을 쓰기 위해 차로 전역을 돌아다녔다. 하지만 태국에서 이 리조트보다 완벽한 휴식처를 발견하지 못했다. 원시적인 자연을 잘 보존한 국립공원 자락이라는 최고의 환경에, 낮에는 수영에 지장이 없을 정도로 덥지만 아침저녁으로는 긴팔을 챙겨 입어야 하는 신선한 공기와 날씨에, 디자인 호텔이라 부를 정도로 아름다운 건물과 레이아웃에, 쾌적하고 로맨틱한 객실에, 최고의 맛과 서비스를 자랑하는 레스토랑까지…. 리조트를 구성하는 요소들을 놓고 볼 때 어느 것 하나 떨어지는 게 없다. 굳이 흠을 잡으라면 리조트 바깥으로 걸어 나가 이용할 수 있는 로컬 식당이나 편의시설이 없다는 것 정도?

가끔 일과 도시에 지칠 때면 키리마야 골프 리조트에서 맞은 아침이 생각난다. 싱그러운 숲의 향기와 자연의 아름다움을 노래하는 새소리에 일어나서 맞이한 키리마야의 아침은 단순히 '좋았다'라고 말하기 힘든 다른 기운이 있었다. 건강하고 에너지가 넘치는 산과 자연의 정기를 몸 속 깊숙이 받아들이는 기분이었다. 실제로 그 날 이후 나머지 일정에서 나는 놀라운 힘과 집중력을 발휘할 수 있었다. 그것이 우연인지 아니면 정말 이 리조트에서 일어난 일인지 확인하기 위해 빠른 시간 내에 다시 돌아 가봐야 할 것 같다. 이 책을 읽는 독자들도 그러길 바란다.

수영장과 객실 건물

골프장과 연못

아칼라 레스토랑과 직원

아칼라 레스토랑의 테라스 좌석

초대형 후추통을 사용하는 모습

아칼라 레스토랑

필리핀 듀오의 노래

텐트 빌라

텐트 빌라의 침실

텐트 빌라의 테라스

플랜테이션 뷰 객실

테라스 스위트 객실

수영장과 아칼라 레스토랑

리조트 전경

아쿠아 평가

- Uniqueness 8
- Design 9
- Environment 9
- Service 8
- Facility 8

객실 정보

총 63개의 객실은 5가지 타입이 있다.

종류	객실 수	크기
플랜테이션 뷰 Plantation View	30실	42㎡
호라이즌 뷰 Horizon View	22실	42㎡
테라스 스위트 Terrace Suites	4실	84㎡
스파 스위트 Spa Suites	3실	84㎡
텐트 빌라 Tented Villas	4실	180㎡

총 63개의 객실은 일반 객실 56개와 스파 내에 자리 잡고 있는 스파 스위트, 단독 객실인 4개의 텐트 빌라로 구성 되어 있다. 텐트 빌라는 이 숙소의 하이라이트. 웬만한 풀빌라보다 더 큰 사이즈인 180㎡의 넓은 공간은 오픈 스타일의 자쿠지를 가운데 두고 침실과 거실 공간으로 나누어져 있다. 테라스에서 바라보는 리조트와 키리마야 국립공원의 전망이 시원하다. 일반 객실의 1층은 플랜테이션 뷰, 2층은 호라이즌 뷰 객실이라 부른다. 대나무를 이용한 침대 평상과 벽장식, 린넨으로 만들어진 롤스크린 등이 자연스러우면서 편안해 보인다. 전체 넓이가 42㎡ 인데 비해 객실 내부가 다소 작아 보이기도 하는데 이것은 꽤 큰 테라스 넓이를 포함하고 있기 때문이다. 테라스에는 데이베드 형태의 넉넉한 소파가 있고 프라이버시를 방해 하지 않도록 우드 블라인드를 설치해 놓았다. 일반 객실 두 배의 넓이로 한 층 로맨틱한 감각을 살린 테라스 스위트와 야외 자쿠지 시설을 갖춘 스파 스위트 등이 있다.

부대시설

■ **골프 코스 Golf Course** 리조트 내에 잭 니콜라우스가 설계한 세계적인 수준의 18홀 파72의 챔피언십 골프코스가 있다.

■ **수영장 Pool** 리조트의 넓은 그린 필드가 눈앞에 펼쳐지는 메인 수영장이 있다. 심플하고 감각적인 매력이 있고 선 베드 등 휴식 공간도 충분하다.

■ **스파 Spa** 총 5개의 스파룸을 보유한 마야 스파가 있다. 스파 내에 피트니스 센터가 함께 있다.

■ **부티크 숍 Boutique Shop** 리셉션 옆에는 잭 니콜라우스가 디자인 한 골프 웨어와 골프 모자, 리조트 용품 등을 구입 할 수 있는 숍이 있다. 가격도 합리적인 편이라 관심이 있다면 둘러 볼 만 하다.

레스토랑

■ **아칼라 Acala** 수영장 옆에 있는 감각적인 건물에 위치한 로맨틱한 레스토랑. 좌석의 모든 면이 테라스 형식이라 어디에서도 시원한 바람을 즐길 수 있다. 정중하면서 섬세한 감동의 서비스를 제공한다. 저녁 시간에는 필리핀 가수의 감미로운 팝과 재즈를 들으며 식사를 할 수 있고, 스위트 객실과 텐트 빌라를 이용하는 고객에게는 조식을 제공한다.

■ **미스트 바 Mist Bar** 아칼라 레스토랑 위층에 있는 바. 수영장과 리조트 전경이 한눈에 들어온다. 식전에 알코올로 목을 축이며 분위기 잡기에 그만이다.

■ **T-그릴 레스토랑 T-Grill Restaurant** 클럽 하우스 안에 위치한 레스토랑으로 일반 객실을 이용하는 고객에게 조식을 제공한다. 걸어가도 5분 거리지만 차량이나 클래식한 마차를 주로 이용한다.

T-Grill Restaurant

조식 정보

일반 객실 고객에게는 T-그릴 레스토랑에서 뷔페식으로, 스위트 객실과 텐트 빌라를 이용하는 고객에게는 아칼라 레스토랑에서 아라카르트로 제공한다. 코앞에 레스토랑을 두고 T-그릴 레스토랑까지 가야한다는 것이 좀 귀찮게 느껴지지만 마차를 타고 가는 길은 오히려 색다른 즐거움을 선사할 것이다. 현지인 고객이 많은 리조트답게 태국식 메뉴가 많은 편이다. 햄과 치즈가 들어간 파니니를 먹을 수 있도록 샌드위치 그릴을 갖추고 있다.

숙소이용 팁

■ 골프 코스 예산 (택스와 서비스 차지 포함)

Rates	주중(월~금)	주말(토~일), 공휴일
Published Rates Green Fee	2,500B	3,500B
In-house Guest Green Fee	1,250B	1,750B
Golf Cart	600B	600B
Caddy Fee (봉사료 포함)	400B	400B
Club Rental	800B	800B

■ 골프코스가 무척 아름다우므로 꼭 골프를 치지 않더라도 산책 삼아 둘러보자. 3번 홀에는 연못이 있는데 만개한 연꽃이 많고 특히 아름답다.

■ 방콕 수완나품 공항에서 픽업하는 요금은 차량 한 대에 7,600B 정도이다. 5인까지 가능하고 약 2시간 30분 정도 걸린다.

■ 미스트 바에서 매일 오후 3시부터 5시까지 애프터눈 티를 무료로 제공한다.

■ 현지인들이 몰리는 주말에는 객실과 골프코스를 예약하기 힘들다. 주말을 피해 주중에 이용한다면 조용하고 여유롭게 즐기면서 최상의 서비스를 누릴수 있다.

리셉션 건물. 2층에 둥근 모양의 건물이 스파다

렛 츠 시
Let's Sea

전화번호	66-32-536-888
홈페이지	www.letussea.com
위치	후아힌의 카오 타키압. 방콕 공항에서 차로 약 3시간

>> 건축과 조명이 만난 예술 작품

운영자나 키 역할을 하는 사람이 한 숙소에 얼마나 큰 영향을 끼치는지 알고 싶다면 렛츠 시를 살펴보면 된다. 스라 윳(Srayut) 씨는 방콕의 포시즌즈 등에서 10년간 호텔리어로서 경력을 쌓은 후 자신의 리조트를 운영하겠다고 결심했다. 자신이 어렸을 때부터 가족과 함께 휴양을 즐기던 후아힌을 장소로 선택하고 시내에서는 다소 떨어져있지만 바다와 접해 있는 땅을 샀다. 하지만 그 땅에 가장 먼저 들어선 것은 리조트가 아니라 레스토랑이었다.

스라윳씨는 레스토랑을 먼저 시작한 이유에 대해 이렇게 설명한다. "리조트를 운영하는데 있어서 중요한 요소인 서비스에 대해서는 자신이 있었어요. 제가 자신 없는 분야는 음식과 레스토랑이었죠. 그래서 먼저 시작했습니다. 가장 자신 없는 분야에서 경험을 쌓아 자신을 가지게 된 후 리조트를 오픈하는 게 좋다고 생각했어요." 완벽주의를 추구하는 스라윳의 성격을 알 수 있는 장면이다.

자신이 없다며 먼저 시작한 레스토랑은 단기간에 후아힌 최고의 레스토랑으로 손꼽히며 성공시대를 열었다. 그 성공에 관심을 보이는 사람들이 많아지면서 스라윳씨는 투자자를 확보할 수 있었고 2007년 드디어 리조트를 오픈하게 되었다. 자신 없는 분야에 먼저 도전하여 성공을 거두고 그것을 원동력으로 원래 목표인 리조트 오픈과 운영에 도전하여 대성공을 거둔 시라윳씨의 스토리는 우리에게 시사하는 바가 크다. 원대한 목표만 세우고 그 고지에 오르는데 필요한 계단이 어디에 있는지는 알지 못한 채 밑에서 우왕좌왕하고 있는 사람들이 세상에 얼마나 많은가!

렛츠 시는 단순한 숙소가 아니다. 하나의 예술 작품으로서 가치가 있다. 콜로니얼 스타일을 현대적인 감각으로 해석한 건축 양식도 특이하지만 그 건물과 전체 시설에 설치한 조명이야말로 이 숙소를 유니크하게 만드는 요소다. 스라윳은 리조트를 지을 때 조명 디자이너에게 건축가 이상의 권한과 자유를 주어 특별한 조명과 리조트를 만들게 했다고 한다. 자신의 사업을 처음 운영하면서 이토록 장기적인 플랜과 여유를 가질 수 있다는 것이 놀랍다.

렛츠 시가 아니더라도 운영자의 삶에 대한 태도와 철학은 그가 만들어내는 숙소에 그대로 드러나게 된다. 하나의 작은 그림에도 화가의 그것이 드러나는데 입체적이면서 다양한 구성을 가진 건축에 철학이 없겠는가. 렛츠 시에서 묵을 기회가 있다면 당신은 필자가 그랬던 것처럼 놀라고 감동할 것이며 나이에 상관없이 운영자인 스라윳에 대해 존경심을 갖게 될 것이다. 그만큼 렛츠 시는 감각적이며 유머러스하고 여유로우며 창의적이다. 더 이상 무슨 말이 필요 하겠는가.

렛츠 시는 건축과 조명이 만난 예술작품으로서 한 인간의 재능과 예술성. 그리고 기다림과 절제의 미학이 만들어낸 리조트다. 품위 있는 여행자의 관심과 애정을 받을만한 충분한 자격이 있다.

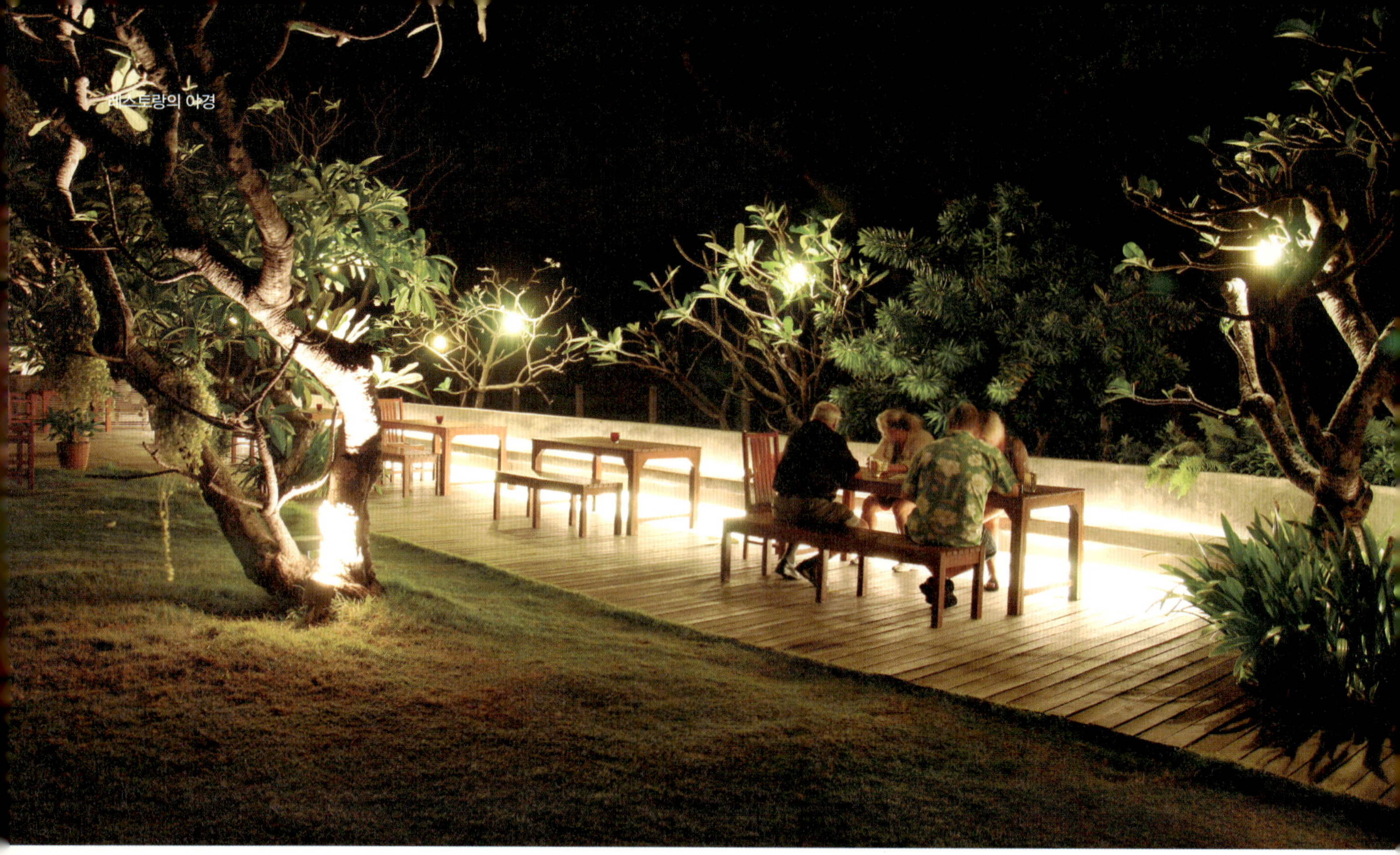
레스토랑의 야경

렛츠 시 레스토랑의 음식, 사테, 디스플레이가 특이하다

© Let's Sea

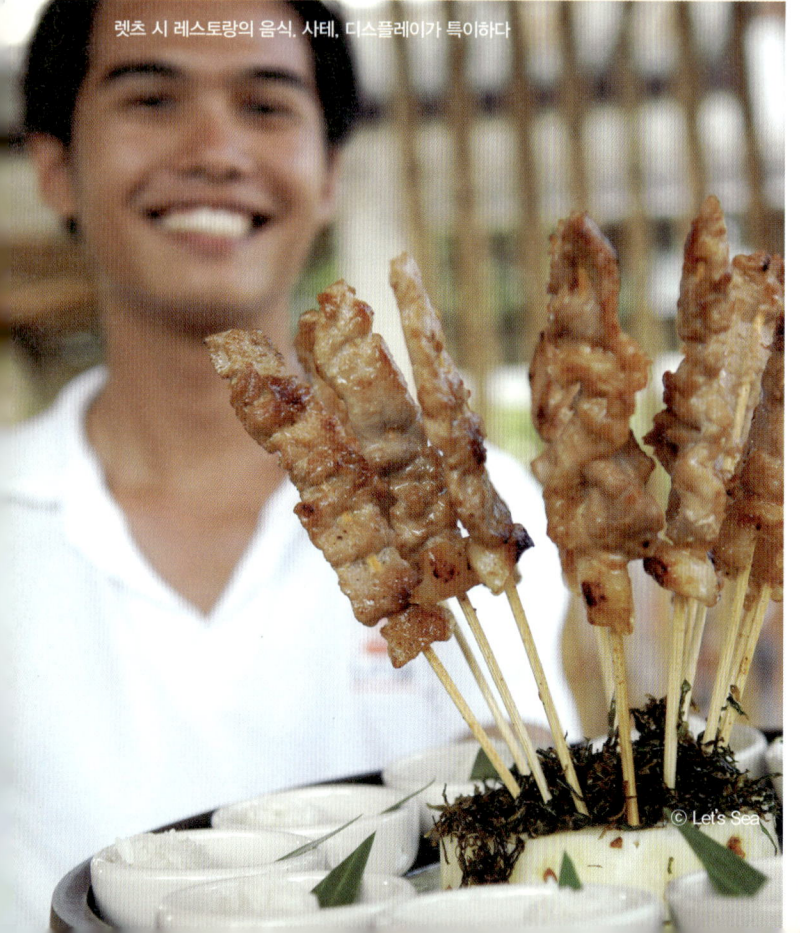

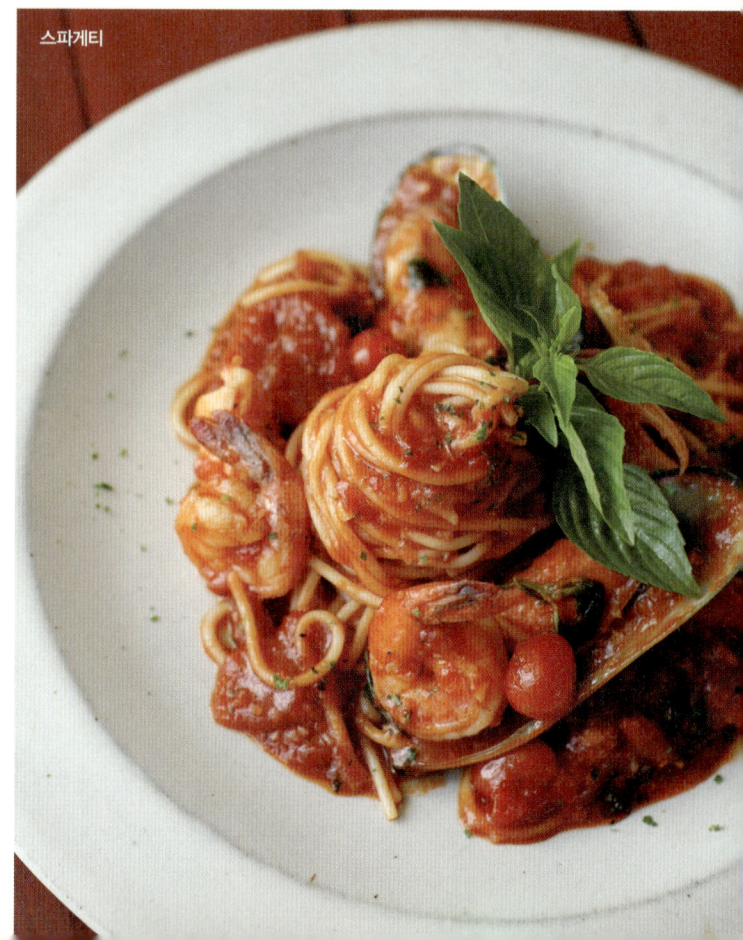

스파게티

렛츠 시 레스토랑의 테라스

객실 건물과 수영장 야경

수영장과 객실 건물

스튜디오 피어 객실

문 덱 스위트 객실의 테이블

객실 건물

문 덱 스위트의 욕실

아쿠아 평가

- Uniqueness 8
- Design 9
- Environment 6
- Service 8
- Facility 7

객실 정보

총 40개의 객실에는 2가지 타입이 있다.

종류	객실 수	크기
스튜디오 피어 Studio Piers	20실	48㎡
문 덱 스위트 Moon Deck Suites	20실	68㎡

50m에 이르는 대형 수영장을 가운데에 두고 양 옆에 2층 건물이 들어서 있다. 객실 곳곳에서 젊은 에너지와 살아 있는 감성을 느낄 수 있다. 스튜디오 피어는 1층에 있는 객실의 이름이다. 풀 액세스를 '피어'라는 이름을 빌어 감각적으로 표현하였다. 옛 수상시장을 모티브로 디자인한 테라스를 통해 수영장으로 바로 연결된다. 감각적인 벽장과 바닥으로 꺼진(Sunken) 욕조, 침대 앞에 마련된 커다란 좌식 소파가 개성 있고 센스가 넘친다. 2층에 있는 문 덱 스위트는 옥상에 마련한 데이베드에서 휴식이나 오붓한 파티를 즐길 수 있다는 장점이 있다. 객실 내에 있는 계단을 통해 옥상과 연결된다.

부대시설

■ **수영장 Pool** 객실 건물 사이에 길이 50m로 뻗어 있다. 수영장 가운데에 있는 나무가 인공적인 분위기를 서정적으로 바꿔주는 역할을 하고 있다.

■ **스파 Spa** 로비 위층에 마련한 자연친화적인 스파. 대나무로 만든 원통형의 스파룸은 자연적이면서 로맨틱한 분위기를 자아낸다.

레스토랑

■ **렛츠 시 레스토랑** *Let's Sea® Hua Hin Beach Restaurant* 렛츠 시의 유일한 레스토랑으로 후아힌에서 가장 스타일리시한 레스토랑으로 꼽을 만하다. 발리의 유명한 레스토랑 겸 바인 쿠데타를 떠올리게 하는 구조는 자연친화적이며 수수함을 유지하면서도 세련미를 뿜어내는 공간이다. 어떤 음식을 시켜도 맛있지만 카푸치노로 오해하기 쉬운 랍스터 스프와 토마토소스로 맛을 낸 스파게티는 강추 메뉴. 들릴 듯 말듯한 재즈의 선율과 풀벌레 울음소리가 어우러지는 멋진 분위기는 식사 뿐아니라 와인이나 칵테일과도 잘 맞는다.

■ **브리즈 바** *Breeze Bar* 수영장 옆에 위치한다. 모래를 깔아 해변에 있는 비치 바처럼 연출한 공간이다.

조식 정보

렛츠 시 레스토랑에서 주문식인 아라카르트(A la carte)로 제공한다. 몇 가지 세트 메뉴 중 하나를 선택하면 된다. 눈앞에 바다가 펼쳐진 좌석에서 아침 햇살을 맞으며 즐기는 맛있는 아침식사는 렛츠 시의 하이라이트 중 하나.

숙소이용 팁

■ 오후 2시부터 6시까지 제공하는 애프터눈 티 세트를 395B(TAX & SC 17% 별도)에 즐길 수 있다. 캔들 홀더에 담겨 나오는 2인용 망고밥과 차가 미각뿐 아니라 시각까지도 즐겁게 해준다.

■ 렛츠 시 로고를 이용한 디자인 제품 등을 판매하는 기프트숍이 있다.

Spa

리셉션 직원

메트로폴리탄 호텔
Metropolitan Bangkok

전화번호 66-2-625-3333
홈페이지 www.metropolitan.como.bz
위치 방콕의 사톤. 방콕 공항에서 차로 약 40분

» 스타일리시한 휴식과 파티를 위하여

코모 그룹의 이해는 크리스티나(Christina)라는 창업자에 대한 스토리를 듣는 것부터 시작해야 한다. 크리스티나는 20년 이상 패션 디자인 일을 한 유명한 디자이너이자 패션 회사 오너다. 평소 건강을 유지하는 데 중요한 건강 음식과 요가, 스파 등에 관심이 많던 그녀는 출장 중에도 자신의 프라이버시를 잘 지켜주고 건강을 관리할 수 있는 숙소를 까다롭게 고르는 편이었다. 디자이너답게 호텔의 외관도 중요하게 따졌는데 너무 화려한 것보다는 심신이 안정할 수 있도록 단순하면서 눈에 거슬리지 않을 정도로 감각적인 호텔을 찾았다.

자신의 까다로운 요구를 충족할 수 있는 숙소가 많지 않다는 것을 알게 되었지만 불평하지 않았다. 오히려 그녀는 자신에게 새로운 기회가 열렸다는 것을 알게 되었다. 즉 자신과 비슷한 취향을 가진 사람들을 위한 호텔이 필요하고 자신이 그 일에 가장 경쟁력이 있다는 것을 깨닫게 된 것이다. 그렇게 해서 처음으로 오픈한 곳이 메트로폴리탄 런던. 그곳이 대성공을 거두면서 코모 그룹은 단숨에 방콕, 몰디브, 발리 등 주요 지역에 건강과 스타일리시한 프라이버시를 콘셉트로 하는 숙소를 오픈하게 된다.

코모 그룹의 숙소는 크게 두 가지로 구분한다. 몰디브나 발리 같은 곳에 있는 휴양지 콘셉트의 리조트와 런던과 방콕에 있는 시티 호텔이다. 방콕의 메트로폴리탄은 아시아에서 유일한 시티 호텔로서 크리스티나의 가치관과 감각을 한껏 느낄 수 있다. 메인 도로에서 좁은 골목을 따라 안쪽에 있는 위치와 깨끗하면서 단순한 외관은 이 호텔이 투숙객에게 제공하려고 하는 프라이버시와 스타일, 그리고 편안함을 보여준다. 로비는 코모 그룹의 감각을 집결한 곳으로 단순해보이면서 세련미를 뿜어내는 아름다운 공간이다. 유명한 일본 디자이너인 레이 카와쿠보의 유니폼을 입고 있는 직원들은 모델처럼 개성이 강하고 자유로우며 자신감이 넘쳐 보인다.

객실은 잡다한 것들은 숨기거나 없앤 미니멀 콘셉트로 동양적인 선과 아름다음을 강조한다. 코모 그룹에서 직접 지은 건물이 아니라 원래있던 YMCA 건물을 재구성해 사용하는 개념이라서 일부 객실에서는 좁다는 느낌을 느낄 수 있고 창문이 이상하리만치 작거나 전망이 초라하다. 그것은 메트로폴리탄 방콕이 가진 문제며 한계이기도 하다. 하지만 썩 좋지 않은 위치에 있고 전혀 다른 용도로 사용하던 건물을 이 정도로 바꾸어놓고 새로운 가치를 만들 수 있는 회사는 그리 많지 않을 것이다. 개조 과정에서 있었을 크리스티나와 건축가의 고민과 창조적 아이디어를 공유하면서 호텔을 구경하면 더 흥미로울 것이다.

메트로폴리탄은 감각적이다. 건강을 중요한 콘셉트로 하여 헬시 푸드와 주스를 취급하는 레스토랑이 따로 있고 피트니스와 요가 룸을 부각시켰다. 그렇다고 파티를 게을리 하지도 않는다. 호텔 입구 쪽에 위치한 메트 바에 가보면 패션쇼나 공연을 막 마치고 돌아온 것 같은 사람들을 만날 수 있을 것이다. 그렇다. 크리스티나의 취향은 그녀만의 것은 아니었다. 그녀는 시대를 앞서간 선구자였다. 이제 사람들은 과거 그녀가 중요하다고 생각하던 가치를 자신의 것으로 받아들이고 그것을 기준으로 까다롭게 숙소를 고르고 있다. 창조적 리더란 이런 것이다. 미래를 먼저 보고 준비하는 이!

밖에서 본 로비

로비

웰컴드링크

수영장과 건물

사이얀 레스토랑의 테라스

사이얀 레스토랑 실내

파스타

스테이크

피트니스 센터 입구

gym

메트 룸 객실

프레지덴셜 스위트 객실의 거실

아쿠아 평가

Uniqueness 8
Design 9
Environment 6
Service 8
Facility 7

객실 정보

총 171개의 객실에는 7가지 타입이 있다.

종류	객실 수	크기
시티 룸 City Rooms	29실	26㎡
스튜디오 룸 Studio Rooms	7실	43㎡
메트(로폴리탄) 룸 Met(ropolitan) Rooms	122실	52㎡
테라스 룸 Terrace Rooms	4실	80㎡
이그제큐티브 룸 Executive Suite	4실	80㎡
펜트하우스 스위트 Penthouse Suite	4실	150㎡
프레지덴셜 스위트 Presidential Suite	1실	240㎡

젠 스타일과 미니멀 스타일을 믹스 한 객실에는 휴식에 집중할 수 있도록 세심한 배려를 해놓았다. 모든 집기는 서랍 등에 넣어 깔끔하게 처리했고 화이트로 마감한 욕실은 정갈한 모습이다. 듀벳 등의 침구와 패브릭은 짐톰슨 제품을 사용한다. 특히 목욕 가운과 슬리퍼, 어메니티는 최고의 품질을 자랑한다. 다리미와 목욕 소금 등은 미리 준비해놓고 있지 않지만 요청하면 즉시 서비스를 받을 수 있다. 모든 객실에 DVD 플레이어가 있고 로비에서 타이틀을 무료로 빌릴 수 있다. 총 171개 객실 중 가장 등급이 낮은 객실은 시티 룸이고 메트룸이 객실 수가 가장 많다. 시티룸은 객실이 작고 답답한 편이라 메트룸을 추천한다. 그 외로 허니무너를 위한 테라스룸과 유명 인사들이 주 고객인 펜트하우스가 있다.

부대시설

■ **수영장** *Pool* 리조트 입구 안쪽에 직사각형의 수영장이 있다. 2층에 있는 피트니스 센터를 통해서 갈 수 있다. 키즈풀은 없다.
■ **스파** *Spa* 2층에는 코모 체인에서 공을 많이 들이고 있는 코모 샴발라 Como Shambhala 스파가 있다. 홀리스틱 헬스 Holistic health를 콘셉트로 하는 호텔답게 최고의 제품으로 최고의 서비스를 받을 수 있다. 비교적 이른 아침인 오전 8시부터 오픈한다.
■ **피트니스 센터** *Fitness Center* 방콕의 여느 호텔과 달리 외부 고객을 대상으로 하는 멤버십 제도가 없이 순수한 호텔 투숙객만 사용한다. 함께 있는 사우나와 자쿠지도 무료로 사용 가능하다.
■ **부티크 숍** *Boutique Shop* 스파 제품과 객실에서 사용하는 제품 등을 구매할 수 있다.

레스토랑

■ **사이안** *Cy'an* 스타일리시한 편안함을 보여주는 메인 레스토랑. 총 110석의 규모인데 실내 좌석과 수영장을 바라보는 실외 좌석으로 나뉜다. 신선한 재료로 만들어 내는 음식은 그 수준이 상당히 높은 편. 지중해식 요리가 유명하다.
■ **그로우** *Glow* 2층에 있는 스파와 피트니스 센터 입구에 위치한 레스토랑. 유기농 재료만 사용하고 비타민, 미네랄 등이 풍부한 음식을 제공한다. 헬시 주스도 유명하다.
■ **메트 바** *Met Bar* 패션계의 유명 인사부터 소위 방콕에서 잘 나간다는 선남선녀들이 모이는 곳으로 유명하다. DJ가 믹싱 하는 일렉트로닉 음악을 즐기며 다양한 마티니를 주문 할 수도 있다.

Glow

조식 정보

1층의 사이안 레스토랑과 2층의 그로우 레스토랑 중 원하는 곳에서 아침 식사를 할 수 있다. 사이안 레스토랑은 콘티넨탈 뷔페와 함께 메인 요리 한 가지를 주문하는 방식이다. 수영장이 보이는 야외 좌석이 한가롭고 분위기도 더 좋다. 그로우 레스토랑에서는 건강식 위주의 단품 요리를 제공한다.

숙소이용 팁

■ 패션 업계 고객이 많고 방콕의 트렌드세터들이 많이 드나드는 호텔이다. 멋진 의상을 한두 벌 쯤 챙기면 기분 좋은 여행이 될 것이다.
■ 로비에서 인터넷을 무료로 사용 할 수 있다.
■ 체크아웃 후에도 오후 10시까지 사우나와 샤워 시설을 이용 할 수 있다.

객실. 여행 느낌 소품이 많다

유 지 니 아
The Eugenia

전화번호 66-2-259-9011~9
홈페이지 www.theeugenia.com
위치 방콕의 스쿰빗. 방콕 공항에서 차로 약 40분

» 로맨틱한 탐험가, 호텔을 창조하다

유진(Eugine)씨는 1960년대 타이완에서 태어났다. 어렸을 때부터 예술을 사랑해서 건축을 공부했고 관련 일을 하게 되었지만 그에게는 다른 꿈이 있었다. 그것은 여행과 탐험이었다. 자신 안에 내재한 여행과 탐험의 욕구를 채우지 못하면 결코 행복해질 수 없다는 것을 알게 된 유진은 모든 것을 버리고 여행을 시작했다. 넓은 세상과 소통하면서 그는 진정한 자신을 찾게 된다. 마음에 드는 곳에서 머물고 마음 가는 사람과 사랑에 빠졌다. 그는 자유롭고 로맨틱한 여행가이자 모험을 즐기는 탐험가가 되었다.

유진은 오랜 방황을 끝내고 2006년 방콕에 정착하기로 결심한다. 이제 정착할 때가 된 것이다. 그리고 지금까지 그가 보고 경험한 아름다움을 표현할수 있는 건축물을 꿈꾸게 된다. 사람들에게 여행에 대한 꿈을 심어줄 수 있는 건물, 그것은 바로 여행자가 묵는 호텔이었다. 그는 도화지를 앞에 둔 화가처럼 그가 가진 꿈과 사랑을 공간에서 표현하기로 결심한다. 그에게 새로운 여행이자 탐험의 길이 열린 것이다. 그렇게 해서 방콕 스쿰빗 쏘이 31에 특별한 호텔이 탄생한다.

유지니아 호텔은 놀라움 그 자체다. 단언하건데 어떤 호텔도 이렇게 여행과 모험의 테마를 로맨틱하고 아름답게 표현하지 못했다. 콜로니얼 풍의 건물은 식민지 시대를 배경으로 하는 아름다운 영화의 세트장 같기고 하고, 역사책 흑백사진 속에 있는 건물이 통째로 튀어나온 것 같기도 하다. 건물의 외관부터 객실까지, 큰 그림부터 디테일까지 모든 것이 너무 완벽하고 아름다워서 보는 것만으로도 눈물이 날 지경이다. 건물 건축부터 인테리어, 음식 선별, 서비스 교육까지 호텔의 모든 것이 유진이라는 사람 혼자 만들어낸 작품이라는 것을 알게 되면 우리는 놀라움을 넘어 한 인간에게만 이토록 많은 재능을 주신 신을 원망하는 단계에 이르게 되는 것이다.

클래식한 여행가방과 단정한 흰색 커튼, 양철 욕조, 나무 바닥이 어우러지는 객실을 보고 감탄하지 않는다면 감성지수에 문제가 있는 사람이다. 이곳은 방콕에서 가장 아름다운 객실이 분명하다. 하지만 불편함도 있다. 인접한 찻길에서 들려오는 차량 소음이 꽤 크게 들리는 점은 치명적이다. 하지만 콜로니얼 풍의 분위기에 제대로 취했다면 거리의 소음마저도 영화의 배경음으로 로맨틱하게까지 들릴 정도다.

이 쯤 되면 분명해진다. 유지니아는 단순히 잠을 자기 위한 호텔이 아니다. 그것은 우리를 영화 속 주인공이나 미지의 세계로 떠나는 탐험가로 만드는 세트장이다. 시공간을 잇는 4차원 세계의 입구다. 한 명의 로맨틱한 모험가에 의해 새로운 세상이 열렸다. 방콕 스쿰빗 쏘이 31, 유지니아!

건물 외관. 콜로니얼 스타일이다

리셉션

츠앙허 레츠토랑 입구

수영장과 건물

1층 복도와 계단

아침식사의 차 서비스

초앙허 레스토랑

클래식한 욕실

객실 문과 열쇠

객실 테라스 유리문과 침대

아쿠아 평가	
Uniqueness	9
Design	10
Environment	7
Service	8
Facility	6

객실 정보

총 12개 객실에는 4가지 타입이 있다.

종류	크기
씨암 스위트 Siam Suite	22㎡
와타나 스위트 Wattana Suite	34㎡
싸왓디 스위트 Sawadee Suite	34㎡
유지니아 스위트 Eugenia Suite	42㎡

등급 별로 객실 크기와 시설에 차이가 있지만 전체적으로 콜로니얼 스타일과 여행 테마의 분위기에는 일관성이 있다. 거친 느낌이 나는 나무 바닥에 사각 기둥이 올라간 침대, 여행가방과 소품, 클래식한 조명, 양철 욕조는 공통 사항이다. 크기에는 차이가 있지만 어떤 객실에 묵더라도 유지니아 특유의 감성을 느끼는 데 지장이 없을 것이다.

부대시설

■ **수영장** *Pool* 건물 안쪽 지붕 없는 야외 공간에 수영장이 있다. 길이가 10m 정도고 옆에는 레스토랑이 있어 수영하기에 좋은 환경은 아니다.

레스토랑

■ **츠앙허** *The Admiral Zheng He Lounge* 명나라 시대 탐험가의 이름을 딴 라운지이자 레스토랑이다. 모험을 상징하는 다양한 소품들로 근사한 분위기를 연출했다.

■ **브래들리 다이닝 룸** *The D.B. Bradley Dining Room* 1835년 태국에 정착한 선교사이자 의사, 운동가, 기자였던 브래들리라는 사람의 이름을 따서 지었다. 차분하고 고급스러운 느낌. 태국 음식 등을 퓨전 스타일로 소개한다. 애프터눈 티도 있다.

조식 정보

Healthy, Asian 등 몇 가지 세트 메뉴중에서 주문하도록 되어 있다. 양은 적은 편.

숙소이용 팁

■ 국제 전화가 무료다. 인터넷 폰을 사용하기 때문에 가능한 서비스며 매우 획기적이다.
■ 객실 내 미니바도 무료다.

스파 입구의 직원

오 리 엔 탈   호 텔
The Oriental Bangkok

전화번호	66-2-659-9000
홈페이지	www.mandarinoriental.com
위치	방콕의 짜오프라야 강변. 방콕 공항에서 차로 약 40분

» 내가 호텔을 위해 할 수 있는 일

태국에서 으뜸으로 손꼽히는 오리엔탈 호텔의 명성은 사람들의 기대 수준을 한껏 높인다. 하지만 환상은 체크인하는 순간부터 깨진다. 그다지 특별할 것도 없어 보이는 로비에 너무 많은 사람들로 분주한 모습은 상상했던 것과 분명 다를 것이다. 객실에 도착하면 속았다는 생각마저 들 수 있다. 최근에 지어진 호텔 객실보다 좁고 답답하지 않은가. 직원들의 서비스도 크게 특별하게 느껴지지 않는다. 그렇다면 우리가 기대하는 세계 최고의 오리엔탈 호텔은 어디에 있는 것일까? 그것은 그냥 호사가들이 만들어낸 이야기일 뿐이란 말인가?

오리엔탈 호텔의 가치는 그 찬란한 역사에 있다. 1876년 오픈하여 100년 넘게 최고의 호텔로서 같은 자리를 지켜온 오리엔탈 호텔의 역사는 곧 방콕과 태국의 근대사에 연결되어 있다. 찰리 채플린, 마크 트웨인 등 세계적인 유명인들이 이 호텔에 묵고 사랑에 빠지면서 오리엔탈 호텔은 살아있는 전설이 되었다. 아시아에서 오리엔탈 호텔처럼 레전드가 된 호텔은 싱가포르의 래플즈 정도밖에 없다.

여기서 모순이 만들어진다. 클래식을 뛰어넘는 레전드가 된 호텔들은 더 이상 손님 걱정은 하지 않아도 되는 단계에 접어든다. 그 레전드의 명성을 쫓아 순례하고자 하는 사람들이 넘쳐나기 때문이다. 이런 정도 수준이 되면 결국 다른 호텔과의 경쟁이 아닌 자신과의 싸움이 된다. 부에 대한 욕심으로부터 얼마나 자제력을 발휘할 수 있느냐에 대한 고민. 다른 사람이 보기엔 별것 아니지만 본인에겐 꽤나 심각한 싸움 말이다. 오리엔탈 호텔은 딱 그 경계선에 위치한다.

이런 류의 호텔에 묵길 원하는 사람들은 다른 호텔에 묵을 때와는 다른 태도가 필요하다. 케네디의 유명한 문구를 응용하여 '호텔이 나를 위해 무엇을 할 수 있는지 묻지 말고 당신이 호텔을 위해 무엇을 할 수 있는지 물어라.'라고 하면 어떨까. 여기서 '호텔을 위해 내가 하는 일'은 단순히 돈을 지불하는 일이 아니라 적극적으로 그것을 즐긴다는 의미. 즐기는 대상은 오리엔탈 호텔이 100년 동안 쌓아온 역사와 전통이다. 자신의 존재를 레전드의 일부로 만드는 행위다.

이쯤해서 중요한 팁이 나간다. 오리엔탈 호텔에 갈 때는 당신의 옷장에서 가장 좋은 옷을 가져가라. 그리고 그것을 입고 즐겨라. 로비와 강변 테라스에서, 강 양쪽을 오가는 배 위에서, 그리고 레스토랑에서. 그래서 뭐가 남냐고? 그건 아무도 모른다. 레전드가 된 세계적인 호텔에서 멋진 사람들 사이에 섞여 있는 동안 당신은 꿈을 꾸듯 행복한 분위기를 만끽하게 될 거라는 것은 확실하다. 누가 알겠는가. 그런 환상적인 경험이 그로 하여금 다른 레전드를 창조하는 씨앗이 될런지.

강 건너편에서 본 오리엔탈 호텔

리버사이드 테라스 레스토랑

메인 수영장

피트니스 센터

차우 레스토랑의 야경

오서스 라운지

뱀부 바와 재즈 공연

슈피리어 객실의 침실

슈피리어 객실의 욕실

아쿠아 평가

- Uniqueness 8
- Design 9
- Environment 6
- Service 8
- Facility 7

객실 정보

총 393개 객실에는 10가지 타입이 있다. 이 책에서는 여행자들이 가장 많이 사용하는 5개의 타입만 소개한다.

종류	위치	크기
슈피리어 Superior	River Wing	40㎡
디럭스 Deluxe	River Wing / Garden Wing	40㎡
디럭스 스테이트 Deluxe State	River Wing	67㎡
이그제큐티브 스위트 Executive Suite	River Wing	55㎡
디럭스 스위트 Deluxe Suite	River Wing	92㎡

객실들은 리버윙과 가든윙에 나뉘어져 있다. 리버윙은 외부에서 볼 때 오리엔탈 호텔로 보이는 큰 건물이고 가든윙은 초창기에 쓰이던 작은 건물이다. 가장 일반적인 객실은 리버윙에 있는 슈피리어룸이다. 슈피리어룸은 40㎡로 고급스러운 가구와 패브릭으로 정돈해놓았다.

부대시설

※일부 부대시설은 강 건너편에 위치하기 때문에 배를 타고 건너가야 한다.

- **수영장 Pool** 리버윙과 가든윙 사이에 하나, 리버윙 쪽에 하나, 모두 2개의 수영장이 있다. 리버윙과 가든윙 사이에 있는 수영장은 메인 풀로 전체적으로 우아한 분위기지만 방문객이 많을 때는 다소 복잡하게 느껴지기도 한다. 리버윙 쪽에 있는 수영장은 리노베이션을 하면서 새로 만들었다. 25m 랩 풀로 주변에는 휴식을 위한 카바나와 풀 바를 갖추고 있다. 이용 시간은 모두 오전 6시부터 오후 8시까지다.
- **피트니스 센터 Fitness Center** 강 건너 위치한다. 싱그러운 대나무가 우거진 길을 지나게 되는데 분위기가 좋아 일부러라도 방문해 볼 가치가 있다. 자쿠지와 쉴 수 있는 데이베드 등을 별도로 갖추고 있어 고급스러움을 더한다.
- **라이브러리 Library** 오서스 라운지 안쪽에 위치하며 분위기가 좋다. 이 숙소의 투숙객이던 유명 문호들의 사진이 걸려 있다.
- **키즈 클럽 Kids Club** 다른 호텔과 달리 신생아부터 8세 미만 어린이를 대상으로 하고 있고 이용 시간도 오후 3시부터 오후 11시까지다.
- **타이 쿠킹 클래스 Thai Cooking Class** 비싼 가격에도 불구하고 예약자가 많은 인기 있는 요리강좌다. 월요일부터 토요일까지 하루 4시간(09:00~13:00)동안 4가지 요리를 배우게 된다. 하루 코스 외에도 매일 4시간, 4일을 받는 본격적인 코스도 있다.
- **기타** 스파 Spa / 부티크 숍 Boutique Shop

Thai Cooking Class

레스토랑

- **리버사이드 테라스 The Riverside Terrace** 메인 레스토랑으로 아침과 저녁 뷔페를 제공한다. 저녁 뷔페는 BBQ가 메인이고 신선한 일식도 풍성하게 준비해놓고 있다. 강변 쪽 테라스 좌석은 일찍 예약해 두어야 한다.
- **르 노르망디 Le Normandie** 가든윙 5층에 위치한 고급 프렌치 레스토랑. 유리창 너머로 한 눈에 들어오는 강변의 야경이 아름다운 곳이다. 오리엔탈 호텔의 모든 레스토랑이 그렇지만 르 노르망디는 특히 엄격한 드레스 코드를 갖고 있다. 남성은 반드시 재킷과 구두를 착용해야하고, 여성은 민소매와 뮬 타입의 슬리퍼는 입장할 수 없다(티셔츠와 스포츠 슈즈를 착용한 사람에게는 가는 길 조차 알려주지 않는다). 12세 미만 어린이 또한 입장이 불가하다. 일요일 점심시간은 휴무다.
- **살라림남 Sala Rim Naam** 강 건너편에 위치하기 때문에 호텔 내 전용 선착장에서 배를 타고 건너가야 한다. 매일 밤 8시 30분에 태국 전통 공연을 포함한 디너쇼가 있다. 5가지 메뉴를 포함한 세트 메뉴로 제공한다. 점심에는 뷔페를 열기도 한다. 실외 좌석은 '테라스 림난 Terrace Rim Naam'이라 하고 이곳에서는 단품 메뉴를 제공한다. 강변의 정취를 느끼기에도 더 없이 좋은 장소이다.
- **오서스 라운지 Authors' Lounge** 애프터눈 티를 포함한 음료나 간단한 다과 등을 즐길 수 있는 라운지. 오서스윙 1층에 위치하며 130년 전통의 콜로니얼풍 건축양식에서는 클래식한 아름다움이 묻어난다. 12시부터 저녁 6시까지 애프터눈 티를 즐길 수 있다. 마크 트웨인 같은 유명 작가들이 오서스윙에 많이 머물러서 유서 깊은 장소로도 그 가치를 발휘한다.
- **뱀부 바 The Bamboo Bar** 방콕의 재즈문화를 이끌어가는 선두주자로서 매일 밤 흥겹고 수준 높은 재즈연주를 펼친다. 밤 9시 이후 방문하는 것이 좋다.
- **기타** 베란다 The Verandah (인터내셔널) / 로드 짐 Lord Jim's (시푸드) / 차우 Ciao (이태리) / 차이나 하우스 China House (차이니즈)

Sala Rim Naam

조식 정보

강변에 위치한 리버사이드 테라스에서 뷔페식으로 제공한다. 아침부터 파티를 연상하게 할 정도로 풍성한 메뉴와 고급스러운 세팅이 인상적이다. 최고급 음식과 서비스를 받게 된다. 하지만 짜오프라야 강을 오가는 수상버스에 불편하게 매달려가는 방콕 시민들을 보면 미안한 마음이 들기도 한다. 가까운 곳에 선착장이 있어 수상버스를 가까이에서 접하게 된다. 스위트룸 이상의 고객은 베란다 레스토랑에서 아라카르트로 제공한다.

숙소이용 팁

- 드레스 코드가 엄격한 편. 민소매나 반바지, 스포츠 슈즈, 슬리퍼 차림은 피하는 것이 좋다.
- 리버시티, 사판탁신으로 가는 무료 셔틀 보트를 운영한다. 사판탁신 피어에서는 BTS로 연결되니 잘 활용하자.
- 일부 레스토랑과 부대시설들이 강 건너편에도 위치한다. 체크인 시 주는 호텔 안내도를 참고 할 것.
- 욕실에 갖추고 있는 어메니티의 품질이 상당히 우수하다. 특히 목욕소금은 꼭 사용해 볼 것.

스파

아난타라 후아힌
Anantara Hua Hin

전화번호 66-32-520-250
홈페이지 www.anantara.com
위치 후아힌. 방콕 공항에서 차로 약 3시간

>> 자연과 어울리는 것이 진정한 태국적인 미

리조트에 있어서 태국적인 아름다움이란 무엇일까? 전통적인 양식의 건물, 가구와 소품만으로는 부족하다. 짐톰슨 하우스나 태국의 다른 고택들에서 공통적으로 볼 수 있듯 태국의 건물과 주거환경은 열대수목 등 자연과 함께 어우러질 때 그 진면목이 드러난다. 태국인들은 누구보다 정원 가꾸는 것을 좋아하고 자연을 사랑해서 주거공간이나 리조트조차도 자연으로부터 멀리 떨어지는 것을 허용하지 않는다. 자연과 하나 되는 것이야말로 가장 태국적인 아름다움이다.

그런 면에서 아난타라 후아힌은 진정한 태국의 아름다움을 보여주는 숙소라 칭하기에 모자람이 없다. 태국에 '최고의 정원을 가진 리조트를 뽑는 대회'가 있다면 수상은 따 논 당상 일 것이다. 태국 전통양식의 건물과 조형물이 아름다운 정원과 완벽하게 어우러져 있는 모습은 보는 사람으로 하여금 감탄을 자아낸다. 이른 아침 이 정원을 산책하는 것만으로도 숙박비의 가치는 충분하다. 바다를 접하고 있고 작게나마 해변도 있지만 사람들의 시선과 발길은 열대 수목과 연못이 절경을 만드는 정원에 머문다.

아난타라는 매리어트 그룹에서 만든 프랜차이즈 숙소로서 태국 전통적인 스타일에 스파를 강조한 것이 특징이다. 아난타라 후아힌에서 보여준 태국 전통 양식과 열대 정원의 스펙터클하면서도 로맨틱한 조화는 아난타라의 기본 테마가 되었다. 이후 오픈한 코사무이와 치앙라이의 아난타라도 비슷한 콘셉트를 지켜가며 발전한 스타일을 보여주었다. 하지만 정원만큼은 후아힌이 최고다. 아난타라는 태국에서 성공한 것을 바탕으로 몰디브와 발리까지도 진출하면서 국제적인 프랜차이즈로 성장해 나가고 있다.

아난타라 후아힌의 객실 중에서 돋보이는 것은 호수 옆의 건물에 위치한 라군 빌라다. 하이라이트는 단연 테라스다. 밖으로 떨어질 듯 튀어나온 테라스는 공간이 여유로우며 멋진 전망을 감상할 수 있어서 쉬거나 책을 읽기에 그만이다. 이런 곳이라면 하루 종일 누워있어도 지겹지 않을 것 같다. 1층보다는 2층에 있는 라군 빌라가 지붕도 높고 전망도 좋다. 일반 객실도 나쁘진 않지만 아난타라의 스타일과 가치를 제대로 경험하려면 라군 빌라를 추천한다.

아난타라는 로맨틱한 요소들로 가득하다. 열대 정원, 조식 뷔페 레스토랑에 있는 새장, 리셉션 등 모든 공간에서 만나는 앤티크 같은 소품들이 그러하다. 착한 얼굴로 항상 미소를 짓는 직원들의 서비스도 로맨틱한 분위기를 만드는데 일조한다. 풀빌라만 고집하는 신혼여행객들을 많이 보게 되는데 그들이 찾아야할 곳은 풀빌라가 아니라 아난타라처럼 로맨틱한 숙소다. 정원에서 산책을 하거나 호수 주변에 앉아 분위기에 취해 자연스럽게 진한 키스를 나눌 때 완벽한 그림이 되는 곳. 그 곳이 아난타라다.

리셉션과 로비

연못(라군)과 정원

정원

메인 수영장

라군 빌라 건물

디럭스 라군 객실의 테라스

아쿠아 평가

- **Uniqueness** 8 ■■■■■■■■
- **Design** 8 ■■■■■■■■
- **Environment** 7 ■■■■■■■
- **Service** 8 ■■■■■■■■
- **Facility** 8 ■■■■■■■■

Issara Café

객실 정보

총 220개 객실에는 6가지 타입이 있다.

종류	객실 수	크기
디럭스 가든뷰 Deluxe Garden View	74실	32㎡
디럭스 시뷰 Deluxe Sea View	21실	32㎡
디럭스 프리미엄 Deluxe Premium	65실	32㎡
슈피리어 라군 Superior Lagoon	24실	48㎡
디럭스 라군 Deluxe Lagoon	24실	50㎡
아난타라 스위트 Anantara Suites	12실	64㎡

크게 라군 빌라와 일반룸, 두 가지로 구분할 수 있다. 일반룸은 해변 쪽에서 가까운 건물에 위치하며 층수에 따라, 전망에 따라 나누어진다. 디럭스 프리미엄 객실은 1층에 위치한 객실로 테라스를 통해 바로 정원이나 바다로 이어진다. 전체적으로 객실이 작고 천정이 낮지만 객실 내부는 깨끗하고 아기자기하다. 연못 옆에 지은 라군 객실은 아난타라의 클래식하면서 낭만적인 스타일을 보여주는 객실이라 할 수 있다. 그 중에서도 2층에 있는 디럭스 라군룸은 연못을 바라보는 넓고 우아한 테라스가 있고 지붕이 높아 한결 쾌적하고 아름답다.

부대시설

■ **수영장** Pool 라군 객실 쪽에 별도로 위치한 수영장을 포함해 모두 2개의 수영장이 있다. 두 곳 모두 자연 속에서 더없이 평화로운 아름다움을 지니고 있다.

■ **스파** Spa 스파는 아난타라의 목적 그 자체이다. 연못을 따라 넓은 부지에 위치한다. 스파는 주로 독실 개념이며 에어컨이 있는 실내와 욕조 및 샤워시설이 있는 외부공간으로 나뉜다. 웅장하면서도 로맨틱함이 녹아 있는 멋진 공간이다.

■ **기타** 라이브러리 Library / 피트니스 센터 Fitness Center / 부티크 숍 Boutique Shop

레스토랑

■ **이사라 카페** Issara Café 천정에 장식한 새장(새는 없는)이 인상적인 메인 레스토랑. 오픈 에어 스타일로 녹음 속에 둘러 싸여 식사를 할 수 있다. 리셉션 아래층에 위치한다.

■ **반 딸리아** Baan Thalia 그리스식 기둥과 회벽으로 장식한 이탈리아 레스토랑. 아난타라 레스토랑 중 가장 세련된 모습을 하고 있다. 저녁에만 영업을 한다.

■ **기타** 림 난 Rim Nam / 로이남 Loy Nam / 살라 씨암 Sala Siam / 사이통 Sai Thong

조식 정보

이사라 카페에서 뷔페식으로 제공한다. 과일을 바로바로 잘라서 제공하는 등 고급스러운 서비스를 하려고 노력한다. 새장 등의 소품으로 장식해 정원에 둘러싸인 집 같은 느낌이나서 분위기가 좋다. 라군 빌라 고객들은 비치 쪽에 따로 준비한 조식 레스토랑을 이용할 수 있다.

숙소이용 팁

■ 라군 빌라 투숙객은 전용 수영장 뿐 아니라 비치 쪽에 따로 준비한 조식 레스토랑을 이용할 수 있다.

■ 입구의 도로 건너편에는 반 이산이라는 훌륭한 이산 식당이 있어 걸어갈 수 있다. 가격도 저렴하고 맛도 좋은 로컬 식당이니 꼭 가보자.

■ 후아힌 시내로 가는 무료 셔틀버스를 운영한다(하루 9회).

수영장

쉐 라 톤 파 타 야
Sheraton Pattaya Resort

전화번호　66-38-259-888
홈페이지　www.starwoodhotels.com/sheraton
위치　파타야. 방콕 공항에서 차로 약 1시간

» 파타야와 쉐라톤의 재발견

고백하건데 나는 그동안 안티 쉐라톤에 가까웠다. 그동안 다양한 지역에서 꽤 많은 쉐라톤을 경험했지만 감동 받거나 '역시 쉐라톤이야'하는 생각이 든 적은 거의 없었다. 그보다는 기대수준에 못 미치는 서비스와 관리 수준, 기본적인 철학의 부재에 대해 아쉬움을 느꼈던 기억이 많다.

그런 내게 파타야 쉐라톤은 쉐라톤 체인 전체에 대한 인상을 바꿀 정도로 깜짝 놀랄만한 리조트였다. 이전에 다른 어떤 쉐라톤 체인에서도 느껴본 적이 없는 친절함과 배려, 리조트 전체를 싸고도는 로맨틱한 무드, 탄탄한 관리. 그것은 쉐라톤을 재발견한 것인 동시에 그곳을 품에 안은 파타야를 재발견한 것이기도 했다. 왜냐하면 이전까지 파타야에는 가능한 더 많은 객실을 만들어 더 많은 손님을 유치하는 데에만 관심 있는 리조트들이 거의 전부였고 품위 있는 휴식을 즐길만한 리조트가 거의 없는 실정이었기 때문이다.

쉐라톤은 여러 가지 면에서 파타야의 다른 리조트들과 격을 달리한다. 바다를 조망하는 언덕에 아름다운 열대 정원을 가꾸고 아랍 풍의 낮은 건물들을 배치하여 자연친화적이면서 사랑스러운 분위기를 연출했다. 객실도 크고 고급스럽다. 해안과 가까운 쪽에 위치한 레스토랑과 바는 다른 리조트에 묵고 있어도 일부러 찾아가 볼 만큼 아름다운 바다 전망과 멋진 분위기를 갖추고 있다. 거기에 미소와 적극적인 태도를 가진 직원들까지 합세해 지금까지 파타야에서 경험하지 못한 리조트를 선보이고 있다.

방콕 스쿰빗 쏘이 5에 있는 벨에어 프린세스(Bel-Aire Princess Hotel Bangkok)는 중급 호텔이지만 친절함만은 최고 수준이어서 단골손님이 많은 것으로 유명한데 그 호텔의 운영자가 쉐라톤을 함께 운영하고 있다. 결국 파타야 쉐라톤이 보여주는 새로운 면모는 그 운영자에서 비롯한 것이라는 것을 알게 된다. 감히 말한다. 리조트를 운영하는 자의 철학이나 태도는 체인의 브랜드보다 더 중요하다! 같은 운영자가 2010년 경 오픈하는 코사무이의 W 호텔에 기대를 하게 되는 것도 그 때문이다.

쉐라톤 파타야는 의심할 여지없이 신혼여행과 고급 휴양여행으로 고려할 수 있는 숙소다. 이제 파타야는 쉐라톤과 함께 싸구려 휴양지라는 딱지를 떼어버리려고 한다. 쉐라톤 파타야로 인해 파타야의 새로운 시대가 열렸다.

리셉션 직원

수영장과 객실 건물

오션 프런트 파빌리온 객실

아쿠아 평가

- Uniqueness 7 ■■■■■■■□□□
- Design 8 ■■■■■■■■□□
- Environment 6 ■■■■■■□□□□
- Service 8 ■■■■■■■■□□
- Facility 8 ■■■■■■■■□□

객실 정보

총 153개 객실에는 5가지 타입이 있다(그 외로 빌라 2실이 있다).

종류	객실 수	Parsons
가든 뷰 Garden View Rooms	49실	45㎡
오션 뷰 Ocean View Rooms	54실	45㎡
풀 테라스 Pool Terrace Rooms	8실	45㎡
디럭스 파빌리온 Deluxe Pavilions	34실	65㎡
오션 프런트 파빌리온 Ocean Front Pavilions	6실	65㎡

타이 전통 양식을 현대적으로 재해석한 아름다운 객실들을 소유하고 있다. 쉐라톤 파타야의 객실은 크게 일반 객실과 파빌리온 객실로 나뉜다. 일반 객실인 가든 뷰 객실은 1층에, 오션 뷰 객실은 2층에 위치하는 객실이다. 풀 테라스는 1층에 위치하면서 수영장이 가까워 어린이들을 동반한 가족 여행자들에게 인기가 좋다. 풀빌라 2채를 제외하고 가장 상위 객실인 오션 프런트 파빌리온은 차분하고 로맨틱한 분위기로 주로 허니무너들이 이용한다. 수영장과 바다가 함께 보이는 좋은 전망, 공간이 충분한 육각형의 테라스, 고급스러운 내부와 오픈 구조의 욕조를 갖추고 있다. 객실 내에는 모자와 선크림, 사롱 등이 들어 있는 피크닉 박스를 준비해 놓았다.

부대시설

- **수영장 Pool** 리조트 전체로 흐르는 수로처럼 보이는 유수풀과 키즈풀을 비롯해 총 3개의 수영장이 있다. 주변으로 나무가 많고 여유로운 휴식 공간이 있는 아름다운 수영장이다.
- **스파 Spa** 화려하면서도 안정감이 있는 스파룸을 보유하고 있다. 스위트룸에는 스팀 시설까지 갖추고 있다. 페이셜에 사용하는 제품은 모두 딸리까 화장품.

Spa

- **기타** 비즈니스 센터 Business Center / 피트니스 센터 Fitness Center

레스토랑

- **엘리먼트 Elements Restaurant** 로비 아래층에 위치한 메인 레스토랑.
- **인피니티 Infiniti Restaurant** 오픈에어 구조로 된 이태리 레스토랑으로 이름과 어울리는 시원한 전망을 갖추고 있다. 파타야의 다른 리조트에서 원정을 올 만큼 멋진 전망을 자랑한다.
- **메즈 Mez Restaurant** 주로 아시안 푸드를 취급하는 레스토랑. 인공 폭포 전망과 세련된 분위기를 갖추고 있다.
- **래티튜드 바 Latitude Bar** 메즈 레스토랑과 이어진 바. 흐르는 칠 아웃 음악이 잘 어울리는 공간이다. 그리스 신전처럼 높은 기둥이 세워진 야외 좌석과 인공적이지만 해변 느낌이 나는 좌석이 있다.

Infiniti Restaurant

Latitude Bar

조식 정보

엘리먼트 레스토랑에서 뷔페식으로 제공한다. 실내석과 실외석으로 구분한다. 실외석 좌석은 바다를 볼 수 있는 전망을 갖추고 있다.

숙소이용 팁

- 파타야 시내(로열 가든 플라자 앞)로 가는 무료 셔틀 버스를 운행한다. 월~금까지는 하루 2회, 주말에는 하루 3회 운행.
- 래티튜드 바에서는 매일 다른 칵테일로 프로모션을 한다. 분위기와, 전망이 좋고 특히 해질 무렵의 선셋을 즐기기엔 이 보다 더 좋을 순 없다!

수영장 야경

파 라 디
Paradee

전화번호　66-38-644-288
홈페이지　www.samedresorts.com
위치　코사멧의 키우나녹 비치. 방콕 공항에서 차량과 전용선 박으로 약 3시간

›› 코사멧의 보랏빛 유혹

로컬을 위한 로컬의 섬. 코사멧에는 특별한 원칙이 있다. 리조트를 지을 수 있는 자격이 코사멧에서 태어난 태국인에게만 국한되는 '그들만의 원칙'. 로컬 자본을 지키기 위한 정책인지, 정경유착(?)에 의한 블랙커넥션인지는 알 수 없지만 그로 인해 세계 유수의 쟁쟁한 호텔 자본이 코사멧에 발을 들여 놓을 수 없는 진입장벽이 만들어졌다.

코사멧은 방콕과 비교적 가깝고 파타야와는 훨씬 더 가까운 사이이다. 그런 이유로 코사멧에는 유난히 태국 여행자들이 많다. 방콕에서 도시생활에 지친 태국 젊은이들에게 코사멧은 비교적 저렴하게 다녀올 수 있는 휴양지인 것이다. 그래서 코사멧의 분위기에는 로컬의 느낌과 낭만이 많이 남아 있다.

로컬들과 배낭 여행자들이 주축을 이루는 코사멧에도 고급 리조트의 수요가 늘면서 대표적인 코사멧표 태국 브랜드인 사멧 리조트(Samed Resorts) 그룹이 그 바람에 편승하게 되었다. 신혼여행 등의 여행자를 타깃으로 풀빌라형 숙소를 로맨틱 버전으로 만들게 된 것이다. 그것이 6번째 천국, 파라디다.

우아한 곡선미를 가진 궁전 같은 건물들은 채도가 낮은 노란색과 보라색의 조합으로 신비로운 느낌을 자아낸다. 아무도 없을 것 같은 고독한 순백색 해변이 펼쳐져 있고 모로칸 스타일의 객실은 아라비아 동화 속처럼 로맨틱한 설정을 하고 있다. 마치 공주와 왕자가 사는 마을의 배경이 된 것 같은 그림으로 말이다. 이 조용한 동화 속 마을에 해가 지고 수영장과 객실에 불이 하나 둘씩 들어오면서 그 아름다움은 더해진다.

파라디가 위치하고 있는 키우나녹 비치는 코사멧의 최남단이라 할 수 있다. 남쪽으로 내려올수록 점점 좁아지는 지형 때문에 양쪽 해변을 모두 사용 하는 장점을 지닌 리조트로 만들수 있었다. 양쪽의 해변은 그 특징이 뚜렷한데 리셉션과 레스토랑, 객실 등이 있는 동쪽 해변에는 아주 희고 고운 모래를 지닌 에메랄드 빛 비치를 가지고 있고 스피드 보트를 위한 선착장이 있는 서쪽 해변은 바위와 산호초가 많다. 선착장에서 빵을 던져주면 꽤 많은 물고기를 구경 할 수 있다. 저녁에만 문을 여는 선셋 바가 서쪽 해변에 있다. 이곳에 앉아 칵테일을 한잔 마시며 선셋을 감상하는 일은 하루 중 빠질 수 없는 일과라 할 수 있다.

워낙 외진 탓에 차량으로는 접근이 힘들고 스피드 보트를 이용해서 이동해야 한다. 몰디브처럼 '섬 하나에 리조트 하나' 수준이다. 한번 들어가면 코사멧의 다른 해변으로 이동하거나 코사멧 특유의 로컬스러운 낭만을 느끼기는 어렵다는 단점이 있지만 이런 고립된 느낌이 로맨틱한 분위기를 강조한다. 파라디는 시끄러운 세상에서 탈출하여 심신을 정화하고 연인과 사랑을 속삭이는 장소로서 더없이 좋은 조건을 갖추고 있다. 방콕 혹은 파타야와 연계한 신혼여행 일정을 계획해도 좋을 만큼 가깝고도 아름다운 리조트다.

정원

풀빌라의 침실

레스토랑 건물

아쿠아 평가

- **Uniqueness** 8
- **Design** 8
- **Environment** 8
- **Service** 6
- **Facility** 7

객실 정보

총 40개 객실에는 3가지 타입이 있고 스위트 1개가 있다.

종류	객실 수	크기
가든 빌라 Garden Villa	10실	88㎡
가든 빌라 위드 풀 Garden Villa with Pool	16실	100㎡
비치사이드 빌라 위드 풀 Beachside Villa with Pool	13실	100㎡

2005년 말 22개 객실로 시작해 현재는 총 40개 객실을 갖추고 있다. 모든 객실은 단독 빌라 스타일로 바다 전망의 여부에 따라, 개인풀의 유무에 따라 3가지 타입으로 나뉜다. 비치사이드 빌라 위드 풀은 바다와 바로 접해 있고 테라스에 작은 플런지 풀이나 자쿠지를 갖추고 있다. 해변을 향해(비록 인적은 드물지만) 전망을 개방해서 완벽한 프라이버시 보장은 힘들어 보인다. 노란 동굴 속에 들어온 것 같은 객실은 캐노피 침대와 바이올렛 컬러의 패브릭, 클래식한 앤티크로 장식해 로맨틱하게 느껴진다. 전체적인 넓이는 협소하지 않지만 침실과 거실, 드레스 룸, 욕실 등을 모두 벽으로 분리해놓았기 때문에 다소 답답하게 느껴 질 수도 있고 한편으로는 아늑하게 느껴질 수도 있다.

부대시설

- **수영장** *Pool* 리조트의 중심, 가장 전망이 좋은 곳에 메인 수영장이 있다. 바와 닿을 듯 가까운 곳에 위치한다. 유럽풍 디자인과 로맨틱한 아름다움을 갖추고 있다.
- **피트니스 센터** *Fitness Center* 양쪽에 있는 두 개의 비치 중 서쪽 비치에 위치한다. 사방이 유리로 되어 있어 전망이 좋고 24시간 언제라도 이용 할 수 있다.
- **기타** 스파 *Spa* / 라이브러리 *Library* / 다이브 센터 *Dive Center*

레스토랑

- **더 레스토랑** *The Restaurant* 파라디 유일한 레스토랑. 원형으로 된 건물은 리셉션과 구름다리로 연결해 놓아 아름다운 모습을 연출한다. 점심에는 메뉴판이 없고 그날 메뉴를 칠판에 적어 놓는 식이다. 테이블 수에 비해 직원이 많아 빠른 서비스를 받을 수 있다.
- **선셋 바** *Sunset Bar* 양쪽에 있는 두 개의 비치 중 해가 지는 쪽인 서쪽 해변에 위치한 바. 오후 5시에 오픈한다. 넓은 테라스에 있는 야외 좌석에 앉아 해지는 모습을 바라보며 마시는 칵테일 한잔은 빼먹지 말아야 할 코스.

조식 정보

주스와 시리얼 등 기본 음식은 뷔페식으로 제공되고 메인 요리를 주문하는 방식이다. 식사는 기대치를 낮추어야 한다.

숙소이용 팁

- 투숙객에게는 와인 1병을 제공한다.
- 다이브 센터에서 카타마린, 카약과 스노클링 등의 장비를 무료로 사용 할 수 있다.
- 노트북이 있을 경우 인터넷을 무료로 사용 할 수 있다.
- 육지의 선착장인 반페에서 코사멧까지 리조트 전용 보트를 이용해서 간다(반페에 리조트 사무소가 있다. 문의 66-38-651-134). 스케줄이 아니라 투숙객의 체크인 시간에 맞추어 움직인다.

Sunset Bar

리셉션과 로비

수코타이 호텔
Sukhothai Hotel

- 전화번호 66-2-344-888
- 홈페이지 www.sukhothaihotel.com
- 위치 방콕의 사톤. 방콕 공항에서 차로 약 40분

》 방콕에서 마침내 찾은 평화

솔직히 이야기하자. 방콕은 호텔에서조차 평화를 찾기 힘든 곳이다. 호텔 대부분은 일 년 내내 손님들로 꽉꽉 들어차고 투숙객을 만나러 오거나 레스토랑 등 시설을 이용하러 들리는 사람도 많다. 호텔들도 드러내놓고 돈벌이에 열을 올린다. 남는 공간이 있으면 객실을 하나라도 더 만들거나 레스토랑으로 만들어 손님을 유치해야 하는 게 방콕 호텔의 현황이다. 최고급으로 꼽히는 호텔조차 그런 상황이니 나머지는 오죽하겠는가. 투숙객의 프라이버시는 늘 뒷전이다.

그런 방콕에서 수코타이는 오아시스 같은 존재다. 이곳에선 마음 놓고 큰 숨을 내쉴 수 있다. 금싸라기 땅으로 꼽히는 사톤에 위치하면서 정원이 넓고 호텔 건물이 깊게 들어와 있어 조용하다. 건물은 2~3층으로 낮아서 엘리베이터를 탈 필요도 거의 없으며 스파나 레스토랑 등이 독립한 건물에 위치한다. 방문자도 많지 않고 객실이 여러 건물에 나뉘어 있어서 늘 조용하고 평화로운 분위기다. 오리엔탈, 페닌슐라 등과 함께 방콕 최고의 호텔로 손꼽히는 수코타이의 가장 중요한 가치는 방콕에서 보기 드문 평화와 프라이버시에 있다.

수코타이 호텔의 외관과 내부는 직선을 강조한 미니멀한 스타일이다. 그것은 호텔의 품위와 내공을 보여준다. 처음에는 심심하게 느껴질 수 있지만 시간이 지날수록 심플한 디자인이 주는 편안함은 커진다. 서비스는 좋은 편이지만 이 숙소의 장점으로 소개하기에는 무리가 있어 보인다. 100실 남짓한 소규모 호텔에서 직원들을 철저히 교육하고 동기부여를 하기란 쉽지 않은 일일 것이다. 반면 음식과 레스토랑은 수코타이의 자랑이다. 연못에 둘러싸인 독립된 건물에 있는 타이 레스토랑 셀라돈이나 오픈 키친 형태의 이탈리안 레스토랑 라 스칼라는 다른 곳에 묵어도 일부러 찾아가 볼만 하다. 아침식사는 감동적이다. 정갈하고 고급스럽게 준비된 음식들은 수코타이의 수준을 단적으로 보여준다. 필자가 이번 취재로 묵었던 수십 개의 호텔 중 가장 훌륭한 아침식사였다.

우리는 호텔을 소개할 때 럭셔리라는 단어를 너무 남발하는 경향이 있다. 아마도 그것은 주로 물질적인 것 – 예를 들면 객실과 TV 사이즈 같은 – 기준으로 삼고 있기 때문으로 보인다. 하지만 진정한 의미의 럭셔리는 그런 물질적인 것을 뛰어넘는, 눈에 보이지 않는 가치에 있다. 대리석 바닥에 42인치 TV, 자쿠지 욕조는 돈만 있으면 누구나 가질 수 있다. 하지만 마음에서 우러나오는 서비스와 손님의 프라이버시를 지켜주려는 배려는 특별한 호텔에서만 가능한 것이며 그것이야말로 물질적인 가치를 뛰어넘는 럭셔리인 것이다. 수코타이는 그런 의미에서 방콕 최고의 럭셔리 호텔이다.

정원과 셀라돈 레스토랑

디럭스 스위트 객실

아쿠아 평가

- Uniqueness 8
- Design 8
- Environment 8
- Service 6
- Facility 7

객실 정보

총 210개 객실에는 8가지 타입이 있다.

종류	객실 수	크기
슈피리어 Superior	104실	38㎡
디럭스 스튜디오 Deluxe Studio	24실	45㎡
디럭스 테라스 스위트 Deluxe Terrace Suite	6실	66㎡
이그제큐티브 스위트 Executive Suite	35실	76㎡
디럭스 스위트 Deluxe Suite	25실	76㎡
가든 스위트 Garden Suite	12실	76㎡
원 베드 디럭스 레지던스 스위트 1-Bedroom Deluxe Residence Suite	3실	98~138㎡
수코타이 스위트 Sukhothai Suite	1실	198㎡

태국 전통의 아름다움을 세련되게 해석한 객실을 갖고 있다. 전체적으로 우아하면서 기품이 흐른다. 객실 내부는 언뜻 보기에 소박해 보이지만 최고급 시설을 갖추고 있다. 특히 침구의 쾌적함과 안락함은 단연 태국 내 최고라 해도 손색이 없다. 모든 객실은 타이 실크와 티크로 장식하고 욕실은 욕조와 샤워 부스가 나뉘어져 있다. 디럭스 스튜디오는 수영장이나 정원이 보이는 전망을 갖고 있다. 디럭스 테라스와 가든 스위트 등은 1층에 위치한 객실로 정원을 감상하기에 유리하다.

부대시설

- **수영장** *Pool* 테라스윙 쪽에 길이 25m인 메인 수영장이 자리 잡고 있다. 수영장 주변으로 선 베드가 넉넉하게 있고 사우나 시설을 갖춘 피트니스 센터가 있어 라커 등을 이용하기에도 편리하다.
- **스파** *Spa* 넓은 정원 가운데 위치하고 있어 도심 속에서 휴식을 즐길 수 있다. 심플한 라인의 실내가 더 편안하게 느껴지는 고급스러운 공간이다.
- **피트니스 센터** *Fitness Center* 수영장과 가까운 곳에 피트니스 센터가 있다. 자쿠지와 사우나, 테니스 코트 등을 갖추고 있다. 투숙객의 경우 사우나를 무료로 이용 할 수 있고 체크아웃 후에도 샤워 시설과 라커 등을 이용할 수 있어 편리하다.
- **기타** 부티크 숍 *Boutique Shop*

레스토랑

- **콜로네이드** *Colonnade* 수코타이의 오픈과 함께 시작한 셰프가 20여 년 가까이 지휘하고 있는 메인 레스토랑. 세계 각국의 요리를 취급하지만 아시안 푸드, 특히 신선한 시푸드를 이용한 스시가 유명하다. 일요일에는 선데이 브런치를 진행한다.
- **셀라돈** *Celadon* '태국의 베스트 레스토랑 Thailand's Best Restaurants'에 4번이나 뽑힌 바 있는 고급 태국 레스토랑. 연꽃 가득한 연못 위에 떠 있는 것 같은 모습이 아름답다. 청자(Celadon)에 담겨져 나오는 음식은 왕실 음식이라 해도 될 정도다. 총 보유 좌석은 110석 이지만 주말 저녁 시간에는 예약하지 않으면 식사하기가 힘들다.
- **라 스칼라** *La Scala* 모던한 감각을 자랑하는 이태리 레스토랑 겸 와인 바. 실내좌석 60석. 수영장이 보이는 야외좌석 20석을 보유하고 있다.
- **로비 살롱** *Lobby Salon* 로비 옆에 위치한다. 칵테일과 애프터눈 티를 취급하며 초콜릿 뷔페가 각광을 받고 있다.
- **주크 바** *The Zuk Bar* 메인 레스토랑인 콜로네이드와 바로 붙어 있다. 식사 전후로 칵테일 등을 즐기기에도 적당하다. 저녁 9시 이후로는 DJ가 선곡하는 비트가 강한 음악이 주를 이룬다.
- **기타** 프라이빗 다이닝 룸 *Private Dining Room* / 풀 바 *Pool Terrace Cafe & Bar*

La Scala

조식 정보

콜로네이드 레스토랑에서 뷔페식으로 제공한다. 메뉴가 다양하고 풍성하다. 특히 제대로 만든 초밥과 미소 스프, 자왕무시(계란찜), 계란말이까지 있는 일식 코너가 주목할 만하다. 마치 일본의 고급 호텔에서 식사를 하는 기분이 든다. 원하는 과일을 고르면 주스도 즉석에서 갈아주고 이태리 요리도 만족할 만한 편이다.

숙소이용 팁

- 금~일요일 오후 2시부터 오후 6시까지 로비 살롱에서는 초콜릿 뷔페를 850B(TAX & SC 17% 별도)에 즐길 수 있다.
- 턴다운 시 짐톰슨 코끼리 인형을 투숙객에게 선물로 나눠준다.

- 피트니스 센터와 함께 있는 스팀과 사우나를 무료로 이용할 수 있다.
- 룸피니 공원과 가까워 공원을 산책하거나 수안룸 야시장을 이용하기에도 편리하다.

뮤지엄 티 하우스 건물

소 피 텔 후 아 힌
Sofitel Centara Grand Resort & Villas Hua Hin

전화번호 66-32-512-021
홈페이지 www.centralhotelsresorts.com
위치 후아힌 중심가. 방콕 공항에서 차로 약 3시간

» 후아힌의 과거로 떠나는 기차

소피텔 후아힌의 뿌리는 1920년대에 지은 후아힌 철도 호텔로 거슬러 올라간다. 왕실 여름궁전이 후아힌에 들어서고 철도가 깔리던 시기, 철도청에서 후아힌을 방문하게 될 다른 귀족이나 정치인들을 위해 호텔을 지은 것이다. 소피텔 후아힌은 그렇게 처음부터 최고의 리조트로 만들어졌다. 그 후 90년이라는 시간이 흐르는 동안 호텔에는 많은 것이 바뀌었지만 변하지 않은 것이 있다. 늘 후아힌의 중심이었다는 것. 클래식으로서 아름다움과 가치를 간직해왔다는 것.

소피텔 후아힌의 전체적인 건물모양이나 분위기는 제국주의 시대 때 유럽열강들이 동남아시아에 흔히 지었던 건물들을 연상케 한다. 후아힌에는 이렇게 제국주의 시대 풍의 건물이 많은 편인데 후아힌이 왕실 휴양지로 발전하던 시대에 유행하던 스타일이 클래식으로 자리 잡았기 때문이다. 소피텔의 건물은 낮은 대신 옆으로 넓게 퍼져있으며 티크 등 고급 나무를 주로 사용했고 흰색 페인트로 마감했다. 리셉션이나 객실 등 건물 내 인테리어는 외관 못지않게 클래식하다. 푸른 잔디밭과 동물 형상의 나무들이 돋보이는 정원은 흰색 건물을 더 클래식하게 보이게 한다. 축구장을 만들어도 될 만큼 넓은 정원은 이 리조트의 중요한 가치 중 하나다.

클래식한 스타일이 아니더라도 소피텔에는 다른 곳에서 느끼지 못하는 과거에 대한 아련한 향수가 있다. 그것은 이 리조트가 겪어온 역사와 전통 속에 유유히 흐른다. 소피텔 후아힌은 늘 후아힌의 중심이다. 지리적으로도 그렇고 정서적으로도 그렇다. 후아힌의 중요 행사들이 거의 소피텔에서 열리고 있는 탓에 호텔 안에만 있어도 후아힌에서 무슨 일이 벌어지는지 알 수 있다. 후아힌은 소피텔을 중심으로 움직이고 있다고 해도 과언이 아니다. 물론, 동전의 양면처럼 그것에서 비롯되는 단점도 있어서 투숙객의 프라이버시를 침해하기도 한다. 하지만 잃는 프라이버시보다는 중심 역할로 얻는 즐거움이 더 크다.

클래식한 건물, 나무로 만든 동물원 비슷한 정원은 느끼기에 따라 따분해보일 수도 있다. 콜로니얼 풍의 건물과 스타일에 대한 느낌도 서양인이냐 동양인이냐에 따라 많이 달라질 수 있다. 제국주의 시대의 스타일은 주로 피해자였던 동양인들에게는 다른 느낌일 수 있기 때문이다. 하지만 소피텔은 격동의 현대사를 지켜온 후아힌의 중심으로서, 쥐어짜내지 않은 자연스러운 우아함과 품위를 지닌다. 또한 그것을 활기찬 분위기로 승화할 줄 아는 리조트로서 다른 리조트와 완벽하게 다른 유니크함이 있다. 소피텔 후아힌이라는 기차를 타고 과거로 여행을 떠나보자.

로비

클래식한 복장의 직원

정원. 나무를 동물 모양으로 만들었다

아쿠아 평가

- Uniqueness 8
- Design 7
- Environment 7
- Service 7
- Facility 9

객실 정보

총 207개 객실에는 3가지 타입이 있다. 40개가 빌라가 별도로 있다.

종류	객실 수	크기
슈피리어 Superior	114실	30㎡
디럭스 Deluxe	63실	36㎡
주니어 스위트 Junior Suite	30실	48㎡

콜로니얼 스타일을 계승한 객실들은 3개의 윙에 나누어져 있다. 짙은 티크 바닥과 고풍스러운 가구들, 앤티크로 멋을 낸 욕실 등은 소피텔만의 클래식한 아름다움이다. 디럭스 객실은 더블침대 크기에 가까운 침대 2개가 있어 가족들이 머물기에 적당하다. 역사가 오래된 만큼 다소 낡은 면도 있다. 일반 객실 외에 찻길 건너편으로 빌라 단지를 따로 조성했다.

부대시설

- **수영장 Pool** 키즈풀을 포함해 총 4개의 수영장이 있다. 비치 쪽으로 2개와 키즈풀, 가든윙 쪽 정원 안에 1개가 있다. 모든 수영장에는 자쿠지를 별도로 설치했다.
- **스파 Spa** 고급스러움 보다는 리저너블한 가격과 편안한 서비스로 승부하는 센와리스파 Cenvaree Spa는 언제나 인기가 많다. 이용하려면 반드시 예약을 해야 한다.
- **타이 쿠킹클래스 Thai Cooking Class** 매주 월요일과 화요일에 살라타이 레스토랑에서 열린다. 1인 1,500B 수준. 하기 레스토랑에서는 일식 쿠킹클래스도 여는데 2인 기준 1,800B로 매주 수요일에 진행한다.
- **기타** 키즈 클럽 Kids Club / 피트니스 센터 Fitness Center / 라이브러리 Library

레스토랑

- **레일웨이 Railway** 실내 60석, 실외 100석 규모의 메인 레스토랑. 콜로니얼 윙의 로비와 가까운 1층에 위치한다. 클래식한 건물을 배경으로 정원 전망이 시원한 야외좌석이 더 분위기가 좋다.
- **팜 시푸드 파빌리온 Palm Seafood Pavilion** 퓨전 푸드와 시푸드를 제공한다. 저녁 7시에만 오픈한다.
- **뮤지엄 Museum Tea Corner** 소피텔에서도 가장 클래식한 느낌이 드는 티 하우스다.
- **기타** 살라 타이 Sala Thai (타이식) / 하기 Hagi (일식) / 엘러펀트 바 Elephant Bar

Railway

조식 정보

레일웨이 레스토랑에서 뷔페식으로 제공한다. 즉석에서 만들어주는 쌀국수가 있다.

숙소이용 팁

- 체크 인 시 주는 리조트 맵을 챙겨두자. 호텔 부지가 16헥타르에 달할 만큼 넓기 때문에 각 부대시설과 레스토랑 등을 찾을 때 유용하게 사용할 수 있다.
- '뮤지엄 The Museum'이라는 이름의 티 하우스는 소피텔에서도 가장 클래식한 느낌이 드는 장소다. 근사한 애프터눈 티를 400B (TAX & SC 17% 별도)정도의 저렴한 가격에 뷔페로 즐길 수 있다.
- 아침, 저녁으로 아름다운 정원과 해변을 꼭 산책해 보자.

반 바 얀
Baan Bayan Beach Hotel

전화번호	66-32-533-544
홈페이지	www.baanbayan.com
위치	후아힌. 방콕 공항에서 차로 약 3시간

» 클래식의 가치

클래식이 지니는 가치는 얼마나 될까. 그 대상의 질에 따른 절대적인 가치도 있겠지만 클래식을 바라보는 사람이 느끼는 상대적 가치가 더 중요하다. 어떤 사람에겐 세상 그 무엇과도 바꿀 수 없는 가치가 있는 클래식이 다른 사람에겐 불편하고 진부한 것으로 전락해버릴 수 있기 때문이다. 반바얀 리조트를 평가하는 시각이 천차만별일 수 있는 것도 그 때문이다.

반바얀은 약 100년 전 주택을 개조하여 만든 리조트다. 주택을 처음 지은 사람은 태국의 귀족 중 한 사람이고 건물은 후아힌의 클래식한 분위기에 가장 어울리는 콜로니얼 스타일이다. 이 건물은 현재 운영자에게 팔려 리조트로 바뀌기 전까지 그 가족의 삶이 이어져왔다. 리셉션에서는 운영자 가족이 주택과 후아힌에서 찍은 사진들을 인테리어의 일부로 전시하고 있는데 사진에 등장하는 꼬마아이가 현재 반바얀의 운영자다.

반바얀은 작고 아름다운 리조트다. 가장 후아힌다운 숙소다. 후아힌의 역사와 문화가 그 공간 안에서 살아 숨 쉰다. 만약 후아힌이라는 작은 동네를 좋아하는 사람이라면 이 공간과도 사랑에 빠질 것이다. 반바얀과 후아힌은 클래식의 가치를 공유한다. 클래식을 사랑한다면 후아힌과 반바얀에 주목하라!

아쿠아 평가
- Uniqueness 8
- Design 8
- Environment 6
- Service 7
- Facility 6

객실 정보
총 21개 객실에는 8가지 타입이 있다.

부대시설
- **수영장** *Pool* 메인 건물인 반바얀 앞에 비치와 접하고 있다. 잔디가 깔린 정원과 커다란 아름드리나무가 어울려 단정하면서 그윽한 분위기를 연출한다.
- **스파** *Spa* 오전 10시부터 오후 10시까지 운영하는 반바얀 스파. 타이마사지 2시간에 800B 정도.

레스토랑
- **카페 바얀** *The Cafe Bayan* 메인 레스토랑. 반바얀 건물의 1층에 위치한다. 작고 아담한 규모에 앞으로는 정원과 수영장, 전망 좋은 해변이 있어 고즈넉한 분위기를 연출한다.
- **기타** 풀사이드 바 *Poolside Bar*

조식 정보
카페 바얀에서 간단한 뷔페식으로 제공한다. 너무 간단하게 나와 놀랄지도.

숙소이용 팁
- 리조트 건너편에는 마켓 빌리지가 있어 간단한 쇼핑, 식사를 함께 해결하기에 편리하다.

픽업차량

운영자 니키씨

리조트 앞 해변

멍 키   아 일 랜 드   리 조 트
Monkey Island Resort

전화번호 66-89-501-6030 / 66-86-772-7983
홈페이지 www.monkeyislandkohmak.com
위치 막 섬의 아오 카오. 뜨랏 공항에서 차량과 선박으로 약 3시간

» 원숭이와 함께 춤을

유니크한 리조트에는 두 종류가 있다. 일부러 유니크해지기 위해 쥐어짜낸 곳과 그냥 자연스럽게 유니크해진 곳. 후자는 보통 어떤 특별한 개인이 자신을 숨김없이 표현하는 과정에서 만들어진다. 나는 지금, 후자에 속하는 특별한 리조트를 소개하려고 한다.

방콕에서 사진찍는 일이 직업이던 니키씨가 코사무이를 거쳐 코막에 정착하면서 리조트를 운영하게 된 이유에는 도시 삶에 대한 염증이 가장 컸다. 그가 부인과 함께 코막에 도착한 것은 2003년. 코창 조차도 아직 본격적인 개발이 이루어지지 않은 상황에서 그는 가족들과 함께 시설 대부분(나무로 만든 코티지와 바 등)을 손과 땀으로 일구어냈다.

사실, 멍키 아일랜드 리조트는 시설과 서비스 면에서는 이 책에 있는 다른 고급 리조트들과 나란히 하는 게 어색한 숙소다. 원시적이고 초자연적이다. 하지만 넓게 접하고 있는 해변의 아름다움과 해변 이용의 용이성, 재미있고 로맨틱한 분위기만큼은 고급 리조트를 압도한다.

밤이 깊어지고 오랑우탄 바에서 히피 밴드의 음악이 울려 퍼지면 그 자리에 모인 투숙객들은 누가 먼저라 할 것도 없이 함께 북을 치고 춤을 추기 시작한다. 도시의 쑥스러운 샌님들을 달밤의 흥분한 원숭이로 만드는 마술이 그 곳에 있다.

아쿠아 평가
- Uniqueness 9
- Design 7
- Environment 8
- Service 5
- Facility 5

객실 정보
총 30개 객실에는 3가지 타입이 있다.

부대시설
키즈풀 *Kids Pool* / 인터넷 센터 *Internet Center* (인터넷 무료)

레스토랑
■ 멍키 쇼크 레스토랑 *Monkey Shock Restaurant & Kitchen*
운치 넘치는 메인 레스토랑. 맛있는 태국음식과 시푸드를 맛볼 수 있다.
■ 오랑우탄 바 *Orang Utan Bar* 히피 스타일의 바. 저녁이면 라이브 음악도 선사한다.

조식 정보
멍키 쇼크 레스토랑에서 아메리칸 브렉퍼스트 세트를 제공한다.

숙소이용 팁
■ 멍키 아일랜드 리조트로 가려면 뜨랏의 램옵 선착장에서 스피드보트를 타야 한다. 코창의 방바오 빌리지에도 코막으로 향하는 보트가 있다.
■ 롱테일보트로 코캄까지 15분 거리다. 천혜의 자연 환경을 가졌으나 숙박 시설이 열악한 코캄의 첫 번째 전초지로 삼아보자.
■ 세탁기를 사용할 수 있다(6Kg에 50B).

펠 릭 스 리 버 콰 이
Felix River Kwai Resort

- 전화번호　66-34-551-000~23
- 홈페이지　www.felixriverkwai.co.th
- 위치　칸차나부리의 콰이 강의 다리 근처. 방콕 공항에서 차로 약 2시간 30분

›› 시골 리조트, 도시 사람을 위로하다

펠릭스 리버 콰이는 칸차나부리와 콰이 강이 그림 같은 경치를 에워싸고 있는 대형 리조트다. 이곳은 한국 돈으로 10만원 이하면 충분히 묵을 수 있는 곳으로 최고급을 지향하는 리조트가 아니다. 객실이나 레스토랑, 다른 부대 시설들에서도 최고급 호텔에서 흔히 느끼는 스타일리시함은 찾기 힘들다. 트렌디하고 럭셔리한 시설과 서비스에 대한 욕구를 채우고자 가는 곳이 아니다.

대신 이곳에는 다른 곳에 없는 것이 있다. 가장 중요한 것은 강변의 환경. 아름다운 강을 접하고 있고 열대우림 같은 정원이 있다. 강변의 잔디밭이나 벤치는 피크닉을 즐기기에 그만이다. 서비스도 빼놓을 수 없다. 태국 전통 복장을 한 스태프들은 교과서처럼 능숙한 서비스는 아니지만 언제나 미소를 지으며 도와주려 한다. 그들의 진심어린 친절은 강처럼 잔잔하면서도 힘 있는 것이어서 고급 시설과 세련된 서비스에만 한 눈 팔던 여행자들의 마음속에 감동으로 남게 된다.

펠릭스 리버 콰이는 칸차나부리의 매력을 한 곳에 담아놓은 숙소다. 바다나 섬에서 느끼지 못하는 다른 차원의 감성과 여유가 그 곳에 있다. 특유의 포근함으로 상처받은 도시인의 영혼을 감싸안아주는 시골 풍경과 사람들을 꼭 만나보길 바란다.

아쿠아 평가
- Uniqueness 8　■■■■■■■■□□
- Design 7　■■■■■■■□□□
- Environment 9　■■■■■■■■■□
- Service 8　■■■■■■■■□□
- Facility 8　■■■■■■■■□□

객실 정보
총 255개 객실에는 8가지 타입이 있다.

부대시설
- **수영장** *Pool* 분위기 좋은 2개의 대형 수영장이 있다는 것은 이 리조트의 큰 장점.
- **기타** 헬스 센터 *Health Center* (타이마사지 & 피트니스 센터) / 사우나 *Sauna*(유료) / 테니스 코트 *Tennis Courts* / 기프트 숍 *Gift Shop* / 미니 마트 *Mini Mart*

레스토랑
- **팜 가든 브래서리** *The Palm Garden Brasseries* (메인 레스토랑)
- **기타** 굿 어스 *The Good Earth* (차이니즈) / 테라스 카페 *The Terrace Cafe* / 란티 라운지 *The Rantee Louge* / 그린 웨이브 가라오케 *The Green Wave Karaoke & Fun Pub* / 풀 바 *Sai Yok Pool Bar* / 스누커 라운지 *Snooker Lounge*

조식 정보
메인 레스토랑인 팜 가든 브래서리에서 태국 음식이 주를 이룬 뷔페식을 제공한다.

숙소이용 팁
- 강변을 따라 2Km 정도 조깅 트랙이 있다. 이 길을 따라 아침저녁으로 산책을 하는 일은 리조트의 하이라이트다.
- 칸차나부리 시내로 가는 셔틀 버스를 운행한다(유료).

아 마 리 에 메 랄 드 코 브
Amari Emerald Cove Resort

- 전화번호 66-39-552-000
- 홈페이지 www.amari.com
- 위치 코창의 끄롱프라오 비치. 뜨랏 공항에서 차량과 선박으로 약 2시간

》 휴양여행의 소박한 꿈

리조트는 어떤 식으로든 그 지역의 환경과 모습을 품기 마련인데 아마리 에메랄드 코브가 특히 그렇다. 길이 50m의 긴 수영장과 빽빽하게 들어선 키 큰 야자수, 뒤쪽으로 병풍처럼 늘어선 산 풍경은 코창이 가진 자연의 특징과 여유를 단적으로 보여준다.

아마리 에메랄드 코브는 중요한 부대시설인 메인 레스토랑과 스파, 수영장 등을 모두 해변에서 가까운 방향으로 설치했다. 이 호텔 최고의 장점인 해안 쪽의 아름답고 시원한 경치를 활용하는데 최선을 다했다. 결과적으로 투숙객들은 부대시설과 해변을 편리하게 이용할 수 있게 되었다. 누구나 사랑에 빠질 수밖에 없는 리조트가 된 것이다.

코창 같은 섬에 있는 리조트를 찾을 때 사람들이 절실하게 바라는 것은 생각보다 단순하다. 아름다운 바다와 해변의 경치를 마음껏 즐길 수 있는 환경, 깨끗한 객실 정도. 이런 기본적인 꿈만 실현할 수 있다면 리조트에는 그 그것으로 충분한 존재 가치가 있다. 수영복 차림으로 야외 테라스 좌석에서 아침식사를 하고 바로 수영장이나 바다로 뛰어들 때, 아마리 에메랄드 코브는 그 가치를 한껏 드러낸다.

아쿠아 평가

- Uniqueness 7
- Design 7
- Environment 8
- Service 7
- Facility 8

객실 정보

총 165개 객실에는 3가지 타입이 있다.

부대시설

- **수영장** *Pool* 야자수로 가득한 아름다운 메인풀은 해변과 바로 접하고 있다. 수영을 할 수 있을 만큼 그 크기가 제법 큰 자쿠지풀과 키즈풀까지 모두 3개의 수영장이 있다.
- **기타** 스파 *Spa* / 피트니스 센터 *Fitness Center* / 다이빙 센터 *Diving Center* / 부티크 숍 *Boutique Shop*

레스토랑

- **코브 테라스** *The Cove Terrace* 바다와 수영장을 함께 조망할 수 있는 메인 레스토랑. 덱이 깔린 야외좌석이 열대 정원과 잘 어울린다.
- **기타** 저스트 타이 & 사씨 *Just Thai & Sassi* (타이 & 이태리) / 브리즈 바 *Breeze Bar*

조식 정보

코브 테라스에서 뷔페식으로 제공한다. 날씨만 괜찮다면 남국의 분위기를 느낄 수 있는 야외 좌석이 더 좋겠다.

숙소이용 팁

- 아침저녁으로 시원할 때에 해변을 따라 북쪽으로 산책을 나가 보자. 중간에 만나는 작은 강을 건널 수 있다면 꽤 멀리까지 산책을 할 수 있다.
- 싸이카오 비치로 가는 셔틀버스를 무료 이용 할 수 있다.

텐트의 내부 모습
애그로 투어
피크닉 조

촉차이 팜 캠프
Chokchai Farm Camp

- 전화번호　66-44-328-485
- 홈페이지　www.farmchokchai.com
- 위치　카오야이. 방콕 공항에서 차로 약 2시간

≫ 리조트보다 아름다운 캠핑

캠핑이 능력 없는 사람들이 하는 구차한 여행방법이라고 생각했다면 빨리 생각을 바꾸는 것이 좋다. 그것은 당신의 획일적 사고와 경험 부족을 말해주는 것이기 때문이다. 캠핑은 가장 가까이에서, 가장 오랫동안 아름다운 자연을 체험하는 방법이다. 영원토록 변치 않을 클래식한 여행 방법이다. 최고의 리조트란 다름 아닌 최고의 자연환경 속에 조화를 이룬 공간과 서비스라는 것을 인정한다면 캠핑의 가치가 새롭게 다가올 것이다.

촉차이 팜 캠프는 낙농으로 역사가 오래된 촉차이 농장에서 2005년부터 운영하는 1박 2일 캠핑 프로그램이다. 8,000에이커의 농장 안에 텐트식 숙소와 농장 액티비티를 결합해 놓은 형태다. 캠핑장에는 텐트 50여 개와 바비큐 식사 장소, 화장실과 욕실을 구비해 놓았다. 거기에 농장 견학 프로그램인 애그로 투어(Agro Tour)를 좀 더 세분해서 이틀에 걸쳐 진행한다.

참가자들은 텐트를 칠 필요도 없고, 식사 준비를 할 필요도 없다. 차려진 텐트에서 자고 음식을 먹기만 하면 된다. 그런 면에서 정식 캠핑은 아니다. 하지만 그런 편안함 때문에 초보자들도 쉽게 접근할 수 있는 길이 활짝 열린다. 캠프파이어와 함께 바비큐 저녁식사를 하고 넓은 초원에서 피크닉 형식으로 아침식사를 즐긴다. 캠핑의 즐거움만 쏙쏙 빼먹는 식이다. 캠핑에 입문하기에 이보다 더 좋을 수는 없다!

아쿠아 평가
- Uniqueness 7　■■■■■■■□□□
- Design 7　■■■■■■■□□□
- Environment 8　■■■■■■■■□□
- Service 7　■■■■■■■□□□
- Facility 8　■■■■■■■■□□

객실 정보
총 50개의 텐트가 있다. 텐트에는 침대 2개와 책상, 옷장, 에어컨까지 갖추고 있다.

부대시설
■ **촉차이 농장** *Chokchai Farm* 1959년에 오픈한 태국 최대 낙농 농장이다. 8,000에이커나 되는 엄청난 규모다. 촉차이 농장을 견학하고 우유 짜기 등 체험을 할 수 있는 애그로 투어(Agro Tour)가 현지인들에게 꽤 인기 있다.
■ **기타** 공용 샤워 시설 *Shower Room* / 안내 센터 *Information Center* / 기프트 숍 *Gift Shop* / 촉차이 스테이크 하우스 *Chokchai Steakhouse* (레스토랑)

조식 정보
간단한 트레킹 후에 피크닉 박스로 제공한다. 갓 짠 신선한 우유와 샌드위치, 주스, 과일 등이 들어 있다. 넓은 초원에서 즐기는 특별한 아침식사다.

숙소이용 팁
*다음과 같은 스케줄로 캠핑을 진행한다.

DAY 1		DAY 1	
11:00	체크인		
12:00	점심식사	06:00	기상
13:00~15:00	농장 투어	07:00~09:00	아침식사
16:00~17:00	아이스크림 워크 숍	10:00	체크아웃
18:00~20:00	바비큐 저녁 식사		

■ 텐트 내에서 전기를 사용 할 수 있고 노트북이 있을 경우 무선인터넷을 무료로 사용 할 수 있다.
■ 밤에는 춥게 느낄 수 있으므로 따뜻한 긴팔 옷과 긴 바지, 점퍼 등을 준비해야 한다.

르 비만
Le Vimarn Cottages & Spa

- 전화번호 66-38-644-104~7
- 홈페이지 www.samedresorts.com
- 위치 코사멧의 아오 프라오. 방콕 공항에서 차량과 전용선박으로 약 2시간

» 코사멧의 싱그러운 아침

코사멧은 국립공원으로 지정될 정도로 자연스러운 아름다움과 독특함을 지닌 섬이다. 밀가루처럼 고운 모래가 깔린 해변과 감동적인 에메랄드 색 바다가 하이라이트다. 아오 프라오는 핫싸이깨우 등 대표 해변들이 모여 있는 동해안이 아닌 서해안에 위치하고 있지만 코사멧이 지닌 자연스러운 아름다움을 축소해 간직하고 있는 해변이자 만이다.

아름답고 잔잔한 해변과 숙소 뒤편으로 이어지는 야트막한 산, 그것을 뒤덮고 있는 원시림은 휴양형 리조트에 필요한 완벽한 조건이라 할 수 있다. 르 비만의 객실은 대형 건물이 아닌 사랑스러운 코티지들로 이루어져 있다. 코티지 뒤편은 숲이고 앞으로 수영장 등 부대시설과 시원한 녹지, 그리고 해변이 이어진다. 녹지와 해변으로 이어지는 공간이 상당히 넓어서 여유롭고 공원 같기도 하다. 이런 좋은 환경과 여유 있는 구성은 르 비만 최고의 장점이다. 문제는 조식 등 레스토랑의 음식, 그리고 서비스에 있다. 늘 나쁘다기보다는 시기 별로 등락이 심한 편이라 예측하기 힘들다.

르 비만에서 맞았던 아침이 기억난다. 새소리에 잠에서 깨어나 눈을 비비고 객실 문을 열고 테라스에 나온 그 때가 지금도 생생히 기억난다. 테라스에서 바라본 녹색 정원과 아오 프라오는 크리스털처럼 빛나고 따사로운 햇빛이 감싸 도는 해변의 산책길도 최고였다. 아침식사마저 훌륭했더라면 나는 생애 최고의 아침을 맞을 뻔 했다.

아쿠아 평가
- Uniqueness 7
- Design 7
- Environment 8
- Service 5
- Facility 6

객실 정보
총 31개 객실에는 2가지 타입이 있다.

부대시설
- **수영장** *Pool* 바다 전망이 좋은 메인 수영장이 리조트 한가운데 위치한다. 정사각형의 수영장 둘레는 나무로 만들어져 자연적인 분위기를 자아낸다.
- **기타** 스파 *Spa* / 라이브러리 *Library*

레스토랑
- **림 비만 레스토랑** *Rim Vimarn Restaurant* 높은 지붕과 시야가 넓은 바다전망으로 인해 시원한 느낌을 준다.
- **버즈 레스토랑** *Buzz Restaurant* 방콕의 스쿰빗에서 건물 채 옮긴 듯한 현대식 외관과 인테리어를 한 레스토랑이자 바이다. 르 비만의 자연적인 분위기와 어울리지 않는 면도 있다.

조식 정보
객실 점유율에 따라 조금씩 달라지는데 보통 주스와 시리얼 등 기본 음식은 뷔페식으로 제공하고 메인 요리를 주문하는 방식이다. 시즌에 따라(투숙객이 별로 없을 경우) 아오 프라오 리조트에서 아침을 제공하기도 한다.

숙소이용 팁
- 리조트 내에서 식사하는 것이 부담 된다면 바로 옆 숙소인 리마 코코 레스토랑을 이용해보자.
- 반페에서 전용 보트로 하루 4번(08:00/11:00/13:30/16:00) 리조트와 연결한다(반페 사멧 리조트 오피스 : 문의 66-38-651-134).

카 오 남 나   부 티 크   리 조 트
Kao Nam Na Boutique Resort

- 전화번호 66-34-654-072 / 66-86-163-1139
- 홈페이지 www.kaonamnaresort.com
- 위치 칸차나부리 사이욕 폭포 근처. 방콕 공항에서 차로 약 2시간 30분

» 정글 속 친구 집

칸차나부리에 사는 태국인은 출신에 따라 두 가지로 나눌 수 있다. 원래부터 칸차나부리에 살고 있던 사람과 외지에서 온 사람. 후자는 거의 방콕 출신으로 도시 생활에서 벗어나 자연과 더 가까운 삶을 영위하고자 하는 사람들이다. 카오남나 부티크 리조트를 운영하는 가족도 그런 부류에 속한다. 이 가족은 칸차나부리에서 여행사와 식당으로 성공을 거둔 후 리조트까지 진출했다.

새로운 사업인 리조트에서도 가족의 공조가 중요했다. 객실과 식당 등 건물을 올리는 일은 아버지 몫이었고 정원을 아름답게 꾸미는 일은 어머니에게 돌아갔다. 그리고 뉴욕에서 패션 스쿨을 졸업하고 방콕에서 일을 하고 있는 딸이 관리와 마케팅을 맡음으로써 리조트는 작지만 완벽한 골격을 갖추게 되었다. 그렇게 해서 강변의 아름다운 열대정원에 독립한 빌라식으로 17개 객실을 보유한 카오남나 부티크 리조트를 오픈하게 된 것이다.

이 곳은 더없이 소박하다. 한 개 뿐인 레스토랑은 맛도 가격도 로컬 기준이다. 자연과 사람을 사랑하는 한 가족이 만들어내는 따뜻함과 여유가 있다. 도시를 피해 자연으로 돌아와 직접 땅을 일군 사람들보다 자연으로 휴양 온 사람들의 마음을 잘 헤아리고 배려해줄 수 있는 이는 없다. 그런 의미에서 카오남나 부티크 리조트는 칸차나부리의 정글 속에 있는 친구 집과 같다.

아쿠아 평가

- Uniqueness 7
- Design 7
- Environment 8
- Service 5
- Facility 6

객실 정보
총 17개 객실에는 3가지 타입이 있다.

부대시설
부대시설이라 할 만한 것이 거의 없다. 굳이 든다면 일반적인 리조트 스타일이 아닌 개인 주택에서 가꾸는 듯한 아름다운 정원과 연못이 있다. 또한 발마사지와 전통 마사지를 받을 수 있는 정자가 있다.

레스토랑
콰이 강 주변에 따로 레스토랑을 운영하기 때문일까? 객실 수나 다른 시설 수준에 비하면 레스토랑을 꽤 강조한 편이다. 강을 접하고 있고 야외 테라스를 마련해 놓아 공간도 여유롭고 분위기도 좋다. 전체적으로 로컬 식당의 모습이긴 하지만 나름 세련미를 풍긴다. 레스토랑의 하이라이트는 맛있는 태국음식과 저렴한 가격. 제대로 된 태국음식을 시내에 있는 식당과 거의 비슷한 가격으로 마음껏 즐길 수 있다(이런 리조트도 드물다).

조식 정보
묵고 있는 손님 수에 따라 신축적으로 운영한다. 사람이 많으면 몇 가지 음식을 만들어 놓고 뷔페식으로 하며 인원이 적으면 주문을 받아서 아메리칸 스타일로 계란과 햄 등을 제공한다.

숙소이용 팁
- 스파는 없지만 객실이나 정원에서 마사지를 받을 수 있다.
- 이미 칸차나부리 시내에서 국립공원 방향으로 꽤 많이 이동해있는 상태다. 여기 있을 때 사이욕 폭포나 에라완 폭포 등을 구경하면 좋다. 투어는 리셉션 직원과 상의하면 된다.
- 시내에 나가거나 들어올 때는 리조트 차량을 이용해야 한다. 편도 약 400B.

페닌슐라
The Peninsula Bangkok

- 전화번호　66-2-861-2888
- 홈페이지　www.peninsula.com/bangkok
- 위치　방콕 짜오프라야 강변. 방콕 공항에서 차로 약 40분

» 월드 넘버 1

너도 나도 외쳐대는 통에 '세계 최고'라는 수식어를 들으면 진부한 느낌부터 든다. "그 근거가 뭔데?"라고 따져 묻고 싶은 반항심마저 생긴다. 하지만 방콕의 페닌슐라라면 이야기가 다르다. 1998년 오픈한 이 호텔은 2003년 세계적인 여행 잡지 Travel & Leisure의 세계 최고 호텔 랭킹에서 1위에 뽑힌 것을 포함 유수의 여행 잡지와 기관에서 세계 최고라는 타이틀을 받았다.

일단 37층 건물의 307개 전 객실에서 이국적인 짜오프라야 강 전망을 즐길 수 있다는 점, 모든 시설이 화려하고 고급스럽다는 점이 눈에 띤다. 하지만 화려한 시설만으로 세계 최고라는 타이틀을 얻지는 못한다. 프로페셔널한 직원들과 그들의 세심한 서비스가 뒷받침 되기에 오늘날의 페닌슐라가 만들어질 수 있었다. 홍콩, 뉴욕, 도쿄 등에 있는 같은 페닌슐라 체인 호텔들에서 얻은 경험과 노하우는 짧은 기간 내 그것을 가능하게 만든 배경일 것이다.

하지만 새옹지마랄까. 월드 넘버 1이라는 타이틀은 그곳을 찾는 손님들의 기대심리를 너무 높여 만족도를 오히려 떨어뜨리는 결과를 초래하기도 한다. 페닌슐라에 묵는 손님들은 습관처럼 "세계 최고라는 호텔이 왜 이래?"라며 까다로운 평론가가 된다. '세계 최고'가 짊어지고 갈 업보다.

아쿠아 평가
- Uniqueness 8 ■■■■■■■■□□
- Design 8 ■■■■■■■■□□
- Environment 8 ■■■■■■■■□□
- Service 9 ■■■■■■■■■□
- Facility 9 ■■■■■■■■■□

객실 정보
총 307개 객실에는 10가지 타입이 있다.

부대시설
- **수영장** *Pool* 방콕에서는 보기 드물게 큰 수영장이 있다. 계단식으로 설계했는데 총 4개가 연결되어 있다. 세로로 긴 모양이지만, 공간을 적절히 활용해 제법 스펙터클한 느낌이 든다.
- **기타** 스파 *Spa* / 피트니스 센터 *Fitness Center* / 부티크 숍 *Boutique Shop*

레스토랑
- **리버 카페 & 테라스** *River Cafe & Terrace* 현대적인 느낌이 나는 레스토랑으로 실내와 야외에 좌석이 있다. 야외좌석에 앉으면 강 바로 앞에서 식사를 할 수 있다. 뷔페를 주로 취급한다.
- **메이지앙** *Mei Jiang* 방콕에서도 가장 유명한 중식당 중 하나.
- **기타** 팁타라 *Thiptara* / 제스터스 *Jesters* / 더 리버 바 *The River Bar* / 더 로비 *The Lobby*

조식 정보
리버 카페 & 테라스에서 뷔페식으로 제공한다. 짜오프라야 강의 정취를 느낄 수 있는 자리가 좋다.

숙소이용 팁
- 리버시티 쇼핑몰, 탁신 피어, 페닌슐라 피어 라운지(샹그릴라 호텔 옆)와 호텔 사이를 오가는 배가 다닌다.
- 모든 객실에는 CD 플레이어와 음악 CD, 팩스가 설치되어 있으며 객실에 있는 커튼과 조명은 리모컨으로 작동할 수 있다.

아이스 바

아 마 리 오 키 드 리 조 트
Amari Orchid Resort & Tower

- 전화번호 66-38-418-418
- 홈페이지 www.amari.com/orchid
- 위치 파타야 중심가. 방콕 공항에서 차로 약 1시간

» 마침내, 사랑스러운 아마리를 만나다

필자가 태국에서 아마리를 처음 접한 곳은 푸껫이었다. 10여 년 전 태국 여행 초짜인 필자가 기억하는 아마리는 '촌스러운 꽃무늬 이불보'였다. 그 후로 태국을 꽤나 들락거리게 되면서도 아마리는 딱 별 4개만큼만 하는 호텔이라는 인식이 쉽게 없어지지 않았다. 그런 선입견 때문이었을까? 파타야에 있는 아마리가 새로 리노베이션을 하고 추가로 새로운 윙을 올린 것을 알았을 때도 큰 기대를 하지 않았다. 하지만 이번 취재여행에서 새로 올린 건물인 오션 타워로 들어선 순간, 지금까지 갖고 있던 아마리에 대한 편견을 버려야 한다는 것을 깨닫게 되었다. 4층까지 뚫려 있는 높은 로비와 바는 지금 파타야에 있다는 사실을 잊게 해줄 정도로 세련된 것이었다. 객실은 더 놀라웠다. 침대 뒤로 오픈형 욕조를 배치한 파격적인 디자인부터 딱 떨어지는 깔끔함이 너무나 쾌적하고 시원하다.

아마리의 변신은 수영장 두개를 포함한 넓은 정원과 야외 카페 등 모든 곳에서 완벽하게 이루어졌다. 그뿐 아니라 리조트 입구에 새로 오픈한 만트라 레스토랑 Mantra Restaurant은 호텔과 별도의 콘텐츠라 불러도 좋을 만한 부대시설이다. 세계 각국의 키친들이 자리 잡고 있어 한자리에서 다국적 요리를 선택할 수 있는 즐거움을 선사한다.

Power of One!
아마리의 당당한 모습 덕에 북 파타야 주변이 단정하고 세련되 보이기까지 한다. 아마리 오키드 리조트는 아마리에 대한 기존 이미지를 완전히 바꾸었을 뿐 아니라 파타야의 수선스러운 이미지까지 변하게 했다. 아마리는 그렇게 진화하고 있다.

아쿠아 평가
- Uniqueness 7
- Design 8
- Environment 6
- Service 7
- Facility 8

객실 정보
아마리 오션 타워는 총 297개의 객실에서 가든윙과 합치면 529개 객실을 소유하고 있다(호텔 자체 오션 타워는 5성급으로, 가든윙은 4성급으로 구분한다). 모두 5가지 타입이 있다.

부대시설
- **수영장** Pool 길이가 50m나 되는 랩 풀과 네잎 크로버 모양의 프리폼 풀, 그 특징이 뚜렷한 2개의 수영장이 있다. 햇볕을 좋아하는 사람이라면 랩 풀로, 그늘에서 조용히 쉬고 싶다면 프리폼 풀로!
- **기타** 스파 Spa / 피트니스 센터 Fitness Center / 비즈니스 센터 Business Center

레스토랑
- **에센스** Essence 타워윙의 메인 레스토랑으로 이곳에서 아침을 먹게 된다. 점심에는 단품요리, 저녁에는 뷔페를 제공한다. 24시간 오픈한다.
- **만트라 레스토랑** Mantra Restaurant & Bar 스타일리시한 고급스러움, 압도적인 규모만큼은 파타야, 아니 태국에서 최고라 할 만하다. 한자리에서 다국적 요리를 경험할 수 있다. 오후 5시에 오픈해서 새벽 1시까지 영업을 한다.
- **기타** 헨리제이 빈스 Henry J. Bean's Bar & Grill / 아이스 바 Ice Bar

조식 정보
메인 레스토랑 에센스에서 뷔페식으로 제공한다.

숙소이용 팁
- 가든윙과 오션 타워 어디에 묵더라도 수영장 2개를 자유롭게 오가며 이용 할 수 있다.

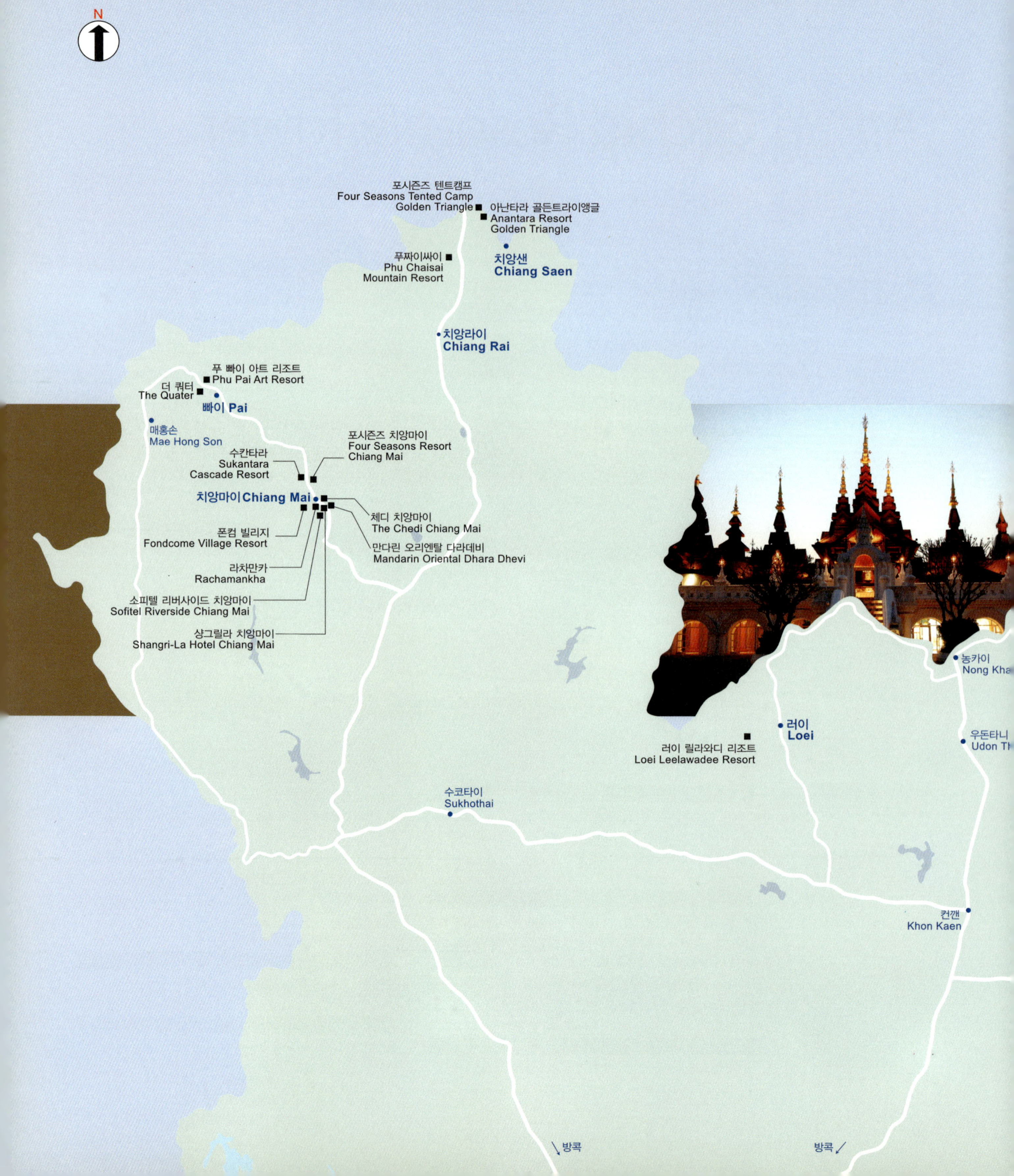

N

포시즌즈 텐트캠프
Four Seasons Tented Camp
Golden Triangle

아난타라 골든트라이앵글
Anantara Resort
Golden Triangle

푸짜이싸이
Phu Chaisai
Mountain Resort

치앙샌
Chiang Saen

치앙라이
Chiang Rai

푸 빠이 아트 리조트
Phu Pai Art Resort

더 쿼터
The Quater

빠이 Pai

매홍손
Mae Hong Son

수칸타라
Sukantara
Cascade Resort

포시즌즈 치앙마이
Four Seasons Resort
Chiang Mai

치앙마이 Chiang Mai

폰컴 빌리지
Fondcome Village Resort

체디 치앙마이
The Chedi Chiang Mai

만다린 오리엔탈 다라데비
Mandarin Oriental Dhara Dhevi

라차만카
Rachamankha

소피텔 리버사이드 치앙마이
Sofitel Riverside Chiang Mai

샹그릴라 치앙마이
Shangri-La Hotel Chiang Mai

농카이
Nong Khai

러이
Loei

러이 릴라와디 리조트
Loei Leelawadee Resort

우돈타니
Udon Th

수코타이
Sukhothai

컨깬
Khon Kaen

방콕

방콕

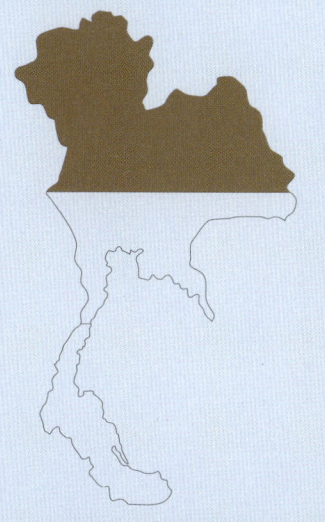

북부는 치앙마이를 중심으로 하는 서북부와 이산 지방으로 불리는 동북부를 합친 개념이다. 남부나 중부와 달리 산악 지역이나 척박한 땅이 많아 태국에서도 개발이 가장 늦어졌다. 해변이 없고 교통도 좋지 않은 탓에 여행지로 발전은 뒤쳐졌지만 북부의 전통 문화와 특별한 자연이 부각되면서 태국을 사랑하는 여행자들의 발걸음이 이어지고 있다.

치앙마이는 방콕에 이어 태국 제 2의 도시로 북부의 역사와 문화유산이 살아 숨쉬고 있다. 시민들은 한 때 번창 했던 란나 왕국의 후손으로서 자부심이 크다. 방콕과 달리 느긋한 분위기를 가진 도심과 조금만 벗어나면 한적한 시골이 펼쳐지는 외곽 지역에 고급 리조트들이 자리 잡고 있다.

북부

빠이는 치앙마이와 매홍손 사이에 있는 작은 시골 마을로 동화 같은 아름다움과 숨겨진 은둔지 같은 매력이 있다. 치앙라이는 북쪽 미얀마와 라오스 국경 지대에 가깝게 위치한 소도시로서 북부 산악지역 트레킹이나 소수 민족 문화 체험의 관문 역할을 한다. 이산 지방은 태국에서도 가장 낙후한 지역으로 꼽힌다. 하지만 쏨땀처럼 독특한 음식의 본고장이다. 가난하지만 행복한 사람들이 사는 시골로 타 지역과 다른 매력이 갖고 있다. 콩찌암 등 국경지대와 러이 등 북부 산간 지역에 드물게 고급 리조트들이 자리 잡고 있어서 특별한 여행을 경험할 수 있다.

콩찌암
Khongjiam
우본 라차타니
Ubon Ratchathani
콩찌암 리조트
Tosang Khongjiam Resort

더 바. 중국풍 분위기가 물씬 난다

라 차 만 카
Rachamankha

전화번호　66-53-904-111
홈페이지　www.rachamankha.com
위치　치앙마이의 구시가지. 치앙마이 공항에서 차로 약 20분

» 시간이 지날수록 더해가는 가치에 대해

우리가 사용하는 사물은 대부분 시간이 지남에 따라 그 가치가 감소한다. 어딘가 부딪혀 외관이 손상하기도 하고 기능에 이상이 생겨 성능이 떨어지기도 한다. 그보다 더 좋은 기능에 가격마저 저렴한 신제품이 나오면 그 가치는 폭락하고 만다. 하지만 세상에는 그런 것만 있는 것은 아니다. 어떤 것들은 시간이 지나면 지날수록 더 큰 가치를 지니게 되기도 한다. 예를 들면 앤티크 같은 것이다. 앤티크는 시간의 가치가 원래 사물의 그것에 더해지거나 곱해져 새로운 가치를 창출한다. 지금 소개하려고 하는 라차만카가 그렇다.

미국의 예일 대학을 졸업한 후 방콕에서 오랫 동안 건축가로 활약한 라차만카의 운영자는 자신이 가진 것을 다른 사람과 공유하는 삶을 살기로 결정한다. 그는 인테리어 디자이너인 아들과 함께 치앙마이의 올드타운에 리조트를 짓는다. 건축과 인테리어 뿐 아니라 아트와 앤티크 콜렉터로서도 활동하면서 심미안을 쌓고, 자신들이 지금까지 쌓은 능력과 부를 사람들과 공유하겠다고 결심한 이 부자(父子)만큼 최고의 리조트를 만드는데 완벽한 팀도 별로 없을 것이다. 이들이 원한 것은 그들이 만드는 리조트가 상업적인 것 이상의 가치, 즉 그들이 사랑하고 아끼는 예술 작품이나 앤티크처럼 시간이 지날수록 그 가치를 더하게 하는 것이었다.

라차만카 건물 외관의 가장 중요한 콘셉트는 태국 북부를 대표하는 란나 스타일이지만 객실 내부나 공간은 각각 다른 스타일로 꾸며져 있다. 부자가 그동안 모아온 태국과 미얀마, 라오스, 그리고 중국의 앤티크를 소품으로, 때론 객실의 스타일로 활용하고 있다. 여러 가지 스타일이 공존하면서도 전혀 어색하지 않고 오히려 미술관의 다양한 전시관 같은 재미를 주는 것 역시 이 슈퍼맨 부자의 능력에서 비롯되었다.

그러면 예술적인 면 외에 리조트의 기초적 덕목, 즉 서비스와 관리 등은 어떨까? 믿기 어렵겠지만 그것 역시 상당히 높은 수준이다. 전문적인 서비스는 아니더라도 적어도 마음에서 우러나오는 미소와 배려가 공간을 훈훈하게 채운다. 작은 규모에 고급스러운 서비스를 가진 호텔들의 조합인 Relais & Chateaux 호텔 그룹에 라차만카가 속해 있는 것도 우연이 아니다. 주변의 사원 관광이나 산책에도 유리한 위치라 라차만카는 그 사랑스러움을 더한다.

라차만카에서 조형물로서 또 가구로서 다양한 역할을 하고 있는 앤티크의 미래는 어떤 걸까? 사람들의 손에 망가져서 그 가치를 아예 상실하는 건 아닐까? 부자의 대답은 이렇다.
"우리는 튼튼한 가구와 앤티크를 사람들과 공유합니다. 그런 앤티크는 단순히 시간만 필요한 게 아니라 사람들의 손을 타야 더 아름다워집니다. 걱정과 달리 투숙객들이 앤티크를 더 앤티크답게 하는데 도움을 주고 있는 셈입니다. 이용객 중 많은 사람들이 자신의 방에 있는 가구와 앤티크를 사고 싶어 합니다. 따로 앤티크 숍을 운영할 필요가 없어졌어요. 놀라운 일입니다. 하지만 우리의 꿈은 아직 멀었어요. 이 리조트가 시간이 지나면서 사람들의 손을 타면서 앤티크가 될 수 있도록 더 열심히 노력할 겁니다."

레스토랑 건물 야경

리셉션과 직원

란나 스타일 장식의 지붕 모습

더 레스토랑의 실내

더 레스토랑의 테라스

더 레스토랑의 저녁식사

객실 문. 이것이 라차만카의 스타일이다

컨시어지

메인 수영장

라이브러리

스위트 객실의 침실

객실 입구

스위트 객실

아쿠아 평가

- Uniqueness 9 ■■■■■■■■■□
- Design 9 ■■■■■■■■■□
- Environment 7 ■■■■■■■□□□
- Service 8 ■■■■■■■■□□
- Facility 7 ■■■■■■■□□□

객실 정보

총 24개 객실에는 3가지 타입이 있다.

종류	객실 수	크기
슈피리어 Superior	18실	24㎡
디럭스 Deluxe	4실	36㎡
스위트 Suite	2실	100㎡

객실 입구에는 중국풍의 나무로 만든 문, 객실 내부에는 중국과 아시아 각국에서 들여온 앤티크 가구와 액자, 조명 등이 있어 고풍스러우면서 고급스럽다. 슈피리어 객실은 타일바닥 위에 검은색 고가구들로 꾸며져 있다. 천정이 높아 시원한 느낌을 주고 창밖으로 보이는 대나무가 서정적이다. 디럭스 객실은 천정에서 시작하는 키 높은 캐노피 침대가 시선을 끈다. 왕실에서나 사용 할 것 같은 이 침대는 웅장하면서도 로맨틱한 분위기를 낸다. 객실 입구에 마련한 발코니 공간에는 쉴 수 있는 소파가 있다. 스위트는 거실과 침실을 구분한 구조로 훨씬 많은 앤티크 예술작품들을 장식해 놓아 로맨틱한 분위기를 더한다. 다른 객실과 전혀 다른 인테리어를 하고 있으니 관심 있는 사람은 직원에게 부탁해서 인스펙션을 하는 것도 좋을 듯하다.

부대시설

■ **수영장 Pool** 20m 길이의 수영장은 건물과 정원에 둘러싸여 있어 조용하면서 프라이빗하다. 단순한 모양이지만 주변 건물들과 어울려 아름다운 모습이다.

Museum

Spa

■ **라이브러리 Library** 고급 개인 서재 같은 느낌이다. 호텔 설립자의 개인 공간인 동시에 투숙객들을 위한 공간이기도 하다. 전시해 놓은 책은 읽을 수 없지만, 인터넷은 무료로 사용할 수 있다.

■ **박물관 Museum** 레스토랑 건물 2층에 위치한다. 전시하고 있는 물건은 운영자 개인 소장품으로 라차만카의 예술적인 분위기를 느끼기에 좋다.

■ **스파 Spa** 제대로 된 스파는 없고 수영장 근처 건물 2층에 전통마사지를 받는 공간이 있다.

■ **부티크 숍 Beutique Shop** 라차만카 스타일이 돋보이는 편집매장이 있다.

레스토랑

■ **더 레스토랑 The Restaurant** 호텔 입구에서 정면으로 보이는 곳에 레스토랑 건물이 있다. 태국음식을 기본으로 한 퓨전 레스토랑이다. 음식보다 돋보이는 것은 인테리어와 분위기. 액자가 많이 걸려있는 실내와 텅 빈 마당을 접하고 있는 테라스 좌석은 각기 다른 독특한 분위기를 연출한다. 전체적으로 정갈하고 예술적인 분위기가 특징이다.

■ **더 바 The Bar** 레스토랑 입구 쪽에 차이나풍의 작은 바가 있다. 술보다는 차가 더 잘 어울릴 것 같은 분위기다. 작지만 아름답고 분위기 있으니 들려보자.

The Bar

조식 정보

토스트 등 간단한 음식은 뷔페식으로 하고 메인 음식은 몇 가지 메뉴 중에서 선택하는 방식이다. 신선한 아침공기를 접할 수 있는 테라스 좌석이 인기다.

숙소이용 팁

라이브러리에서 인터넷을 무료로 사용 할 수 있다. 이용 시간은 오전 8시 30분부터 오후 10시까지.

라이스 테라스 레스토랑

만다린 오리엔탈 다라데비
Mandarin Oriental Dhara Dhevi

전화번호 66-53-888-888
홈페이지 www.mandarinoriental.com/chiangma
위치 치앙마이 외곽. 치앙마이 공항에서 차로 약 30분

» 고대 왕국, 리조트로 다가오다

필자는 기본적으로 대형을 표방하는 호텔이나 리조트에 거부감이 있다. 현대 사회의 익명화한 대중 속의 개인처럼 대형 호텔의 손님 역시 개성이나 취향, 존재감을 무시당하는 듯한 느낌을 받기 때문이다. 집단으로서가 아니라 개인으로서 존중받는 리조트, 프라이버시를 보장해주는 리조트, 스스로도 개성이 있고 스토리가 있는 리조트를 더 좋아한다. 이런 곳들은 대부분 '대형'이라는 타이틀과는 거리가 멀다.

미디어 등을 통해 주로 '엄청난 크기'를 강조하는 만다린 오리엔탈에 대한 설명을 들었을 때 거부감을 느꼈던 것도 그 때문이었다. 하지만 실제로 맞닥뜨린 만다린 오리엔탈은 내가 생각하는 그저 그런 대형 리조트가 아니었다. 그것은 꿈속에서나 존재할 만한 고대왕국을 현실로 바꾼 대역사였으며 그 어떤 곳보다 유니크해지기 위해 노력한 하나의 예술작품이었다. 결정적으로, 그 큰 공간에 123실의 객실 밖에 없다는 것을 알게 되었을 때 얼마나 놀랐던지.

리조트가 '고대 왕국'이라는 콘셉트에 도전하기란 얼마나 어려운 일인가? 규모, 건축, 스타일 등의 조건중 한 가지만 부족해도 유치해지기 쉽고 손가락질 받기 쉬운 주제가 아닌가. 이러한 무한도전이 이루어지게 된 것은 고대왕국에 대한 꿈을 갖고 있던 한 성공한 사업가가 자신의 꿈을 실현시킬 리조트를 만들 결심을 하면서부터다. 세계 최고 수준의 서비스로 유명한 만다린 오리엔탈 그룹이 이 전대미문의 리조트 운영에 참여 하기로 결정하면서 꿈은 현실로 바뀌었다. 자칫하면 B급 놀이동산으로 전락했을지도 모를 리조트지만 창의적인 사업가와 최고 호텔 그룹의 이상적인 결합으로 고대 왕국이 탄생했다.

마차를 타고 왕국의 입구를 통과하면 우리 눈 앞에 고대 왕국이 펼쳐진다. 그 곳에는 절대 군주가 살고 있을 법한 아름다운 성이 있고 농부들이 소를 이용해서 경작하는 논과 밭이 있으며 마을이 있고 도시가 있다. 동떨어진 느낌의 콜로니얼풍 건물도 있지만 어색하지는 않다. 이 모든 것들이 넓은 부지에 펼쳐져 있기 때문에 다 돌아보려면 꽤 많은 시간이 필요하다. 따라서 지도를 늘 소지해야 하고 먼 거리는 버기의 도움을 받아야 한다. 아무래도 크면 불편한 문제가 생긴다. 하지만 아름다운 환경이라 참을만 하다. 아니 돌아다니는 것이 즐겁다.

만다린 오리엔탈을 단순한 구경거리가 아닌 최고의 리조트로 평가할 수 있는 것은 스케일과 디테일, 특별함과 편의성 등 양 쪽을 놓치지 않고 있다는 것이다. 엄청난 규모와 화려한 건물에도 불구하고 사람 위에 군림하지 않고 사람들을 꿈 같은 무대의 주인공으로 만든다. 그것으로 인해 투숙객들은 개성을 상실한 군중이 아닌, 한 명 한 명이 생명력 있는 진정한 주인으로서의 자격을 갖게 되었다. 진정, 왕국을 사랑하고 아낄 수 있게 되었다.

리조트 안에 구현된 농촌 모습

리조트 메인 건물의 야경

스파 리셉션 야경

파랑 세즈 레스토랑

혼 바

콜로니얼 스위트 객실 건물과 수영장

콜로니얼 스위트 객실 건물의 복도

콜로니얼 스위트 객실의 거실

콜로니얼 스위트 객실의 침실

콜로니얼 스위트 객실의 욕실

빌라의 외관

빌라의 테라스와 전망

빌라의 욕실

아쿠아 평가

- Uniqueness 10
- Design 9
- Environment 8
- Service 8
- Facility 9

객실 정보

총 123개 객실에는 12가지 타입이 있다(이 책에서는 여행자들이 많이 사용하는 8가지 타입만 소개한다). 빌딩형의 일반 객실 54개와 69개의 단독 빌라로 나누어져 있다. 일반 객실은 콜로니얼 스위트라는 건물에 있다. 2층으로 된 이 건물은 이름 그대로 콜로니얼 양식으로 지은 아름다운 건물로 전 객실이 거실과 침실이 분리 된 스위트룸 구조로 되어 있다. 가장 낮은 카테고리인 콜로니얼 스위트 객실조차 105㎡로 다른 호텔 일반 객실의 2~3배가 되는 크기다. 앤티크 가구와 대리석, 크림색의 격자창이 클래식하면서 우아한 아름다움을 보여준다. 개인 버틀러의 서비스를 받을 수 있는 빌라는 야외에 자쿠지, 플런지 풀, 개인 풀의 유무에 따라 다양하게 나뉜다. 모두 복층 구조로 1층에는 거실과 주방이, 2층에는 침실이 위치한다. 테라스에서는 논이 보이는 멋진 전망을 감상 할 수 있다.

종류	객실 수	크기
콜로니얼 스위트 Colonial Suite	36실	105㎡
디럭스 콜로니얼 스위트 Deluxe Colonial Suite	15실	168㎡
그랜드 디럭스 콜로니얼 스위트 Grand Deluxe Colonial Suite	1실	220㎡
그랜드 디럭스 2-Bed 만다린 스위트 Grand Deluxe 2 Bed Mandarin Suite	2실	250㎡
스파 스위트 Spa Suite	4실	101㎡
빌라 Villa	8실	88~116㎡
디럭스 빌라 Deluxe Villa	19실	185~220㎡
디럭스 빌라 위드 자쿠지 Deluxe Villa with Outdoor Jacuzzi	6실	235㎡
디럭스 빌라 위드 플런지 풀 Grand rand Deluxe Villa with Plunge Pool	11실	200㎡
디럭스 빌라 위드 풀 Deluxe Villa with Pool	9실	244㎡
그랜드 디럭스 2-Bed 빌라 Grand Deluxe 2 Bedroom Villa	1실	358㎡
그랜드 디럭스 2-Bed 빌라 위드 풀 Grand Deluxe 2 Bedroom Villa with Pool	3실	358㎡
레지던스 Residence	8실	213~31㎡

부대시설

■ **수영장 Pool** 콜로니얼 스위트 건물과 빌라 쪽에 각각 1개씩 모두 2개의 수영장이 있다. 콜로니얼 스위트 쪽 수영장(Colonial Pool)은 직사각형의 시원한 사이즈를 자랑한다. 빌라 쪽 수영장(Loy Kham Pool)은 깊이가 다른 2단 수영장으로 논이 보이는 전망을 갖추고 있다.

■ **스파 Spa** '별의 여신'을 뜻하는 최고급 시설과 규모의 데바 스파 Dheva Spa가 있다. 미얀마의 만달레이 궁전 Ancient Mandalay Palace을 따서 만들었다. 총 18개의 초호화 스파룸과 스파 스위트 객실 등이 있다.

■ **라이브러리 Library** 고대 도시의 학교처럼 만들었다. 5,000권이 넘는 도서와 2,000여장의 DVD, 1,500여장의 CD를 보유하고 있다. 이곳에서 인터넷을 무료로 사용할 수 있다.

■ **키즈 클럽 Kids Club** 2층짜리 목조 건물로 TV, DVD, Audio, 다양한 놀이 기구를 갖추었다. 그림 그리기, 종이 공작 등의 기본 프로그램부터 요일 별로 다양한 액티비티가 준비된다. 특히 아웃도어 액티비티 Outdoor Activity를 다양하게 진행하는데 리조트 투어, 태국 전통 무용, 벼농사 법 배우기 등도 포함한다. 오전 9시부터 오후 8시까지 무료로 이용 가능하다.

Library

■ **부티크 숍 Boutique Shop** 태국 고대 시장을 재현한 깻 다라 Kad Dhara가 있다. '깻Kad'은 태국 북부 말로 '시장'을 뜻한다. 보석, 의류 등을 포함한 20개의 숍이 입점해 있다.

■ **기타** 피트니스 센터 Fitness Center / 크래프트 빌리지 The Craft Village

레스토랑

■ **아카리고 Akaligo** 리셉션 옆에 위치한 메인 레스토랑. 테라스 쪽 야외좌석이 전망이 좋아 인기가 많다. 점심시간에는 영업을 하지 않고 저녁에는 지중해식 음식을 취급한다.

■ **르 그랜드 란나 Le Grand Lanna** 드넓은 정원을 소유한 타이 레스토랑. 디너시간(20:00~21:00)에는 태국 전통 무용 공연을 함께 즐길 수 있다. 치앙마이의 다른 곳에 머물러도 한 번쯤 들러 볼 만 하다. 리조트 입구에 위치한다.

■ **라이스 테라스 Rice Terrace** 이름처럼 평화로운 논이 보이는 레스토랑. '스파 푸드 Spa Food'라는 콘셉트로 유기농 재료로 만든 식단을 제공한다. 스파 리셉션 아래층에 위치.

■ **파랑 세즈 Farang Ses** 파인다이닝을 위한 프렌치 레스토랑. 저녁에만 영업을 한다. 야외 좌석도 있지만 화려한 실내 분위기가 근사하다. 매주 월요일과 비수기에는 영업을 하지 않기도 한다.

■ **혼 바 Horn Bar** 태국 전통 무용에 사용하는 가면인 라마야나 Ramayana를 콘셉트로 한 바. 몽환적인 조명과 칠 아웃 음악이 흐르는 스타일리시한 공간이다.

■ **기타** 퓨지안 Fujian (차이니즈) / 풀 바 (Colonial Pool Bar, Loy Kham Pool Bar) / 오리엔탈 숍 Oriental Shop (베이커리)

조식 정보

메인 레스토랑인 아카리고 혹은 라이스 테라스 중 원하는 곳에서 아침식사를 할 수 있다. 아카리고에선 뷔페식을, 라이스 테라스에선 콘티넨탈 뷔페와 아라카르트가 혼합된 형식의 조식을 제공한다. 일본식 조식도 있다. 비수기에는 아카리고만 영업을 하기도 한다.

숙소이용 팁

■ 제일 먼저 리조트 지도를 챙겨 둘 것. 60에이커나 되는 방대한 규모의 리조트 부지는 하나의 마을 같아 걸어다는 것은 무리. 버기를 이용하는 것이 좋다. 피트니스 클럽에서 무료로 빌려주는 자전거를 타고 〈리조트 투어〉에 나서보는 것도 좋겠다.

■ 다양한 액티비티 프로그램이 있다. 관심이 있다면 액티비티 프로그램표를 참고하자.

■ 나이트 바자까지 가는 셔틀 버스를 하루 3회 무료로 운행한다.

Spa

살라 매림 레스토랑과 리조트 전경

포시즌즈 치앙마이
Four Seasons Resort Chiang Mai

전화번호 66-53-298-181
홈페이지 www.fourseasons.com/chiangmai
위치 치앙마이 외곽. 치앙마이 공항에서 차로 약 40분

›› 농촌도 로맨틱해질 수 있다

논을 리조트의 사이드나 중앙으로 끌어들이는 콘셉트는 역사가 그리 오래 되지 않았다. 포시즌즈 치앙마이는 논을 가운데 두고 객실 건물과 부대시설이 그것을 둘러싸고 있는 구조다. 논과 농촌 생활을 리조트의 메인 테마로 잡은 첫 번째 리조트라 해도 좋을 듯 싶다. 새로 오픈한 만다린 오리엔탈 다라데비도 중앙에 아름다운 논과 시골풍경을 재현했고 포시즌즈 치앙마이보다 더 드라마틱 해보이지만 그것이 리조트의 메인 콘셉트는 아니라는 점에서 원조인 포시즌즈 치앙마이의 농촌 콘셉트는 여전히 돋보인다.

포시즌즈 치앙마이는 낮은 산으로 둘러싸인 완벽한 분지의 지형을 하고 있다. 시내에서 불과 30분 거리지만 일단 리조트 안으로 들어서면 다른 건물이나 마을은 볼 수 없어서 오지에 온 느낌이 난다. 거기에 은밀하면서도 평화로운 농촌 풍경까지 합쳐지면, 포시즌즈 치앙마이는 소수의 사람들끼리 철저히 비밀을 지켜가며 자급자족하면서 살고 있는 비밀 공간 같은 느낌으로 다가온다.

포시즌즈 치앙마이의 로맨틱한 분위기는 무엇보다 이런 고립된 이미지와 자연과 농촌의 아름다움에서 비롯한다. 아직까지 많은 사람들이 로맨틱함을 바다나 섬에서만 찾으려 하지만 그것은 산과 농촌에서 제대로 된 휴양을 경험하지 못했기 때문이다. 밤에 레스토랑이나 객실 테라스에 앉아 자연의 오케스트라(귀뚜라미, 두꺼비, 풀벌레 등으로 이루어진) 협주곡을 듣고 있노라면 바다나 해변을 접하고 바라보는 것과는 전혀 다른 마음의 평화와 행복을 느끼게 된다. 그것은 어렸을 적 외갓집을 떠올리게 하는 추억이며 우리가 늘 돌아가고픈 마음의 고향이다.

그런 환경에서 전혀 기대할 수 없는 고급스러운 객실과 시설, 그리고 포시즌즈 특유의 세심하고 철저한 서비스야 말로 이 리조트의 로맨티시즘을 완성하는 요소다. 필자는 늘 신혼여행의 숙소로는 서비스가 좋은 곳을 선택해야 한다고 강조한다. 왜냐하면 신혼여행에 어울리는 로맨틱한 감정이 들려면 다른 것들은 신경 쓰지 않아도 되고 오직 상대방에게만 집중할 수 있는 분위기가 만들어져야 하기 때문이다. 리조트의 서비스 수준이 그러한 분위기를 결정하거나 큰 영향을 끼친다. 만약 객실에 이것저것 문제가 많고 사람을 불러도 잘 오지 않거나 해결할 의사가 없는 곳이라면 서로에게 가야할 관심이 다른 곳으로 분산되어 로맨틱한 감정에 빠질 겨를이 없게 된다. 그런 면에서 모든 포시즌즈는 신혼여행의 이상적인 파트너다.

아침 일찍 혹은 해 질 녘 사랑하는 사람과 함께 산책 해보자. 논길도 걸어보고 유럽의 성 같은 느낌마저 주는 레지던스 건물들을 배경으로 사진도 찍어보자. 어두워지면 엘러펀트 바에서 칵테일 한 잔을 마신 후 이탈리안 레스토랑 테라스에서 저녁식사를 해보자. 만약 그러고도 함께 있는 사람에게 로맨틱한 감정이 들지 않는다면 그것은 둘 중 하나다. 아예 이루어질 수 없거나 이미 돌이킬 수 없을 정도로 차갑게 식어버린 사랑.

메인 수영장과 리조트 전경

로비 야경

파빌리온 객실

아쿠아 평가

- Uniqueness 9
- Design 9
- Environment 7
- Service 8
- Facility 7

객실 정보

총 80개 객실에는 2가지 타입이 있다. 란나 스타일의 2층 목조건물에 있는 파빌리온은 라이스필드, 마운틴, 가든 등 전망에 따라 나뉘고 그 중 라이스필드의 전망을 가진 객실료가 가장 높다. 모두 기본 구성은 동일하다. 짙은 티크와 라탄 가구를 믹스 매치해 고급스러우면서 은은하다. 부분 조명으로 부드럽고 아늑한 분위기를 만들어낸다. 충분한 공간이 있는 수납장과 두 개의 세면대, 욕조와 샤워 부스도 클래식한 느낌이다. 데이베드와 식탁이 있는 넓은 테라스는 전망에 따라 색다른 분위기를 낸다. 요청하면 테라스에 캔들 라이트 디너를 세팅해 준다. 16개의 레지던스는 개인에게 분양을 하거나 장기 대여를 한다. 객실에 여유가 있을 경우 레지던스 객실을 단기로 판매하기도 한다. 1-Bed에서 3-Bed까지 구성한 이 객실들은 최소 넓이 244㎡로 엄청난 크기며 2-Bed는 마치 유럽의 고성을 연상하게 할 정도다.

종류	객실 수	크기
파빌리온 Pavilion	64실	70㎡
레지던스 Private Residence (1 Bed~3 Bed)	16실	244㎡~524㎡

부대시설

■ **타이 쿠킹클래스 Thai Cooking Class** 오로지 쿠킹스쿨만을 위해 지은 공간으로는 너무 크고 훌륭해서 깜짝 놀랄 정도다. 일류 호텔 주방이라고 해도 믿을만한 큰 주방에 개인을 위한 작업 공간이 따로 마련되어 있다. 수업이 끝나고 자신이 만든 요리를 먹을 수 있는데 이때를 위해 옆에 식당을 따로 마련해 놓았을 정도다. 클래스 내용은 로컬 시장에서 장을 보는 것부터 리조트 내 허브와 향신 야채 등을 키우는 가든 투어를 포함한다. 일요일을 제외한 매일 오전 9시부터 오후 1시까지 수업이 있는데 요일마다 코스가 다르다. 요금은 6,000B(TAX & SC 17% 별도)이고 에이프런과 요리 레시피, 기념선물 등을 함께 제공한다. 주로 투숙객들을 위주로 운영하기 때문에 교통편은 제공하지 않는다.

■ **수영장 Pool** 파빌리온과 레지던스 쪽에 각각 수영장이 있는데, 투숙객은 양쪽 수영중 어디라도 이용할 수 있다. 파빌리온 쪽 수영장이 규모가 더 크고, 레지던스 수영장은 프라이빗한 느낌이 강하다.

■ **스파 Spa** 레지던스 건물 한 동을 사용하는 란나 스파는 3층에 총 7개의 룸을 갖추고 있다. 스파룸에 개별 샤워와 스팀, 화장실은 물론 워터 트리트먼트 룸까지 있어 최고의 서비스를 받을 수 있다.

■ **피트니스 센터 Fitness Center** 파빌리온 풀 옆에 위치한다. 자전거를 무료로 대여 할 수 있고 이용시간은 오전 6시부터 오후 9시까지. 개개인의 수준에 맞춘 개별 강습을 받을 수 있는 테니스 코트가 별도로 있다.

■ **라이브러리 Library** 리셉션 옆 건물에 있으며 이곳에서 인터넷을 무료로 사용 할 수 있다.

레스토랑

■ **살라 매림 Sala Mae Rim** 로비 아래층에 위치한 메인 레스토랑. 태국 북부의 음식을 위주로 한 태국음식을 메인으로 한다. 아침에는 조식 레스토랑으로도 사용한다. 포시즌스 치앙마이가 품고 있는 라이스필드와 아름다운 레지던스 건물들이 한 눈에 들어오는 야외 좌석이 인기다.

■ **테라스 Terraces** 파빌리온 풀 옆에 위치한 이탈리안 레스토랑으로 점심과 저녁 시간에만 오픈한다. 밤 시간에는 횃불을 밝혀놓아 로맨틱한 분위기를 연출한다.

■ **엘러펀트 바 Elephant Bar** 살라 매림 옆에 위치한 바. 주로 오후 늦게부터 밤 시간까지 테라스 좌석을 이용하게 된다.

■ **기타 룸서비스 In-Pavilion Dining** 룸서비스를 세 번째 식당으로 소개 할 만큼 룸서비스에 대한 자부심이 강하다. 24시간 이용 할 수 있다.

조식 정보

뷔페식과 아라카르트를 혼합한 형태다. 샐러드와 과일 등을 간단하게 마련한 뷔페가 있으며 메인 요리는 따로 주문하면 된다. 아름다운 논 전망, 새소리와 함께 즐기는 아침식사는 상쾌하고 즐겁다.

숙소이용 팁

■ DVD 타이틀을 무료로 대여해 주는데, 룸서비스로 요청하면 직원이 가져다 준다.

■ 치앙마이 시내를 다니는 무료 셔틀버스가 있다.

■ 리조트 내 가든 투어, 벼농사 법 배우기, 버드 워칭 등 매일 요일 별로 다양한 액티비티 프로그램을 진행한다. 미리 예약해야 하므로 관심이 있다면 체크해보자.

리셉션과 로비

아 난 타 라 골 든 트 라 이 앵 글
Anantara Resort Golden Triangle

전화번호 66-53-784-084
홈페이지 www.anantara.com
위치 골든트라이앵글. 치앙라이 공항에서 차로 약 1시간

》 코끼리 울음소리가 정글을 깨우는 곳

코끼리 울음소리에 깜짝 놀라 테라스로 나가본다. 원시적인 초원에 코끼리가 잰 걸음으로 움직이면서 특유의 파워풀한 동작과 울음소리로 정글을 깨운다. 눈을 비벼본다. 귀를 만져본다. 내가 꿈을 꾸고 있는 것인가?

미얀마와의 국경을 이루는 메콩 강과 건너편에 펼쳐지는 대초원이 만드는 경치는 태국보다는 아프리카에서 기대할 수 있는 종류의 것이다. 거기에 코끼리 울음소리까지 합치면 더 그렇다. 밤이 되면 리조트에 조명과 횃불이 켜지면서 환상적이고 이국적인 분위기를 연출한다. 바에서는 모닥불이 탁탁 소리를 내며 타고 있다. 칵테일 한 잔으로 몽환적인 기분에 빠져든다. 현실인지 꿈인지 불확실하고, 어떤 것이라도 상관 없다고 느끼는 상태가 된다.

골든트라이앵글은 메콩 강이 태국과 미얀마, 라오스의 국경을 나누는 지역으로 일찍이 마약 거래로 악명이 높았던 곳이며 지금은 관광지로 이름이 높다. 하지만 교통이 불편한 태국의 최상단 국경 지대로 휴양보다는 관광을 즐기는 여행자들이 많아서 리조트로 좋은 위치는 아니다. 바다도 없고 산도 아닌 그 곳을 여행하기로 결정하는 일은 쉽지 않겠지만 일단 도착해서 리조트를 돌아보면 자신의 용기를 칭찬하게 될 것이다.

엘러펀트 캠프는 아난타라에 묵는 동안 꼭 경험해야 할 액티비티다. 30여 마리의 크고 작은 코끼리가 투숙객들에게 코끼리를 더 잘 알고 이해하며 자연과 교감하는 방법을 알려주기 위해 존재한다. 이런 곳이라면 죄책감이나 두려움 없이 코끼리들과 자연스럽게 어울릴 수 있다. 코끼리 캠프 근처에 마련한 넓은 공간에서 올려다보는 아난타라의 전경은 객실 테라스에서 내려다보는 전망과는 다른 방식으로 아름다움을 표현한다.

아난타라 골든트라이앵글은 포시즌즈 텐트캠프와 함께 태국에서 가장 이국적인 리조트, 우리 안에 내재한 야성을 불러일으킬 수 있는 리조트다. 비용을 알고 나면 순식간에 멀게 느껴지는 포시즌즈 텐트캠프와 달리 아난타라 골든트라이앵글은 "호 그래?"라고 친근함을 느낄 정도로 문턱이 낮다.

이제 당신의 결단만 남았다. 태국의 북쪽 끝. 메콩 강을 경계로 라오스, 캄보디아와 함께 국경을 나누는 그 곳. 한 때 아편의 왕 쿤사(Khun Sa)가 마약을 팔던 신비의 땅으로 떠나보자.

수영장과 객실 건물

살라 매남 레스토랑의 야경

메인 수영장 야경

엘러펀트 바의 벽난로

코끼리 캠프 모습

리셉션의 직원들

쌀쌀해지는 밤 시간의 복장

아쿠아 평가

- Uniqueness 8
- Design 8
- Environment 9
- Service 7
- Facility 7

객실 정보

총 77개 객실은 디럭스와 스위트, 2가지 타입으로 나뉜다. 디럭스 객실은 크기는 평범하지만 안락한 느낌을 준다. 욕실에는 샤워부스 없이 아난타라의 트레이드마크인 테라초 Terrazzo(인조 대리석의 일종) 욕조가 있다. 두 사람이 들어가도 될 만큼 상당히 크고 안정감이 있다. 데이베드만한 소파가 있는 테라스에서 보는 숲의 전망이 이국적이면서도 마음을 편안하게 한다. 스위트는 디럭스 객실의 두 배 크기로 별도의 거실 공간과 드레스룸이, 욕실에는 욕조와 분리한 샤워 부스가 있다. 수영장과 숲이 모두 보이는 전망을 갖추고 있다.

종류	객실 수	크기
디럭스 Deluxe	58실	32㎡
스위트 Suite	19실	64㎡

Deluxe

부대시설

- **엘러펀트 캠프** *Elephant Camp* 점점 사라져 가는 야생 코끼리를 보호하기 위해 정부의 지원 하에 코끼리를 키우고 보살피는 캠프가 리조트 내에 있다. 현재는 30여 마리의 코끼리가 있다. 코끼리 캠프를 둘러보고 바나나 등 먹이를 줄 수도 있으며 코끼리와 함께 하는 트레킹 체험도 할 수 있다.
- **수영장** *Pool* 바닥에 우아한 연꽃을 새긴 아름다운 수영장이 있다. 강렬한 색상의 선 베드가 포인트. 숲을 감상하며 휴식을 취하기에도 좋다. 조명이 들어오는 저녁 시간이면 로맨틱한 분위기로 변모한다. 한쪽에 마련한 살라에선 마사지를 받을 수도 있다.

- **스파** *Spa* 스파 전문 리조트답게 정성을 들인 내부시설과 프로그램을 갖추고 있다. 싱글룸 없이 커플룸으로만 된 5개의 스파룸을 보유 하고 있다. 특히 스파룸 내에 개별적으로 있는 자쿠지는 태국의 전통적인 아름다움과 전망으로 로맨틱함이 물씬 풍겨난다.
- **피트니스 센터** *Fitness Center* 리조트 입구에 있는 넓은 정원 안에 위치한다. 테니스 코트, 탁구대 등도 갖추고 있다. 투숙객은 사우나를 무료로 이용 할 수 있다.

Spa

- **타이 쿠킹클래스** *Thai Cooking Class* 벼 혹은 논을 뜻하는 똔 카오 Ton Khao에서 진행한다. 리조트에서 재배하는 유기농 채소를 요리 재료로 사용하고 있다.

레스토랑

- **살라 매남** *Sala Mae Nam* 란나 전통 스타일로 장식한 메인 레스토랑. 타이식과 서양식을 함께 제공한다. 아침에는 뷔페로 식사를 제공한다. 로비 아래층에 위치.
- **반 달리아** *Baan Dahlia* 저녁에만 영업을 하는 이태리 레스토랑으로 와인 셀러도 갖추고 있다.
- **엘러펀트 바 & 아편 테라스** *The Elephant Bar and Opium Terrace* 로비에 마련한 바. 밤이 되면 벽난로가 운치를 더한다. 밤에는 쌀쌀할 정도로 기온이 많이 내려가는 지역이라 이런 그림이 어색하지 않다.
- **다이닝 바이 디자인** *Dining by Design* 리조트 내 고객이 원하는 곳 어디라도 로맨틱 디너를 할 수 있도록 준비해준다. 풀 테라스, 강변, 정원… 당신이 그리는 곳 어디라도!

조식 정보

메인 레스토랑인 살라 매남에서 뷔페식으로 제공한다. 태국 음식이 많은 편이다. 야외 좌석에서는 미얀마 땅이 보이는 전망을 감상 할 수 있다.

숙소이용 팁

- 리셉션에 마련한 컴퓨터로 인터넷을 무료로 이용 할 수 있다
- 골든트라이앵글, 치앙샌 시내로 가는 셔틀버스를 하루 2회 운행한다.
- 다양한 투어 프로그램을 갖추고 있다. 객실 내에 비치해 놓은 프로그램을 참고 할 것.

텐트 빌라의 욕실

포 시 즌 즈 텐 트 캠 프
Four Seasons Tented Camp Golden Triangle

전화번호 66-53-910-200
홈페이지 www.fourseasons.com/goldentriangle
위치 골든트라이앵글. 치앙라이 공항에서 차로 약 1시간

❯❯ 꿈과 현실의 경계선에서

포시즌즈 텐트캠프는 한마디로 그 존재를 믿기 힘든 리조트다. 가보기 전에 말로 들어도 믿기 어려운 것은 물론, 그곳을 다녀와서 직접 찍은 사진을 봬도 잘 믿기지 않을 정도다. 꿈과 현실의 경계선에 존재하는 리조트라고나 할까? 우선 그 위치나 가는 방법부터 말이 되지 않는다. 포시즌즈 텐트캠프가 위치한 곳은 태국과 미얀마의 경계인 메콩 강변. 강변에 있는 숙소는 많지만 배를 타야만 들어 갈 수 있고 나올 수 있는 위치는 포시즌즈 텐트캠프 밖에 없다. 그렇다. 농담이 아니다. 바다도 섬도 아니지만 도로가 연결되지 않는 곳이라 배로 들어가지 않으면 안 된다. 낮에는 배라도 연결되지만 저녁 6시 이후에는 국경의 룰 때문에 배마저 끊긴다. 이 세상 어디에도 속하지 않는 곳에 철저히 고립되는 것이다.

객실을 포함한 시설도 비현실적이긴 매한가지다. 짙은 원시림 언덕에 드문드문 위치한 흰색 텐트가 이 최고급 리조트의 객실이다. 그나마 달랑 15실 밖에 안 된다. 독립적이라는 말이 오히려 어색할 정도로 많이 떨어져 있어 완벽한 프라이버시로 보장한다. 더 놀라운 것은 텐트 안이다. 아프리카 사파리를 떠나는 왕족을 위한 텐트라고나 할까? 텐트 안이라고 생각하기엔 너무나 아름답고 고급스러운 인테리어가 눈길을 사로잡는다. 테라스에서 바라보는 미얀마의 초원과 정글은 말 그대로 환상적이다. 강과 대자연, 그리고 가끔씩 오가는 코끼리. 인간이 만든 인공적인 것은 아무 것도 볼 수 없다. 이런 텐트라면 그 누가 사랑하지 않을 수 있겠는가.

그렇다면 투숙객들은 철저히 고립된 리조트에서 무엇을 하는 걸까? '완벽하게 보장된 프라이버시 속에서 순도 높은 휴식을 즐긴다'는 누구나 맞출 수 있는 답인 반면 '친구를 사귄다'는 의외의 답일 것이다. 포시즌즈 텐트캠프는 투숙객들이 서로 교류하는 것 또한 중요한 서비스로 다룬다. 그냥 알아서 친해지는 것이 아니라 코끼리 트레이닝이라는 특별한 액티비티를 통해 자연스럽게 안면을 트고 우정을 쌓는다.

모든 식사에 와인까지 포함한 올 인크루시브 스타일의 식사 콘셉트와 하나 밖에 없는 레스토랑은 투숙객들의 사교를 더 편하게 하기 위한 전략이다. 이런 종류의 특별한 숙소에서 만난다는 것은 비슷비슷한 취향과 라이프스타일을 공유한다는 의미다. 어차피 투숙객도 많지 않고 신경 쓸 것도 도망갈 곳도 없다. 적당한 기회만 오면 투숙객들은 쉽게 어울리고 친분을 쌓게 된다. 놀랍지 않은가! 리조트에서 훌륭한 인적 네트워크까지 쌓을 수 있다는 사실과 리조트 역할의 끊임없는 진화가.

이제 최고급 리조트들은 객실이나 시설의 고급스러움이나 스타일로 경쟁하는 단계를 벗어나 보다 나은 삶의 질을 추구하는 라이프스타일을 제안하고 소통하는 문화적 공간으로서 거듭나고 있다. 철저한 프라이버시는 기본이고 취향이 비슷한 가진 인적 네트워크를 만드는 사교의 공간으로서 발전하고 있다. 포시즌즈 텐트캠프는 그 틀을 깨는 혁신의 선봉장에 서 있다. 우리는 지금, 리조트의 역사가 바뀌는 현장을 목격하고 있다.

텐트 빌라

텐트 빌라의 테라스. 강 너머가 미얀마 영토다

텐트 빌라 내부

텐트 빌라 입구

텐트 빌라의 소품

수영장

계곡에 놓여있는 다리

와인 셀러

농 야오 레스토랑

아쿠아 평가

- Uniqueness 10
- Design 8
- Environment 10
- Service 9
- Facility 6

객실 정보

총 15개의 텐트 빌라가 있다. 원시 정글의 산 중턱에 위치한다. 빌라는 다리로 연결된 두 개의 산에 걸쳐 있기 때문에 매우 독립적이고 조용하다. 객실 내부는 19세기의 탐험 여행을 콘셉트로 앤티크한 가구와 하나씩 손으로 만든 욕조, 조명, 고서 등이 있어 영화 속 한 장면을 보는 듯하다. 객실을 둘러싸고 있는 원시 정글과 그 앞으로 펼쳐진 고요한 초원은 흡사 아프리카의 사파리를 연상케 한다. 푸껫의 인디고 펄, JW 매리엇, 트리사라, 코사무이의 포시즌스 등에 이은 빌 벤슬리의 작품으로 그는 실제 아프리카로 여행을 다녀 온 후 영감을 얻었다고. 메콩 강과 미얀마, 라오스까지 바로 손에 잡힐 듯 가까이 보인다.

부대시설

■ **수영장** *Pool* 메인 레스토랑 옆으로 자그마한 풀이 있다. 객실이 풀빌라가 아니기 때문에 메인 풀이라 하기에는 약간 작아 보인다. 메콩 강을 가까이서 조망 할 수 있다.

■ **스파** *Spa* 두 개가 있는 오픈 에어 스파룸을 보유하고 있다. 패키지에 스파 트리트먼트까지 모두 포함해서 판매를 하는데 요청하면 객실에서 스파를 받을 수도 있다.

■ **엘러펀트 캠프** *Elephant Camp* 코끼리를 조련하는 방법부터 코끼리와 함께 하는 다양한 투어를 할 수 있는 캠프가 리조트 내에 있다. 이 캠프 프로그램에 참여 할 때 입을 수 있는 의상을 객실 내에 따로 준비해 놓았다.

Elephant Camp

레스토랑

■ **농 야오** *Nong Yao Restaurant* 타이, 라오스, 미얀마 푸드를 메인으로 하는 레스토랑. 오픈 에어 스타일로 메콩 강이 바라보이는 전망을 갖추고 있다. 총 36석 규모로 태국 북부의 전통 문양을 딴 의자와 테이블이 분위기 있다. 저녁 시간에는 한쪽에 마련한 벽난로를 실제로 사용하기도 한다.

■ **미얀마 바** *Burma Bar* 애프터눈 티를 제공하기도 하고 저녁 식사 전에 선셋 타임을 즐기기에 좋다. 오후 5시에 오픈한다.

■ **와인 셀러** *Wine Cellar* 꽤 큰 규모의 단독 와인 셀러를 갖추고 있다. 투숙객을 위해 하우스 와인을 비롯해 치즈, 카나페 등을 함께 준비해 놓아 무료로 시음할 수 있다. 예약하면 최대 6명까지 와인

Burma Bar

셀러 내에서 프라이빗 디너를 즐길 수 있다.

조식 정보

뷔페식과 아라카르트를 결합한 방식으로 제공한다.

숙소이용 팁

■ 예약은 자체 홈페이지에서 2박 3일, 혹은 3박 4일 등 패키지 상품으로 할 수 있다. 객실 외에도 와인을 포함한 모든 식사, 스파, 액티비티, 치앙라이 공항에서의 트랜스퍼 등을 포함한 풀 패키지 형태다.

■ 원할 경우 엘러펀트 캠프 내에서 로맨틱 디너를 즐길 수 있다.

■ 국경 지대라 셔틀 보트는 오후 6시까지만 운행한다.

리조트로 들어가는 선착장

객실 내 가구 모습

푸 짜 이 싸 이
Phu Chaisai Mountain Resort

전화번호 66-53-918-636
홈페이지 www.phu-chaisai.com
위치 치앙라이의 매찬. 치앙라이 공항에서 차로 약 50분.

≫ The mountain we belong

태국인의 자연에 대한 사랑은 각별하다. 집이나 사무실 같은 생활공간에 작게라도 정원을 만들고 나무와 꽃을 키우는 모습에서, 에어컨 룸을 마다하고 덥고 모기가 있는 정원 쪽 좌석에서 식사하는 모습에서 자연에 대한 한결 같은 태도가 느껴진다. 그것이 태국을 관광대국으로 이끄는데 얼마나 큰 힘이 되었을지 짐작하기에 어려움이 없다.

푸짜이싸이는 태국인들이 얼마나 자연을 사랑하는지, 또 얼마나 자연으로 돌아가고 싶어 하는지 보여주는 증거다. 오지 같은 산악 지형의 배경, 그 환경에 거슬리지 않게 나무 같은 친환경 소재로 지은 건물들, 리조트에서 직접 운영하는 차밭 등을 둘러보고 나면 운영자의 진심을 느낄 수 있다. 그것은 '자연친화'라는 타이틀을 달기 위한 의식적인 노력이 아니다. 좋아하는 일에 자신을 바친 것이다. 비록 세련미는 떨어져도 그 진심이 담긴 힘은 은근하면서도 강하다.

리조트 어디서나 즐길 수 있는 아름다운 전망은 푸짜이싸이의 간판이다. 리조트가 위치한 곳이 산 정상이고(그 때문에 도로 입구에서 리조트까지 가는 데도 한참 걸린다) 그곳에서 내려다보는 풍경이 워낙 수려해서 감탄을 자아낸다. 태국에서는 보기 드물게 산악지형이 이어지는 이 전망에는 스펙터클하면서도 마음을 편안하게 해주는 그 무엇이 있다. 이른 아침에 안개까지 끼면 영적인 느낌마저 든다. 한 가지 아쉬운 점은 가까운 아래쪽에 다른 리조트가 오픈하여 풍경이 크게 훼손하였다는 것이다. 비록 일부지만 인공적인 구조물이 없는 자연의 완벽한 그림을 망친 듯 해서 아쉽고 또 아쉽다.

이 숙소에서 보여주는 자연주의의 하이라이트는 객실이다. 전망을 강조하기 위해 언덕을 따라 층별로 지은 객실은 거의 대나무와 자연소재로 마감해 마치 직접 손으로 뚝딱뚝딱 만든 로빈슨 크루소의 집에 있는 듯한 기분이다. 가구도 삐뚤삐뚤해서 인간미와 유머가 느껴진다. 하지만 침구와 비누 등 어메니티가 고급스러운 걸 보면 이 숙소가 지향하는 콘셉트가 더욱 명확해진다. 별 빛 아래에서 식사를 즐길 수 있는 레스토랑이나 나머지 부대시설도 스타일에 일관성이 있다.

푸짜이싸이는 자연주의로 유명한 식스센스(에바손)의 로컬 버전이라고 생각해도 큰 무리가 없다. 태국인 특유의 인간미와 유머를 가미한 자연주의는 오히려 식스센스의 그것을 압도하는 느낌마저 든다. 고급 리조트에 필요한 프라이버시와 편의성까지 갖추고 있다. 북부 산악 민족의 복장을 하고 있는 직원들과 밤이 되면 무섭게 내려가는 기온은 푸짜이싸이의 자연친화적 콘셉트를 더욱더 독특하게 만든다. 다른 어떤 곳에서도 느낄 수 없고 푸짜이싸이에만 있는 그런 감성과 재미가 있다.

미국의 컨트리 가수 존뎀버 노래 중에 'Take me home country road'가 있다. 시골길을 따라 고향으로 돌아가고 싶다는 내용이다. 태국의 시골을 여행하면서 라디오를 듣다보면 이 노래를 자주 듣게 된다. 상쾌하면서도 신비로운 푸짜이싸이의 이른 아침, 강아지 두 마리가 이끄는 차밭을 산책하면서 나는 나지막이 그 노래를 불렀다. 그리고 지금 이 순간, 다시 가사를 읊조린다. 잠시나마 내 지친 영혼을 달래준 그 산으로 다시 나를 데려다달라고.

객실 건물 위 옥상과 전망

버기와 강아지

재미있는 장식

아쿠아 평가

- Uniqueness 9
- Design 7
- Environment 7
- Service 6
- Facility 6

객실 정보

총 34개 객실에는 5가지 타입이 있다. 대나무와 흙 등 자연적인 재료로 만든 객실들은 산의 언덕을 따라 경사가 다르게 지어졌다. 대나무로 만든 캐노피 침대는 나름 로맨틱한 분위기를 연출한다. 객실에 갖추어진 침구나 욕실 용품 등도 꽤 고급스럽게 세팅해 놓았다. 각 객실에는 TV와 DVD, 미니바가 없다. 하지만 전기 콘센트는 여유롭게 설치해 놓아 노트북, 핸드폰 충전 등의 사용이 쉽다. 상위 객실로 갈수록 전망도 좋아지고 객실의 넓이도 훨씬 여유가 있다. 어느 객실이든 널찍한 테라스에 데이 베드를 갖추고 있어 멋진 전망과 시원한 휴식 공간을 제공한다.

부대시설

■ **수영장** *Pool* 멋진 전망을 갖고 있는 아담한 사이즈의 수영장이 있다.

Pool

■ **스파** *Spa* 수영장과 연결된 공간에 위치한 총 8개의 스파룸은 목가적으로 꾸며져 있다. 타이 마사지를 받는 야외 정자 아래에서는 숲의 향기를 고스란히 만끽 할 수 있다.

■ **라이브러리** *Library* 레스토랑과 가까운 곳에 여유롭고 편안한 분위기의 라이브러리가 있다.

레스토랑

■ **푸 뷰 레스토랑 & 바** *Phu View Restaurant & Bar* 리셉션과 가까운 곳에 있다. 가운데 연못과 꽃이 많은 정원을 두고 오픈 에어 테라스와 지붕이 있는 레스토랑 공간이 그것을 둘러싸고 있는 구조다. 지붕이 없는 테라스 쪽 좌석이 전망이 좋고 더 로맨틱한 분위기다.

조식 정보

■ 푸 뷰 레스토랑에서 빵과 주스, 베이컨 등 간단한 아침식사를 뷔페식으로 제공한다. 계란 요리는 따로 주문한다. 숯불에 직접 구워서 먹는 토스트가 이색적이다.

숙소이용 팁

■ 도자기와 핸드 페인팅 우산 만들기 등을 배울 수 있는 공간이 따로 있다.
■ 로비에서 인터넷을 무료로 사용 할 수 있다.
■ 슈피리어 객실을 예약해도 디럭스 객실에 여유가 있을 경우 업그레이드 서비스를 제공한다.
■ 아침에 리조트에서 재배하는 차 밭까지 산책할 수 있는 프로그램이 있다. 리조트 직원과 함께 하며(귀여운 강아지 2마리도 함께 길을 안내 한다) 돌아오는 길에 산 정상에 있는 타이 빌라를 둘러 볼 수도 있다.

전망대에서 바라본 수영장과 과수원

러 이 릴 라 와 디 리 조 트
Loei Leelawadee Resort

전화번호 66-42-801-277
홈페이지 www.loeileelawadee.com
위치 러이의 단싸이. 우돈타니 공항에서 차로 약 2시간

» 다 함께 돌자. 과수원 한바퀴

당신에게 있어서 리조트를 평가하는 가장 중요한 요소는 무엇인가? 어떤 사람은 큰 수영장과 다양한 부대시설이라 할 것이고, 또 어떤 사람은 객실 등 시설의 럭셔리함이라 할 것이며, 또 어떤 사람은 서비스를 말할 것이다. 리조트를 평가하는 기준은 개인적인 취향이나 여행의 목적에 관련이 있으므로 다양할 수밖에 없다. 하지만 더 많은 리조트를 경험하면 할수록 환경이 가장 중요하다는 것을 깨닫게 된다. 훌륭한 환경을 찾아내 그 환경과 조화를 이루는 숙소를 만드는 것이야말로 최고의 서비스인지도 모른다.

여기 소개하는 릴라와디 리조트는 항상 환경과 함께 이야기를 시작해야 한다. 63살의 태국 여성 수칸야 티싸왓(Sukanya Treessawad)씨가 방콕에서 러이로 주거지를 옮기고 과수원을 시작한 것도 환경적인 이유였다. 방콕을 탈출하기로 결심한 그녀는 태국에서 가장 높은 산이 근처에 있고 또 가장 시원한 기후를 가진 러이의 자연과 사랑에 빠졌다. 방콕에서 차로 7시간 거리이고 국내선 공항도 멀어서 교통이 불편하다는 것쯤은 아무런 장애가 되지 않았다. 그렇게 평소 꿈에 그리던 농촌 생활을 시작했다. 1,000라이의 넓은 땅에 오렌지, 망고 나무를 심고 2000년부터 과일을 재배하기 시작했다.

그것이 그녀가 만든 해피엔딩의 끝이라면 이 책에서 그녀의 이야기를 듣는 일은 없었을 것이다. 러이가 가진 수려한 자연과 신선한 공기, 자신이 운영하는 과수원이라는 환경이 가진 가치가 늘 마음의 휴식처를 찾는 도시인들에게 얼마나 잘 맞는지 눈치 챈 그녀는 과수원의 심장부에 객실을 짓기 시작했다. 어디서나 볼 수 있는 그런 객실이 아니라 손님의 건강을 생각하고 하나하나 특징 있게 디자인하고 직접 만드는 그런 객실을 말이다. 그렇게 해서 산과 과수원으로 둘러싸인 숙소 러이 릴라와디 리조트가 탄생했다.

러이 릴라와디는 일반적인 리조트의 기준으로 설명할 수 없는 곳이다. 단지 50여 개의 객실에 소담한 수영장과 리셉션, 식당 하나 달랑 있는 숙소지만 태국에서 가장 면적이 넓은 리조트이기 때문이다. 물론 과수원을 합쳤을 때 이야기다. 과수원은 리조트와 경계 없이 그대로 이어진다. 과수원은 투숙객들의 정원이자 체험 공간이기 때문에 리조트 부지로 계산해야 맞다. 정원의 꽃과 나무, 오렌지 향 가득한 과수원이 가장 중요한 부대시설이 된다. 리조트에 왔다기보다는 차라리 과수원을 운영하는 외가댁에 놀러온 기분이 든다.

쉬운 선택은 아니다. 특히 우리 같은 외국 여행자에게 더 그렇다. 애매한 위치가 그렇고 영어도 잘 안 통하는 로컬 중심의 운영 시스템도 부담스럽다. 건강을 위해 만든 황토방 스타일의 객실 역시 그러하다. 하지만 진정 환경을 사랑하는 사람이라면 리조트 운영자가 그랬듯 장벽을 허물고 이 곳에 갈 수 있을 것이다. 기왕 갈 거라면 태국의 겨울인 11월부터 2월 사이에 가자. 밤이면 10도 아래로도 떨어지는 곳이니 꽤 두꺼운 점퍼나 스웨터를 가방에 넣어가자. 이른 아침 과수원을 산책하면서 오렌지를 따먹어 보자. 밤에는 식당에서 이산 음식을 시켜놓고 풀벌레 울음소리를 안주삼아 술을 마셔보자. 청정한 환경이 주는 선물을 실컷 누려보자.

슈피리어 객실

과수원

전망대

아쿠아 평가

Uniqueness 8
Design 6
Environment 8
Service 6
Facility 6

객실 정보

총 50개 객실에는 6가지의 타입이 있다.
모두 방갈로 타입으로 잔디가 깔린 넓은 초원과 정원 사이에 여유롭게 위치한다. 목가적이고 자연 친화적인 모습이다. 각 객실은 조금씩 디자인이 다르다. 시골에서 느낄 수 있는 소박함과 정취가 느껴진다. 대나무와 벽돌로 만들어진 스탠더드 객실을 기본으로 나무로 만든 슈피리어, 꽃 이름을 모티브로 만든 디럭스, 황토로 지어진 빌라 등이 있다. 나무 이름을 딴 객실 앞에는 실제 그 나무가, 꽃 이름을 딴 객실 앞에는 실제 그 꽃을 심어 놓는 세심함이 엿보인다. 우리나라 황토 집을 연상하게 하는 빌라는 클레이 하우스 Clay House 라고도 부른다. 더블베드가 2개 있어 4인까지 머물 수 있고, 벽에는 태국 옛 생활상을 그린 벽화가 인상적이다. 수영장과 바로 접하고 있는 객실은 '깨우묵다 Kaewmookda'라는 이름이 붙은 슈피리어 객실로 인기가 높다.

종류	객실 수	Parsons
스탠더드 Stadard	20실	2인
슈피리어 Superior	2실	2인
디럭스 Deluxe	5실	2인
빌라 Villa	11실	4인
주니어 스위트 Jr. Suite	1실	2인
스위트 Suite	1실	4인

부대시설

■ **수영장** *Pool* 리조트 가운데에 아담한 수영장이 있다. 과수원의 전망이 좋은 편이다. 자쿠지가 별도로 있다.

레스토랑

로비와 함께 위치한다. 이산 음식을 비롯한 북부 음식이 주 메뉴인데 맛도 좋고 가격도 저렴하다.

조식 정보

토스트와 과일, 커피나 차, 그리고 메인 요리로 구성된 세트 메뉴를 제공한다. 메인 요리는 카오팟, 카오톰 등 4가지 중에 선택 할 수 있다.

숙소이용 팁

■ 리조트 입구에는 전망대가 있어 이곳에 올라서면 리조트 전경과 주변의 과수원이 한 눈에 들어온다. 시골의 목가적인 풍경을 감상할 수 있는 포인트이므로 놓치지 말자.
■ 로비에서 인터넷을 사용 할 수 있다. 요금은 1시간에 50B.
■ 과수원 한 가운데 리조트가 있고 경계가 없어서 쉽게 과수원을 돌아볼 수 있다. 이른 아침에 하는 과수원 산책은 상쾌함과 행복함을 선물한다.
■ 러이 남쪽에 위치한 푸끄라통 국립공원은 태국에서 가장 높은 산이 있는 곳으로 현지인들에게 인기가 높은 자연 관광지다. 이곳으로 여행을 나서는 것도 좋다.

계곡 모습

수 칸 타 라
Sukantara Cascade Resort

전화번호 66-81-881-1444
홈페이지 www.sukantara.com
위치 치앙마이의 매림. 치앙마이 공항에서 차로 약 50분

» 이보다 더 특별 할 순 없다

수칸타라 Sukantara는 '아름다운 계곡'을 뜻하는 말로 수량이 풍부한 계곡 옆에 지은 초자연적인 숙소다. 태국에서 계곡이 이처럼 중요한 배경과 주제로 부각된 리조트는 아마도 없었을 것이다. 마치 누군가 위에서 물을 쏟아 붓는 것처럼 쉴 새 없이 흘러내리는 계곡물과 그 바로 옆에 지어진 객실들, 계곡 안에 만들어놓은 휴식 공간 등은 누구에게나 신기한 모습이다.

수칸타라에서만 경험할 수 있는 것은 그 외에도 많다. 이 리조트에 들어선 순간 자신의 눈을 의심할 만한 경험을 하게 된다. 긴 꼬리를 가진 2마리의 공작새가 경비원처럼 나무 위에서 고고히 당신을 내려다보고 있기 때문이다. 감히 범접하기 힘든 카리스마를 가진 이 새들은 직원처럼 리조트에 늘 상주하면서 묘한 분위기를 만들어내고 있다.

5년 전 은퇴를 하고 방콕에서 고향인 치앙마이로 돌아와 노후를 보내고 있는 할아버지와 할머니가 이 리조트의 운영자다. 평소 늘 가까이 하고 싶던 자연과 새를 가까이에 두고 이 특별한 숙소를 운영하면서 노후를 보내는 소망을 이루게 된 것이다. 모자와 반짝반짝 빛나는 구두를 갖춰 입으신 할아버지와 육순이 훌쩍 넘은 나이에도 고운 피부와 단정한 몸매, 태국 북부 스타일로 곱게 올린 헤어스타일을 한 할머니는 한 눈에 봐도 젊은 트렌드세터 못지않다.

단 9개의 객실이 있는 숙소의 한쪽 공간에는 수칸타라 리조트의 이 멋쟁이 할아버지와 할머니 가족들이 살고 공작새와 다른 새들도 가족으로 함께 살고 있다. 사실 이 숙소는 그 특이한 정도가 일반 한국 신혼부부나 여행자들에게 너무 심하게 느껴질 수도 있다. 산길을 따라 10분 이상 차로 올라가야 하는 위치나 계곡을 바로 접하고 있는 환경도 그렇고 노부부가 새들과 함께 살고 있는 구성도 그렇다. 전문적인 리조트 운영 경험이 없다보니 곳곳에 어설픈 면도 보인다. 하지만 우리가 쉽게 하지 못하는 경험을 할 수 있는 특별한 곳이다. 안젤리나 졸리와 그녀의 아들 매덕스가 이 곳에 묵은 이유도 그 때문일 것이다(이곳을 방문해 달콤한 휴가를 보낸 그녀와 그녀의 아들 사진을 리셉션 데스크에서 만날 수 있다).

한국만큼 계곡 문화가 발달한 곳도 드물다. 태국도 계곡이 있지만 우리 눈에는 성에 안차는 곳이 많다. 하지만 수칸타라는 오히려 더 진보하거나 특별한 계곡문화로 우리를 깜짝 놀라게 만들었다. 수칸타라는 우리가 태국에서 찾은 가장 특이한 숙소 중 하나다.

수영장과 계곡

운영자

공작새가 있다

아쿠아 평가

- **Uniqueness** 8
- **Design** 6
- **Environment** 7
- **Service** 6
- **Facility** 6

객실 정보

총 9개 객실에는 3가지 타입이 있다.

종류	객실 수	크기
디럭스 코티지 Deluxe Cottages	6실	32㎡
풀 빌라 Suite Pool Villa	1실	
텐트 빌라 Tent Villa	2실	

계곡을 끼고 양쪽으로 객실들이 위치한다. 디럭스 코티지는 나무로 만든 단독 방갈로 타입이다. 내부도 모두 티크로 만들었고 모든 객실에는 TV와 DVD, 미니바, 옷장 등이 준비되어 있다. 욕실은 반 야외 구조로 가운데 세면대를 두고 샤워 부스와 화장실로 나뉘어져 있다. 객실에 따라서는 나무를 훼손하지 않고 욕실 안에 그대로 둔 곳도 있다. 일부 객실은 커넥팅이 가능해 4인까지 사용할 수 있다. 다리로 이어진 계곡 건너편에는 2개의 텐트 빌라가 있는데 내부에 침대와 평면 TV, 욕조까지 갖춘 객실이다. 숲속에서 쾌적하면서 럭셔리한 캠핑 분위기를 낼 수 있다. 계곡 맨 아래 쪽에는 풀빌라가 1채 있다.

부대시설

■ **수영장 Pool** 계곡과 바로 접한 곳에 아담한 수영장이 있다. 주변에 덱과 쉴 수 있는 의자, 테이블을 준비해 놓았다. 한 쪽에 작은 자쿠지가 별도로 있다.

Spa

■ **스파 Spa** 단 2개의 스파 룸이지만 여유로운 공간에 매우 화려하게 꾸며놓았다. 입구에 있는 연못을 지나면 리셉션에 스파 전 발을 씻는 공간이 나오고 스파룸은 스테인 글라스와 금박으로 되어 있다. 란나 전통 복장을 한 테라피스트들의 모습도 특이하다. 타이 마사지는 야외에 있는 살라에서 받게 되는데 계곡이 보이는 풍경이 아름답다.

레스토랑

리셉션 바로 옆에 레스토랑이 있다. 오픈 에어 구조로 계곡 가까이에 있는 좌석의 분위기가 그만이다. 작고 소박하지만 매일 생화로 테이블을 장식하고 직원들도 친절하다.

조식 정보

토스트와 계란, 베이컨, 커피 등을 포함한 아메리칸 브렉퍼스트(ABF)나 카오톰(태국식 죽) 중에서 선택 할 수 있다.

숙소이용 팁

- ■ 노트북이 있을 경우 무선 인터넷을 무료로 사용 할 수 있다.
- ■ 치앙마이 시내로 가는 교통편을 600B에 제공한다.
- ■ 오토바이를 렌트 할 수 있는데 하루 빌리는데 300B 수준.

파땜 국립공원

카페 드 롱 레스토랑

콩 찌 암 리 조 트
Tosang Khongjiam Resort

- ■ 전화번호   66-45-351-174~6
- ■ 홈페이지   www.tohsang.com
- ■ 위치   우돈 라차타니의 콩찌암. 우돈 라차타니 공항에서 차로 약 1시간 30분

» 고독에 대하여

인간은 고독한 존재다. 그 근원을 알 수 없으므로 근본적으로 고아이며, 어디로 가는지 모르므로 길 잃은 여행자다. 고독이 무섭고 싫어서 군중 속에 웅크려 보지만 자신이 군중과 다른 사람이라는 것을 알게 되는 순간 세상에서 가장 큰 고독이 그를 엄습한다. 고독은 인간의 친구다. 그것은 신이 인간에게만 준 능력이다. 고독을 통해 인간은 자신의 방향을 결정하고 자아성찰을 통해 한 계단 위로 오를 수 있다. 군중 속에서 너무 바쁘게만 사는 현대인은 고독할 수 있는 자기만의 시간이 없는 것이 큰 문제다. 일부러 가끔은 스스로 고독에 빠질 수 있는 환경을 만들어주는 것이 좋다.

토상 콩찌암 리조트는 그런 생각이 들 때 완벽한 환경이자 숙소다. 단순히 '조용하고 평화롭고, 쉬기 좋은'이라는 수식어로 이 리조트에 대한 설명을 마친다면 그것은 필요한 여행기자로서 직무유기다. 토상 콩찌암 리조트는 그 이상이다. 그곳에는 국경지대에서 느끼게 되는, 세상의 끝에 온 것 같은 가슴 떨림이 있다. 티베트에서 시작하여 5,000km를 흘러 바다로 빠져나가는 메콩 강의 흐름에서 아련하게 전해오는 외로움이 있다. 방콕에서 900km나 떨어진 태국의 오지, 콩찌암 마을은 이 지역에 드리워진 고독의 그림자를 더욱 진하게 만든다. 기원전 3,000년 원시인들이 그린 벽화가 정확하게 남아있는 파땜 국립공원(Pha Taem National Park)은 신비로운 느낌을 더해준다.

이런 척박한 오지에 어떻게 이렇게 세련되고 고급스러운 리조트가, 그것도 지금으로부터 15년 전에 오픈한 것일까? 그 당시 콩찌암이라는 지역과 사랑에 빠진 태국 고위 관리가 있지 않았다면 이 모든 일은 불가능했을 것이다. 해외여행 경험이 많은 그는 라오스와의 국경을 이루는 메콩 강변에 소박하면서도 세련된 스타일의 리조트를 지었다. 워낙 오지라 손님은 많지 않았지만 리조트를 철저하게 관리했다. 그 환경과 분위기의 독특함을 경험하고 사랑에 빠진 여행자들 덕분에 이제는 나름 유명한 리조트가 되었다.

고독을 체험하는 일 외에도 이 특별한 리조트를 활용하는 방법은 많다. 배가 고프면 강변의 분위기 있는 레스토랑에서 식사를 하면 된다. 더우면 수영장에서 수영을 하고 심심하면 책을 읽거나 주변 산책에 나서는 식으로 완벽한 휴양을 즐길 수 있다. 멀지 않은 거리에 위치한 파땜 국립공원 등 아름다운 자연과 유적들을 순례하며 오지 탐험가가 되어도 좋다. 국경을 넘어 라오스 투어를 다녀오면 순식간에 동남아 2개국 순방이 된다. 하지만 그것은 도착하고 난 후의 이야기다. 이 멀고 생소한 콩찌암을 그리고 외롭고 홀로 떨어져 있는 리조트를 선택하고 찾아가려면 무언가 특별한 이유가 필요하다. 그것은 역시 고독이다. 고독을 즐기러. 자신을 만나러 가야한다.

세상의 끝에서 철저히 혼자가 되고 싶을 때. 그 고독의 끝에서 자아를 만나고 싶을 때. 콩찌암으로 떠나라. 그리고 그 곳에서 필자에게 이메일을 보내라. 콩찌암과 이 리조트를 알게 해주어서 고맙다고.

세다푸라 풀빌라 객실

레스토랑에서 본 강 전망

아쿠아 평가

- Uniqueness 8
- Design 6
- Environment 8
- Service 6
- Facility 6

객실 정보

총 55개 객실에는 5가지 타입이 있다.

종류	객실 수	크기
슈피리어 Superior	40실	28㎡
디럭스 Deluxe	8실	46㎡
가든 빌라 Garden Villa	3실	52㎡
메콩 빌라 Mekong Villa	3실	56㎡
리버 빌라 River Villa	1실	60㎡

총 55개 중 40실을 차지하는 슈피리어는 아담한 사이즈에 소박한 느낌이 나는 객실이다. 강을 바라보고 있고 테라스가 있어서 전망은 좋은 편이다. 디럭스는 한층 커진 사이즈에 테라스에는 선베드까지 있을 정도로 여유가 있다. 빌라는 건물 내에 있는 객실이 아닌 정원에 독립적으로 지은 객실을 말한다.

부대시설

■ **수영장 Pool** 크지는 않지만 다양한 변화가 있고 나무와 분위기 있는 벽으로 둘러싸여 있다. 아이나 어른 모두 즐길 수 있는 아담한 수영장이다.

■ **스파 Spa** 마사지룸이라고 하는 게 더 어울릴 것 같다. 단독 건물을 사용하며 발마사지와 전신마사지를 받을 수 있다.

레스토랑

■ **카페 드 콩** Cafe De Khong 메콩 강 전망과 주변의 자연이 하나로 어우러지는 야외 공간에 테이블을 배치했다. 시설은 대단하지 않으나 전체적인 분위기가 매우 로맨틱하다. 태국음식 뿐 아니라 라오스 음식, 해산물 등 종류가 다양하다. 로컬의 맛에 가격까지 저렴하니 최고의 레스토랑이라 할만하다.

■ **바 Bar** 카페 드 콩 한쪽 옆에 작은 바가 있다. 식사 전이나 수영장에서 놀다가 가볍게 한 잔 마시기에 좋다.

Bar

조식 정보

카페 드 콩에서 뷔페로 운영한다. 리조트 규모나 수준에 비하면 조식 뷔페의 수준이 상당히 높다. 다양함보다는 정성스럽게 차려진 음식이나 디스플레이가 인상 깊다.

숙소이용 팁

■ 리조트 바로 옆에는 세다푸라(Sedhapura)라는 풀빌라 숙소가 있으며 역시 같은 회사에서 운영하고 있다. 고급스러운 신혼여행으로도 전혀 손색없을 정도의 객실과 시설을 갖추고 있다.

■ 콩찌암에는 국립공원 등 아름다운 자연환경을 가진 관광 거리들이 있다. 파땜 국립공원과 폭포와 야생화를 볼 수 있는 지역을 놓치지 말자.

파땜 국립공원

수영장과 객실 건물

더 테라스 바

더 레스토랑과 강 전망

체디 치앙마이
The Chedi Chiang Mai

전화번호	66-53-253-333
홈페이지	www.ghmhotels.com
위치	치앙마이의 삥 강변. 치앙마이 공항에서 차로 약 20분

>> 시골 생쥐, 스타일을 보여주다

치앙마이를 설명할 때 빠지지 않는 수식어 중에 '태국 제 2의 도시'라는 표현이 있다. 방콕에 이어 인구수가 가장 많고 문화와 경제의 중심지 역할을 하고 있는 치앙마이의 위상을 강조하는 의미일 것이다. 하지만 솔직한 사람이라면 좀 더 적절한 수식어를 생각해낼 수도 있을 것이다. 이를테면 '1등과는 한참 쳐진 2등' 같은. 흔히 2등이라고 생각하면 1등을 바짝 뒤쫓으면서 위협하는 느낌인데 치앙마이가 그런 존재는 아니기 때문이다. 모든 면에서 수도 방콕과 비교하기는 어려운 도시다. 특히 호텔에서 보여지는 최신 트렌드나 스타일 면에서는 하늘과 땅 차이다.

체디는 발리와 베트남, 태국 등에 고급 호텔을 운영하는 GHM 그룹의 리조트는 럭셔리함과 세련된 스타일로 유명하다. 치앙마이의 체디에서도 우리를 실망시키지 않는다. 전체적으로는 작고 아담하면서 현대적인 느낌의 세련된 디자인을 선보인다. 크기는 좀 작지만 글라스와 조명을 많이 사용한 객실과 군더더기 없이 깨끗한 수영장은 체디가 지향하는 스타일을 보여준다. 예전 영국 대사관 건물의 콜로니얼 스타일과 앤티크한 분위기를 레스토랑과 바, 리조트 전체에 적용해 도회적이고 트렌디한 일반 호텔과 차별화를 기했다.

정감 있고 클래식한 도시 치앙마이와 최고의 스타일을 가진 체디가 만나 잘 어우러졌다. 체디 치앙마이가 보여주는 환경과 문화, 그리고 사람의 완벽한 조화는 일찍이 방콕의 호텔들도 만들어내지 못한 성과다. 새로운 트렌트 리더가 탄생했다. 방콕 사람들이 촌스럽다 놀리는 시골 생쥐가 도시 생쥐에게 멋지게 한 방 먹였다.

아쿠아 평가
- Uniqueness 8
- Design 8
- Environment 7
- Service 7
- Facility 7

객실 정보
총 84개 객실에는 디럭스와 스위트, 2가지 타입이 있다.

부대시설
- **수영장** Pool 미니멀한 디자인의 메인 수영장이 있다. 강변과 마주보고 있다.
- **스파** Spa 수영장 옆에 위치한다. 스파 전후로 수영장과 강변을 바라보며 쉴 수 있는 공간이 여유롭다.
- **피트니스 센터** Fitness Center 스파 2층에 위치한다. 통유리로 되어 있어 강변 전망이 시원하다.
- **부티크 숍** Boutique Shop 태국 전통 수공예품이나 호텔 제품 등을 구입 할 수 있다.

레스토랑
- **더 레스토랑** The Restaurant 강변에 위치한 메인 레스토랑. 태국, 인터내셔널 음식 뿐 아니라 인도 음식으로도 유명하다.
- **더 바** The Bar 옛 영국 대사관이던 건물을 그대로 이용해 고풍스러운 아름다움이 살아 있는 바
- **더 테라스 바 & 시가 라운지** The Terrace Bar & Cigar Lounge

조식 정보
메인 레스토랑인 더 레스토랑에서 콘티넨탈 뷔페식으로 제공한다.

숙소이용 팁
- 무선 인터넷을 무료로 사용 할 수 있다.

리조트 전경

레스토랑 음식

서빙하는 직원

더 쿼터
The Quater

전화번호 66-53-699-423
홈페이지 www.thequarterhotel.com
위치 빠이 중심부. 빠이 공항에서 차로 약 10분

» 빠이의 포시즌즈

더 쿼터가 치앙마이에 있다면 별로 주목받지 못하는 숙소였을 것이다. 아직까지 배낭여행자들이 대세고 그들을 타깃으로 하는 게스트하우스 성격의 숙소들이 대부분인 빠이에 있기 때문에 그 존재감이 확연히 드러난다. 오지 같은 시골 빠이에 이처럼 스타일과 쾌적함을 갖춘 숙소가 나타났다는 것 자체가 쇼킹한 사건이다. 시설이나 서비스 면에서 더 쿼터는 빠이의 다른 숙소에 비해 너무나 월등해서 '빠이의 포시즌즈'라 부를 만하다.

더 쿼터의 가장 큰 장점은 현대적이고 쾌적한 객실, 세련된 수영장과 스파 등 부대시설이다. 하지만 편리한 위치도 그에 못지않다. 빠이의 몇 개 안되는 고급 숙소들이 시내에서 멀리 떨어진 곳에 만들어지고 있는 데 반해 더 쿼터는 중심가라 할 만한 곳에 위치한다. 빠이의 중심가란 치앙마이나 큰 도시의 그것과는 전혀 다른 개념이다. 걸어도 얼마 안 되는 거리에 아기자기한 갤러리와 숍들이 어깨를 나란히 하고 있는 소박한 분위기다. 그 거리를 산책하는 일이 얼마나 즐거운지는 직접 경험 해보기 전에는 모른다. 빠이의 중심가까지 불과 2~3분이면 걸어갈 수 있으면서 외곽에 떨어져 있는 것처럼 한가롭고 평화로운 더 쿼터의 위치는 더 바랄 것이 없다.

더 쿼터가 포근한 서비스를 제공하는 숙소가 아니라면 '빠이의 포시즌즈'라는 별명은 붙이지 않았을 것이다. 더 쿼터는 웬만한 고급 리조트의 서비스에 뒤지지 않는다. 직원들은 순진하고 겸손하며 마음에서 우러나오는 서비스를 한다. 아마도 그 시작은 운영자에게서 비롯했을 것이다. 따로 돈을 받는 게 정상일 것 같은 공항 픽업이나 자전거 빌리기, 인터넷 등이 모두 무료라는 점만 봐도 그렇다. 경쟁력을 위한 노력일 수도 있지만 숙소에서 제공하는 여러 가지 서비스와 수준을 생각해보면 얼굴을 마주치진 않았지만 운영자의 따뜻한 마음이 느껴진다. 가격마저 저렴하니 아무리 생각해도 이곳에 묵지 않을 이유를 못 찾겠다.

아쿠아 평가
- Uniqueness 7
- Design 7
- Environment 7
- Service 7
- Facility 6

객실 정보
총 36개 객실은 1층과 2층, 2가지로 나뉜다.

부대시설
■ **수영장** *Pool* 정원 사이에 메인 풀이 위치한다. 크진 않지만 세련된 모습을 하고 있고 선 베드 사이에는 파티션을 두어 조용한 휴식을 하도록 배려하고 있다.
■ **기타 스파** *Spa* / 라이브러리 *Library*

레스토랑
■ **더 칼럼** *The Colume* 세련된 모습의 메인 레스토랑. 오픈 에어 좌석은 정원으로 둘러싸여 있어 여유롭다.

조식 정보
칼럼 레스토랑에서 제공한다. 시리얼과 주스, 빵 등은 콘티넨탈 뷔페식으로 제공하고 메인은 몇 가지 중에서 선택 할 수 있다.

숙소이용 팁
■ 자전거를 무료로 빌릴 수 있다. 빠이 시내는 굴곡이 거의 없고 메인 도로만 빼고는 차량도 많지 않아 자전거 타기에 딱이다.
■ 경비행기(www.sga.co.th)를 이용해 치앙마이 공항에서 빠이 공항까지 이동 할 수 있다. 빠이 공항에서 숙소까지 왕복으로 무료 픽업 서비스를 받을 수 있다.

말타기 액티비티

리조트 전경

푸 빠이 아트 리조트
Phu Pai Art Resort

전화번호 66-53-065-111~12
홈페이지 www.phupai.com
위치 빠이 외곽. 빠이 공항에서 차로 약 10분

» 태국 농촌의 라이프스타일을 담다

푸 빠이 아트 리조트에 도착하면 아무리 친환경적인 것을 좋아하는 여행자일지라도 당혹스러움을 느낄 것이다. 농가인지 리조트 객실인지 구별이 잘 되지 않는 방갈로 바로 앞에서 물소들이 딸랑딸랑 종소리를 내며 풀을 뜯어먹고 있으니 말이다. 뙤약볕이 내리쬐는 논에서 농부들이 열심히 일하는 모습을 테라스에서 지켜보는 것도 생소한 일이다. 푸 빠이 아트 리조트는 빠이의 외곽 쪽 아름답고 포근한 자연 속에 위치한 목가적인 숙소다.

모든 특별한 리조트에 특별한 운영자가 있듯 푸 빠이 리조트에는 위랏이라는 태국 운영자가 있다. 카오락에서 리조트를 운영하다가 쓰나미에 전파하는 사고를 당한 그는 우선 자신을 추스르기 위해 바다를 떠나 깊숙한 내륙의 땅인 빠이에 정착했다. 공사를 시작하기 전 그는 1년간 텐트를 치고 살면서 자연의 변화를 충분히 경험하고 그것에 최대한 어울리는 리조트를 만들었다고 한다.

자연과 농촌에 대한 이해와 경험을 통해 새로운 라이프스타일을 제안한다는 푸 빠이 리조트의 콘셉트는 웬만한 고급 리조트에서도 제대로 소화해내기 힘든 어려운 주제다. 로컬 자본으로 하는 신생 리조트에겐 분명 무리다. 너무 큰 규모와 목표는 허점을 만들었고 관리와 서비스면에서 질적 저하를 초래했다는 게 보인다. 하지만 그 시도가 가진 의미를 평가절하 할 수는 없다. 새로운 도전은 비록 실패하더라도 의미가 있다. 푸 빠이 리조트의 건승을 빈다.

아쿠아 평가
Uniqueness 9
Design 6
Environment 8
Service 5
Facility 6

객실 정보
총 40개 객실에는 3가지 타입이 있다.

부대시설
■ **수영장 Pool** 전망이 시원한 메인 수영장이 리셉션과 가까이에 있다. 멀리 산이 둘러싸고 있고 한가로운 농촌 풍경을 한 눈에 바라 볼 수 있다. 주변에 있는 널찍한 나무 덱이 세련돼 보인다.

레스토랑
리셉션 맞은편에 메인 레스토랑이 있다. 나무로 만든 의자와 장식이 리조트의 분위기와 일관성 있게 꾸며져 있다. 야외 좌석은 수영장과 논이 함께 보이는 시원한 전망을 갖추고 있다.

조식 정보
아메리칸, 콘티넨탈, 아시안 조식 중에서 선택할 수 있다. 원하면 객실로 가져다준다.

숙소이용 팁
■ 빠이 시내의 푸 빠이 바 Phu Pai Bar로 가는 버스를 무료로 운행한다.
■ 로비에서 무선 인터넷을 무료로 사용 할 수 있다.
■ 승마를 1시간에 350B 정도의 저렴한 요금으로 즐길 수 있다. 액티비티 매니저가 따로 있어 도움을 받을 수 있다.

스테인드 글라스로 만든 조형물. 리조트 입구 역할을 한다

직원. 북부 전통 복장을 하고 있다

천정이 유리로 된 객실

Fondcome Village Resort

- 전화번호 66-53-125-333~41
- 홈페이지 www.fondcome.com (한글 가능)
- 위치 치앙마이의 항동. 치앙마이 공항에서 차로 약 20분

» 유니크한 리조트 찾기

치앙마이 남쪽 한적한 시골 마을에 위치한 폰컴 빌리지는 특별하다. 그 특별한 이야기는 한 명의 전위 예술가이자 태국 건축가로부터 시작된다. 태국 북부의 역사와 문화에 대한 자부심과 사랑은 그에게 리조트를 만들 수 있는 에너지를 주었다. 예술가이자 건축자인 운영자는 단지 아이디어를 내는 차원에 머무르지 않고 스스로 건물을 설계하고 쌓아올림으로서 자신을 완벽하게 표현했다. 폰컴 리조트는 운영자 자신이다.

폰컴 리조트는 개성이 강한 수준을 벗어나 기괴한 느낌마저 준다. 태국인의 선조들이 살았다고 믿는 중국의 땅 십쌍판나를 주제로 한 객실, 태국에서 선교활동을 하던 선교사를 주제로 한 객실, 란나 왕국과 농부를 주제로 한 객실 등 50여 개의 객실에는 하나도 똑 같은 게 없이 각기 다른 테마가 있다. 그 테마는 우주선이나 미래 세계에 까지 미치고 있다. 한 사람의 머리에서 이 모든 테마와 아이디어가 나왔다는 게 놀랍고 존경스럽지만 너무 많은 주제들이 뒤섞여 혼란스럽다. 테마에 치우치다보니 중요한 객실의 편의성과 쾌적함이 떨어지는 것 또한 아쉽다.

하지만 리셉션 입구에 세워진 스테인 글라스 코끼리 조형물에 조명이 켜진 모습을 보면 이 리조트에 존경심을 가질 수 밖에 없다. 성냥곽 같은 건물과 똑같은 객실을 만드는 것은 쉬운 일이고 코끼리 모양의 건물에 각기 다른 주제의 객실을 만드는 건 어려운 일이다. 쉬운 길을 두고 어려운 길을 택하는 사람들에 의해 세상은 진화한다. 아쿠아의 유니크한 리조트 찾기는 계속 된다.

아쿠아 평가

- Uniqueness 9
- Design 6
- Environment 6
- Service 7
- Facility 6

객실 정보

총 50개 객실과 50가지 타입이 있다.

부대시설

■ **수영장** *Pool* 연못을 연상하게 하는 프리폼 Free Form 수영장이 메인 레스토랑 옆에 위치한다. 초자연적인 모습이기 때문에 일반 리조트 수영장에 익숙해졌다면 다소 난감 할 수도 있겠다.

■ **마사지 숍** 실내 공간에 매트리스가 몇 개 깔려있는 단순한 구조다.

■ **기타** 미니 영화관과 가라오케 룸 *Mini Theater and Karaoke Room*

레스토랑

■ 후어이 창 까에오 레스토랑 *Huay Chang Kaew Restaurant*

조식 정보

인터내셔널, 타이, 란나 타이 중에서 고를 수 있다.

숙소이용 팁

■ 공항에서 픽업하는 요금은 1인당 100B를 지불하면 이용 가능.
■ 나이트 바자와 나이트 사파리로 가는 셔틀 버스를 운행한다.
■ 후어이 창 까에오 레스토랑 한쪽에 마련해 놓은 컴퓨터로 인터넷을 할 수 있다. 1시간에 60B.

메인 건물과 정원

라운지와 직원

샹그릴라 치앙마이
Shangri-La Hotel Chiang Mai

- 전화번호 66-53-253-88
- 홈페이지 www.shangri-la.com
- 위치   치앙마이 중심가. 치앙마이 공항에서 차로 약 20분

» 내 집처럼 편안한 여행친구

대형 체인 호텔을 찾아보기 힘들던 치앙마이에 이름만 들어도 반가운 호텔 리스트들이 계속 업데이트 되고 있다. 샹그릴라도 그 중 하나다. 300여 개의 대형 호텔로 시내에 위치하고 있다. 나이트 바자 도보로 10분 정도 거리고 강변의 유명 레스토랑 등을 이용하기도 편리하며 주변으로는 은행과 레스토랑들이 즐비하게 들어서 있다. 신규 호텔치고 좋은 위치라 할 수 있다.

하지만 방콕의 샹그릴라가 갖는 위상이나 다른 샹그릴라가 보여준 높은 스탠더드를 고려해보면 치앙마이의 샹그릴라는 아쉬움도 크다. 새로 오픈한 숙소답지 않게 촌스럽기 때문이다. 로비나 수영장 등 시설에서는 샹그릴라 특유의 고급스러움과 여유가 드러나지만 중급 호텔과 크게 다르지 않은 객실은 실망스러운 부분이다. 그러나 리조트에서 보내는 시간이 길어지고 직원들의 진지한 태도와 친절한 서비스를 경험하면서 샹그릴라가 맞구나 하는 생각이 든다. 스태프들의 서비스 마인드는 다른 샹그릴라보다 오히려 낫게도 느껴진다.

너무 특이해서, 너무 세련되어서 내 몸에 맞지 않는 옷을 입은 것 같은 숙소는 불편할 때가 있다. 내 집처럼 쉬어가며 건강한 여행을 할 수 있고, 객실을 비롯해 부대시설들이 충실하여 불편함 없이 여행을 즐길 수 있다면 그것이 참 된 호텔과 리조트의 역할일 수도 있다. 샹그릴라 리조트는 그런 안전한 선택 중 하나다. 객실 수가 많아 언제라도 예약 할 확률이 높은 것 또한 안심이 되는 부분이다. 편리한 입지와 숙소 본연의 기능에 충실한 호텔로서, 방콕의 샹그릴라가 그랬던 것처럼 이 치앙마이 여행의 좋은 친구가 되어줄 것이다.

아쿠아 평가
- Uniqueness 6
- Design 6
- Environment 6
- Service 7
- Facility 7

객실 정보
총 281개 객실에는 디럭스와 스위트, 이그제큐티브 등 3가지 타입이 있다.

부대시설
- **수영장** *Pool* 대형 리조트와 어울리는 시원한 메인 수영장이 있다. 쉴 수 있는 공간도 여유로운 편이고 주변으로 나무와 조경 등이 잘 가꾸어져 있다.
- **스파** *Spa* 한자어로 기(氣)를 뜻하는 '치 스파 CHI Spa'가 있다. 스파 전에 본인의 체질이나 컨디션에 적합한 오일을 체크 해주는 처방이 있다.
- **피트니스 센터** *Fitness Center* 사우나도 함께 위치한다. 투숙객은 무료로 사용 가능하다.

레스토랑
- 깻 카페 *Kad Kafé* 메인 레스토랑
- 와우 바 & 그릴 *WoW Bar & Grill* / 실라파 타이 *Silapa Thai* / 로비 라운지 *The Lobby Lounge*

조식 정보
메인 레스토랑인 깻 카페 Kad Kafé에서 뷔페식으로 제공한다. 더운 음식이 나오는 오픈 주방과 쌀국수를 즉석에서 해주는 코너가 따로 있다.

숙소이용 팁
나이트 바자 도보로 10분 거리고 강변의 레스토랑 등을 이용하기에도 좋은 위치다.

수영장과 강 전망

일반 객실

란나 복장을 입힌 물병

소 피 텔 리 버 사 이 드 치 앙 마 이
Sofitel Riverside Chiang Mai

- 전화번호 66-53-999-333
- 홈페이지 www.sofitel.com/asia
- 위치 치앙마이 삥 강변. 치앙마이 공항에서 차로 약 20분

» 란나의 마을을 만나다

소피텔이라는 이름만 들어도 떠오르는 이미지들이 있다. 콜로니얼 스타일로 아름답게 장식한 창문과 문, 클래식한 직원들의 복장, 로비의 문을 열어주는 도어맨, 커다란 수영장, 넓은 잔디밭과 깔끔한 정원… 총 객실 수 75실로 작은 규모이긴 하지만 소피텔 리버사이드 치앙마이는 소피텔이 가진 이미지를 충실히 따르고 있다.

하나 추가된 것이 있다면 고대 란나 왕국의 마을에 대한 콘셉트다. 란나 왕국은 치앙마이 사람들이 자부심을 갖고 있는 역사적인 왕국이다. 아직도 그 문화와 스타일은 다양한 건축물과 북부 사람들의 생활 속에 나타나고 있다. 하이라이트는 황금색 마차와 치장이 아름다운 로비와 치앙마이의 예전 모습을 상상하게 만드는 강변 풍경이다. 객실 역시 란나 왕국과 태국 북부의 느낌을 잘 살렸다.

소피텔 치앙마이의 가장 큰 장점은 시내와 가까운 위치에 있으면서 느긋하고 평화로운 강변의 정취를 만끽하며 휴양할 수 있다는 것이다. 객실 수에 비하면 과장되게 커보이는 수영장과 강변을 넓게 사용하고 있는 바와 레스토랑이 투숙객들을 게을러지게 만든다. 관광과 쇼핑을 포기하고 싶게 만드는 아름다운 리조트다.

아쿠아 평가
- Uniqueness 7 ■■■■■■■□□□
- Design 7 ■■■■■■■□□□
- Environment 7 ■■■■■■■□□□
- Service 7 ■■■■■■■□□□
- Facility 7 ■■■■■■■□□□

객실 정보
총 75개 객실에는 3가지의 타입이 있다.

부대시설
- **수영장** *Pool* 객실이 있는 건물 사이에 위치한 직사각형의 풀은 비교적 큰 편이다. 자쿠지를 한쪽에 마련해 놓았다. 삥 강이 보이는 전망을 갖추고 있다.
- **스파** *Spa* 디 아스파라 The Aspara라는 이름으로 운영되는 스파 전문 브랜드가 입점해 있다. 싱가폴을 시작으로 말레이시아를 비롯해 태국에는 푸껫의 홀리데이 인 호텔과 소피텔 리버사이드 치앙마이 2곳에서 운영하고 있다.
- **피트니스 센터** *Fitness Center*

레스토랑
- **미라 테라스** *Mira Terrace* 태국 레스토랑이자 메인 레스토랑
- **리오** *Rio* 브라질리안 바 & 레스토랑
- **기타** 말린 파빌리온 *Malin Pavilion* / 라이브러리 라운지 *Library Lounge* / 포트 드 카페 *Port de cafe*

조식 정보
미라 테라스에서 뷔페식으로 제공한다.

숙소이용 팁
- 공항에서 호텔 셔틀버스를 타고 선착장으로 이동 후, 전용 선박을 타고 호텔로 이동 할 수 있다. 선착장에서 호텔까지 배로 15분 정도 걸린다. 치앙마이의 강 풍경을 감상하며 정취를 만끽 할 수 있다.
- 매일 오전 7시 30분에 강변에 있는 선착장에서 탁발 체험을 할 수 있다.

Index

ㄷ

더 라이브러리 The Library	82
더 쿼터 The Quater	306

ㄹ

라야바디 Rayavadee　　　　　　　　　　90
라차 The Racha　　　　　　　　　　　134
라차만카 Rachamankha　　　　　　　　250
러이 릴라와디 리조트 Loei Leelawadee Resort　292
렛츠 시 Let's Sea　　　　　　　　　　176
르 메르디앙 카오락
Le Méridien Khaolak Beach & Spa Resort　142
르 비만 Le Vimarn Cottages & Spa　　　240

ㅁ

마운틴 리조트 Mountain Resort Koh Lipe　162
만다린 오리엔탈 다라데비
Mandarin Oriental Dhara Dhevi　　　　260
멍키 아일랜드 리조트 Monkey Island Resort　232
메트로폴리탄 호텔 Metropolitan Bangkok　184

ㅂ

반바얀 Baan Bayan Beach Hotel　　　　230
빌라 라와나 Villa Lawana　　　　　　　154

ㅅ

사로진 Sarojin　　　　　　　　　　　110
산티야 Santhiya Resort & Spa　　　　　116
살라 푸껫 Sala Phuket Resort & Spa　　104
샹그릴라 치앙마이 Shangri-La Hotel Chiang Mai　312
센타라 그랜드 비치 리조트
Centara Grand Beach Resort & Villas Krabi　138
소피텔 리버사이드 치앙마이
Sofitel Riverside Chiang Mai　　　　　314
소피텔 후아힌
Sofitel Centara Grand Resort & Villas Hua Hin　226
수칸타라 Sukantara Cascade Resort　　296
수코타이 호텔 Sukhothai Hotel　　　　222
쉐라톤 파타야 Sheraton Pattaya Resort　214
스리 판와 Sri Panwa Phuket　　　　　150
시발라이 리조트 Sivalai Beach Resort Koh Mook　126
식스센스 하이드어웨이 야오노이
Six Senses Hideaway Yao Noi　　　　　54

ㅇ

아난타라 골든트라이앵글 Anantara Resort Golden Triangle	276
아난타라 후아힌 Anantara Hua Hin	208
아마리 에메랄드 코브 Amari Emerald Cove Resort	236
아마리 오키드 리조트 Amari Orchid Resort & Tower	246
알린타 푸껫 Aleenta Phuket	122
오리엔탈 호텔 The Oriental Bangkok	200
유지니아 The Eugenia	192
X2 X2 Resort	156
인디고 펄 Indigo Pearl Resort	98

ㅈ

자마키리 Jamahkiri Spa & Resort	148

ㅊ

체디 치앙마이 The Chedi Chiang Mai	304
촉차이 팜 캠프 Chokchai Farm Camp	238

ㅋ

카오남나 부티크 리조트 Kao Nam Na Boutique Resort	242
콩찌암 리조트 Tosang Khongjiam Resort	300
키리마야 골프 리조트 Kirimaya Golf Resort	166

ㅌ

탑캑 부티크 리조트 The Tubkaak Krabi Boutique Resort	152
통사이베이 The Tongsai Bay Cottages & Hotel	146
트리사라 Trisara	130

ㅍ

파라디 Paradee	218
판타지 리조트 Fantasy Resort Koh Ngai (Koh Hai)	160
페닌슐라 The Peninsula Bangkok	244
펠릭스 리버 콰이 Felix River Kwai Resort	234
포시즌즈 치앙마이 Four Seasons Resort Chiang Mai	270
포시즌즈 코사무이 Four Seasons Koh Samui Resort	64
포시즌즈 텐트캠프 Four Seasons Tented Camp Golden Triangle	282
폰컴 빌리지 Fondcome Village Resort	310
푸 빠이 아트 리조트 Phu Pai Art Resort	308
푸짜이싸이 Phu Chaisai Mountain Resort	288
피말라이 리조트 Pimalai Resort & Spa	74
피피 아일랜드 빌리지 Phi Phi Islands Village	158

이 책은 여행자에게 태국에 있는 64곳의 아름다운 리조트들을 소개하는 동시에 리조트를 보는 눈을 갖게 하는 의미가 있다. 각 리조트에 대한 리뷰를 읽으면서 자연스럽게 리조트의 본질과 가장 중요한 가치를 알게 되길 바란다. 외면의 럭셔리함에만 현혹되지 않고 그 내면으로 들어갈 수 있는 힘을 갖게 되길 바란다. 그렇게 할 수 있다면 그것이야말로 이 책의 가장 중요한 가치라 자신 있게 말할 수 있을 것이다.

변화하자. 왜곡의 굴레를 벗어나 여행자가 스스로 트렌드를 이끌어가는 주체가 될 수 있도록 힘을 기르자.
우리 각자가 그 건강한 변화의 씨앗이 되자.

Thailand LUXURY Resort Collection 64

초판 1쇄 2009년 7월 6일

지은이 | AQUA 왕영호 · 김정숙
발행인 | 양원석
편집장 | 유철상
교정 · 교열 | 정은선
표지 및 본문 디자인 | 파피루스 박미영, 조미경, 조명선
지도 디자인 | 박성은

펴낸곳 | 랜덤하우스코리아(주)
주소 | 서울시 강남구 삼성동 159 오크우드호텔 별관 B2
편집문의 | 02-3466-8866 **구입문의** | 02-3466-8955
홈페이지 | www.randombooks.co.kr
등록 | 2004년 1월 15일 제 2-3726호

ⓒ AQUA 2009

※가격은 뒤표지에 있습니다.

ISBN 978-89-255-3319-3(13980)

※이 책은 랜덤하우스코리아가 저작권자와의 계약에 따라 발행한 것이므로
본사의 서면 동의 없이는 책의 내용을 어떠한 형태나 수단으로도 이용하지 못합니다.

※잘못된 책은 바꿔드립니다.